그림이
말해요

그림이 말해요

초판 1쇄 발행 | 2008년 9월 1일

지은이 | 이희경
펴낸이 | 송인수
펴낸곳 | 좋은교사운동 출판부
출판등록번호 | 제320-2000-34호
주소 | 서울시 관악구 봉천4동 1568-1 3층
전화 | (02) 876-4078
팩스 | (02) 879-2496
홈페이지 | goodteacher.org
이메일 | goodteacher3@paran.com

ISBN 978-89-91617-02-5

이희경 지음

좋은교사

"베이스 캠프에 머문 아이들"

나는 학교에서 학생들을 만나는 곳을 '베이스 캠프(Base Camp)'라고 이름 지었다. 수많은 단어 중에서 이것을 선택한 이유는 이렇다. 즉 우리 인생살이를 등산하는 것에 비유할 때 바람직한 양육 태도를 갖고 있는 부모의 자녀들은 '가정'이 그들의 베이스 캠프가 되는데, 그 캠프가 없거나 부모 중 한 사람 또는 두 사람의 잘못으로 와해되어 우리 학생들이 지원을 받을 수 없을 때, 우리 상담실이 그 역할을 대신한다는 의미로 정한 것이다.

이 책은 베이스 캠프에 머물렀던 스물일곱 명 아이들 마음의 실타래를 풀어낸 것이다. 그런데 '서불진언 언불진의(書不盡言 言不盡意)'라는 말이 있다. 이것은 '글로써는 말을 다 표현할 수 없고, 말로써는 사람의 의사를 다 표현할 수 없다.'는 뜻이다. 세상의 모든 책들은 그것이 성현의 경전이든 일반 서적이든 정말로 하고 싶은 내심의 말을 다 표현하지 못한다. 또한 우리의 말도 우리의 의사를 제대로 다 표현하지 못한다. 그래서 재주 없는 내가 경기 초반전부터 부상이 심한 학생들의 마음을 대변해서 이 글을 쓰기는 했지만 얼마나 환부를 잘 찾아내고 그곳을 적절하게 돌보았는지는 이 글의 주인공들과 그들을 이 세상에 보내시고 너무 어린 나이에 강훈련을 시키신 하느님만이 아실 뿐이다.

마라톤 경기를 보다 보면 무명 선수가 세계적인 선수들과 나란히 레이스를 하거나 앞서 나와 선두에서 질주하다가, 전체의 3분의 2 정도 거리에서 기권하는 걸 볼 수 있다. 페이스 세터(pace setter) 또는 페이스 메이커(pace maker)라 부르는 이 선수들은 개인의 입상을 목표로 하기보다는 팀의 더 나은 기록을 유도하거나 우승이 가능한 동료가 최상의 레이스를 펼칠 수 있도록 돕기 위해 뛰는 것이다. 그들의 미션은 같이 뛰는 선수들이 더 나은 성적을 내도록, 아니면 적어도 자기 팀의 선수가 최선의 결과를 내도록 페이스를 이끄는 데 있었다. 그들이 있기에 도움을 받은 선수들이 더 좋은 성적을 올리거나 우승도 할 수 있는 것이다.

상담자는 내담자에게 '페이스 세터'와 같은 존재다. 내담자들이 인생이라는 마라톤에서 최상의 레이스를 하도록 허용해주고, 보호해주고, 또한 잠재능력을 찾아서 응원하는 사람이다. 이 글의 주인공인 스물일곱 명의 아이들에게 얼마나 그 역할을 잘했는지는 모르지만 최소한 그 아이들이 절박할 때 '함께 있어주고', '내 시간을 내어주기'는 했다.

나는 늘 사람들 앞에서 말할 기회가 있을 때마다 사랑은 '느낌'이 아니고 '의지의 행동'이며 그래서 사랑하기를 '선택'하고 행동으로 옮겨야 한다고 주장한다. 우리가 누군가를 '사랑하고 있다.'고 말하면서 그 일을 게을리한다면 그 사람은 사실 사랑하고 있지 않은 것이라며 '용기 있는 선택'을 하기를 촉구한다. 그래서 이 책의 독자들은 책을 다 읽고 나서 무릎에다 잠시 그 책을 놓고 이렇게 자신에게 물었으면 좋겠다. "나는 지금 사랑하고 있을까?"라고.

이 책의 글들은 2004년 9월부터 2008년 2월까지 월간 『좋은 교사』에 연재된 것 중 일반 독자들이 쉽게 읽을 수 있는 것들로 재구성한 것이다. 책을 내는 일이란 많은 세심한 노력과 인내심, 그리고 이 책이 출판되기를 바라는 여러 사람들의 소망의 결과이다. 좋은교사운동 대표 정병오 선생님은 『좋은 교사』 편집장 시절에 '이희경의 미술 치료' 지면을 허락해주셨고, 그래서 여기 실린 글을 쓸 수 있었다. 또한 송인수 선생님은 출판사 책임자로서 이 책이 세상에 나올 수 있도록 힘써주셨다. 또한 사무실을 그만두시는 순간까지 원고 1차 교정을 해주신 서완실 간사님, 그리고 격무 중에서도 2차 교정을 해주며, 내가 문장력이 있다는 근거 없는 말씀으로 오늘의 저를 있게 하신 도선희 선생님께도 감사한다. 그리고 이 책의 출판을 위해 기도했던 수많은 분들, 그리고 언제나 엄마의 자랑인 우리 아들 성우…… 그들이 있었기에 힘들고 좌절했을 때도 없던 힘까지 낼 수 있었다.

2008년 8월

저자, 이희경

차 례

제2장 그림으로 마음을 읽다

제3장 그림으로 보내는 SOS

제1장
그걸 어떻게 아셨어요?

- 1800+1200=3000
- 엄마가 보내준 수호신
- 미어캣 소년
- 여친이 화교학교에 다녀요
- 다섯 살에 삼각형, 꼭지점 배우다
- 용서 시효는 이미 지났다
- 엄마 성장에 달려 있다
- 아빠 여친이 자꾸 전화해요
- 밴댕이 엄마
- 프라이팬으로 맞아 실신하다

1800＋1200＝3000

"엄마가 매일 아침에 3천원씩을 주세요. 그러면 차비 하고 남은 돈으로 점심을 사먹는데, 어떤 날은 배가 고파서 친구들에게 얻어먹기도 하지만 돈을 빌려서 더 사먹게 되는 날도 있거든요. 그러면 그 다음날 아침에는 난리가 나는 거예요. 돈이 어디서 공짜로 떨어지냐며 욕을 진탕 먹고 학교 오면 사는 게 더러워서 삐딱해지나 봐요. 엄마가 고생하는 것을 아니까 그 앞에서 대들지는 못하고 참으려니까 화가 나서 괜히 생사람에게 트집 잡게 되고……."

화를 꾹 참고 수업을 다 끝낸 후 학생들이 필기를 하는 동안 문제의 벌떼 입을 가진 민수(가명)를 불러냈다. 민수가 예의 냉소적인 태도로 복도로 걸어나와서 내 앞에 서자 나는 오른쪽 주먹을 꽉 쥔 후 문제의 민수 입을 향해 한 대 올려붙였다. 갑작스러운 나의 공격에 놀라서 눈을 휘둥그레 뜨고 보는 민수를 향해 쉴 틈을 주지 않고 소리쳤다.

"많이 속상했겠구나. 민수가 엄마와 관계가 원만했다면 선생님과 이런 상황으로 만나지 않았을 텐데 말이다."

이 반의 영원한 스트레스 제조기 왕벌떼 민수는 내가 자기에게 방금 한 행동과 말에 어지간히 놀란 표정이었다. 내가 민수의 아킬레스를 정곡으로 건드렸기 때문이다.

상담 공부를 처음 했을 때는 매 한 대 들면 상담자의 자세에 어긋난다고 생각해 공감과 반영적 경청만으로 상담 실습 모범답안 쓰듯 내담자를 만났으나 여러 타입의 내담자를 만나 보니 극약 처방이 필요한 때가 종종 있었다. 그래서 평소에 존경하는 에릭슨 박사의 창조적인 상담 기법을 흉내 내서 단번에 내담자가 자신의 문제를 직면하도록 한 것이다(물론, 학교 현장에서 바쁘다 보니 한 학생에게 많은 시간을 할애하는 것에 대한 한계도 있다).

"엄마가 민수의 마음을 몰라주고 아프게 하셨나 보구나. 그래서 잘생긴 네가 외모에 걸맞지 않게 친구나 선생님을 헐뜯고 빈정거렸구나. 그런 스트레스가 없었다면 그동안 선생님들과 친구들에게 미움을 받지 않아도 되었을 텐데 말이다."

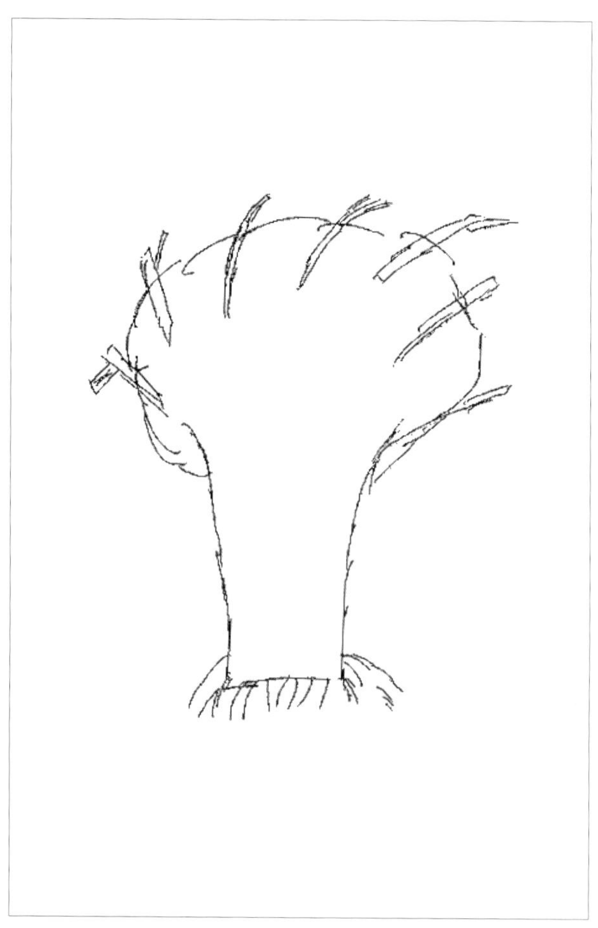

〈나무 그림〉 버섯 형태의 수관을 보면 외부로부터 자기를 보호해야만 한다고 느끼고 있고, 소극적이다. 자기의 과장된 죄책감을 지우기 위한 기회를 기뻐한다. 지면 라인 없이 충분히 분화된 뿌리는 폭발의 위험성이 항상 존재한다는 것을 알 수 있다. 폭 넓은 가지 끝이 전부 수관 밖으로 분화된 것은 자기애적 상황에서 외계에 대한 관심이 생겼다는 사인이고, 가지 끝이 모두 닫혀 있는 것은 억제된 에너지가 잠재적으로 폭발할 것 같은 정도까지 축적된 것을 알 수 있다.

차 비 : 450 × 2 =900원(집 → 학교 → 체육관)
× 2 =900원(체육관 → 집 : 한번 갈아타야 함)
3,000원 - 1,800원 = 1,200원

(1) 점심값 : 햄버거(600원), 김밥 두 줄(600원)
1,200원 - 1,200원 = 0원

(2) 점심값 : 햄버거(600원), 컵라면(650원)
1,200원 - 1,250원 = -50원

(3) 점심값 : 컵라면(650원), 만두 4개 250원 × 4 = 1,000원
1,200원 - 1,650원 = -450원

내 말이 끝나자마자 갑자기 두 눈에서 눈물이 뚝뚝 떨어지면서 '3천원의 사연'을 털어놓았다.

"엄마가 매일 아침에 3천원씩을 주세요. 그러면 차비 하고 남은 돈으로 점심을 사먹는데, 어떤 날은 배가 고파서 친구들에게 얻어먹기도 하지만 돈을 빌려서 더 사먹게 되는 날도 있거든요. 그러면 그 다음 날 아침에는 난리가 나는 거예요. 돈이 어디서 공짜로 떨어지냐며 욕을 진탕 먹고 학교 오면 사는 게 더러워서 삐딱해지나 봐요. 엄마가 고생하는 것을 아니까 그 앞에서 대들지는 못하고 참으려니까 화가 나서 괜히 생사람에게 트집 잡게 되고……."

나는 민수의 말을 듣자 가슴 저편이 아려왔다. 그리고 시간이 없어서 속전속결로 끝내려던 생각을 접고 상담실로 민수를 데리고 와서 3천원의 소비내역을 적어보았다.

민수가 쓸 수 있는 점심값과 먹고 싶은 만큼의 점심값의 차이를 보자 마음의 평정을 유지하기가 어려웠다.

민수 아버지는 택시 운전을 하시는데 IMF 이후 실직하시자 제일 쉽게 찾을 수 있는 일자리인 영업용 택시기사가 되었다. 택시기사 월급으로 가계를 꾸려가기 힘들자 민수 어머니는 밤에만 영업하는 야식집에 일자리를 얻었다. '가난이 집 안으로 들어오면 사랑이 창문 밖으로 도망간다'는 서양 속담처럼 아버지가 실직하자 가정의 평화도 함께 깨져서 부부싸움이 그칠 날이 없었다. 인문계 고등학교 다니는 누나가 있는데 민수보다 공부를 더 잘하고 학교도 실업계가 아니니까(이것은 민수의 표현이다) 자기보다 하루에 쓰는 돈이 더 많은데도 자기보고만 돈을 헤프게 쓴다고 야단을 친다고 했다. 사실 더 쓸 돈도 없는데 말이다.

〈물고기 가족화〉 온 가족의 시선이 따로 나눠어 있다. 특히 민수 부모님이 서로 등을 돌리고 있는 모습에서 가정불화의 단면을 볼 수 있다. 민수는 그런 가정 분위기에 숨이 막히는 듯 혼자 어항 밖으로 탈출하려고 시도하고 있다. 실제로 문장 완성 검사에서도 "나는 때때로 집을 나가고 싶다."라고 했고, 자신을 가장 슬프게 하는 것은 '가족의 싸움'이라고 표현했다.

주로 야단을 맞게 되는 요인이 3천원에 맞추어서 생활해야 하는데, 점심 때 한두 가지를 친구 돈을 빌려서 더 사먹는다거나 체육관에 운동하러 다니는데 운동한 후에 배가 고파서 뭔가를 사먹는 날에는 엄마에게 심한 꾸지람을 듣는 것이 정해진 코스였다. 민수에게는 청소년기의 넘치는 식욕이 저주인 셈이다. 돈이 없는데도 먹고는 싶으니 말이다.

민수를 처음 본 후 근 9개월간 민수의 교활하고 냉소적인 태도에 속으로 무척 미워했다. 어떤 날은 무관심으로 어떤 날은 벌을 세우면서 그렇게 시간이 지나갔다. 내 주변의 도움을 요청하는 학생들과 그들의 성장 과정을 관리하고 격려하기에도 바빴으며 나의 작은 지식을 다른 분들에게 나누어주기에도 경황이 없었기 때문에 민수를 더 오래 방치한 것이다.

민수를 상담하면서 그동안 그 아이의 냉소적인 태도와 빈정거림이 도와달라는 SOS였는데도 미워만 하고 방치한 것에 대한 자책과 모성보다 여성이 더 많은 미숙한 민수 엄마에 대한 분노로 마음이 많이 착잡했다.

'나는 너에게 이 정도 역할만 하겠다.'고 생각하고 행동하는 사람에게 '아니다. 이 정도의 역할을 해야만 한다.'고 어떻게 알려주고 성숙한 모성을 갖기를 촉구할 수 있을까?

디오도어 루빈 박사는 『분노에 관한 연구(The Angry Book)』에서 다음과 같이 말하고 있다.

"분노를 억압하면 반드시 다른 감정도 함께 억압된다. 특히 '살아 있는 것을 즐겁게 해주는' 감정인 사랑과 생동감이 크게 억압된다. 억압된 분노는 냉소주의, 반감, 그리고 소외감 같은 것을 불러일으킨다. 반감과 냉소주의는 모든 사람에게 가끔 나타나지만 억압받고 제한받은 아이들에게는 더 자주 나타나며 이러한 감정은 냉소적인 부모와 즐거움이 없는 가정 분위기에 의해 생겨난다. 이것은 자기 자신, 남들, 그리고 세계에 대하여 왜곡된 견해를 가지게 하고 전반적으로 인생을 궁핍하게 만드는 효과를 불러온다."

	내 마음	아빠 마음	엄마 마음	누나 마음	우리집
동물로 표현한다면 어떻게...	강아지	강아지	호랑이	토끼	호랑이
색으로 표현한다면 어떻게...,	파랑색	노랑색	검은색	검은색.	갈색
감촉으로 표현한다면 어떻게...	아픈지 안아픈지 잘 모르겠다.	부드럽다.	아프다	아프다	아프다.
날씨로 표현한다면 어떻게...	흐림	흐림	맑음	맑음	흐림
꽃으로 표현한다면 어떻게...	진달래	개나리	장미	장미	장미
맛으로 표현한다면 어떻게...	달다	달다	쓰다	시다	쓰다.

〈가족에 대한 상징적 표현〉 문장 완성 검사에서도 내가 가장 싫어하는 사람을 '엄마와 누나'라고 했는데 가족에 대한 상징적 표현에서도 여실히 나타난다. 엄마를 권위적이고 무서운 '호랑이', 감촉은 '아프다', 꽃은 '장미', 맛은 '쓰다'고 했다. 누나를 색은 '검은색', 감촉은 '아프다', 꽃은 '장미' 맛은, '시다'라고 표현했다. 아버지와의 관계는 원만하지만 집 전체 분위기는 엄마에게 느끼는 감정과 거의 같아서 엄마가 집안 전체의 분위기를 좌우한다는 것을 알 수 있다.

〈인물화(남)〉 지퍼, 벨트, 호주머니의 자세한 표현은 내담자의 의존적인 성향을 나타낸다. 원래는 가는 목이었을 부분이 굵게 부풀려 그려진 것은 가정이나 학교에서 부정적인 스트로크를 많이 받아서 방어적이 된 사인이다. 왼손이 굵게 과장된 것은 억제된 충동을 나타낸다(Machover). 웃옷의 가로줄은 정신적인 외상이 있다는 의미 있는 사인이고 콧구멍의 강조는 분노한 자신의 감정을 나타낸 것이다. 길이가 다른 다리와 발의 표현은 충동과 자기 통제 사이에 갈등이 있다는 걸 나타낸다.

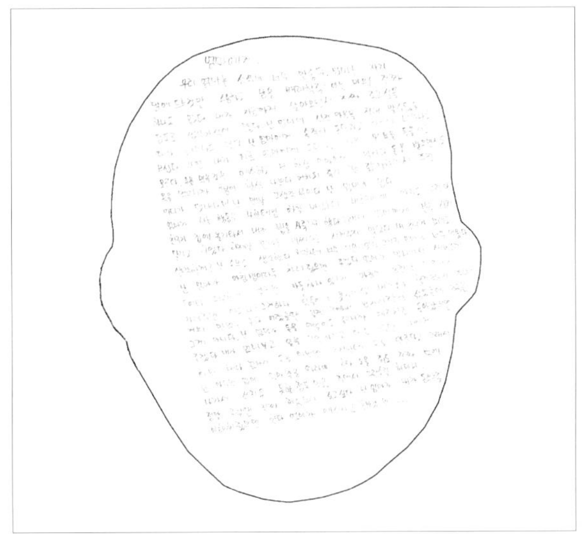

〈가면 그리기〉(앞, 뒷면) 가족 중에서 민수가 가장 불만스럽게 생각하는 어머니를 가면 한쪽에 그리게 했다. 가면 뒤쪽에는 민수가 평소에 어머니에게 하고 싶었던 말이나 따지고 싶었던 내용을 대화체로 쓰게 했다.

엄마! 엄마 성격이 안 좋은 거 알고 있나 모르겠어. 엄마는 자기 마음대로만 하고 자식 입장, 체면 같은 것은 생각이나 해? 내가 저번에 밥상에 시래기 지진 것만 있기에 반찬이 이거밖에 없냐고 했다고 식탁에서 젓가락으로 내 얼굴을 찌른 것은 죽어도 잊지 못할 거야. 저번에 친구가 우리 집에 놀러 왔을 때 먹을 것이 없어서 밥을 시켜주면 안 되냐고 물었더니 비싸서 안 된다고 했을 때 나는 친구 앞에서 너무 부끄러워서 쥐구멍에라도 들어가고 싶었어. 몇 달 전에도 친구들과 놀러 나간다고 용돈 좀 달라니까 돈 천원을 던져주며 "야! 이거밖에 없으니 갖고 가라."고 했을 때 나는 나 자신이 너무 비참해서 눈물이 왈칵 쏟아졌어. 그때 친구들이 나를 너무 불쌍하다며 저런 집에서 어떻게 사냐고 물었을 때 나는 엄마가 죽이고 싶도록 밉고 이런 집에 살아야 하는 나도 미웠어. 엄마는 매일 돈 없다고 하면서 반지, 목걸이,

옷을 사들이는 것을 내가 어떻게 해석해야 할까?
식당 나가서 번 돈으로 우리 남매 입히고 먹이려고 그런다면 업어주겠어. 식당 나간다는 핑계로 하나밖에 없는 아들 아침은커녕 겨울이 되어도 싸구려 잠바 하나 먼저 사준다는 말을 하지 않아서 일주일간 농성해서 겨우 얻어 입어야 하는 내 처지를 생각하면 이 더러운 세상을 더 살아야 하는 건지 모르겠어. 엄마에게 있어서 나란 존재는 어떤 의미야?

엄마가 보내준 수호신

나는 아무 말 없이 호주머니에 들어 있는 찬민이 손을 꺼내서 내 두 손으로 감싸 쥐었다. 그리고 등을 쓸어주면서 "찬민이는 엄마 품이 무척 그리운가 보구나!"라고 했더니 어떤 일에도 흔들리지 않겠다는 듯 억지로 힘을 준 두 눈이 걷잡을 수 없이 흔들리더니 울음을 터뜨렸다. 나는 휴지를 닦기 좋게 접어서 찬민이 앞에 놓았다. 접어놓은 휴지를 모두 다 쓰고 울음이 잦아졌을 때 나는 다른 검사 몇 가지를 더 해보았다.

찬민(가명, 17세)이는 잦은 지각과 학교 생활 부적응으로 담임선생님의 힘만으로는 도저히 지도가 불가능하자 나에게 의뢰된 학생이다.

2주일 전에 찬민이의 가정환경과 현재 학교 생활에 대해 잠시 들었으나 기말고사와 성적 처리로 바쁜 학교 일정 때문에 찬민이에 대한 정보(?)를 거의 잊은 상태로 찬민이와 마주하게 되었다. 겨울 파카 깊숙이 목을 집어넣고 타인에 대해 경계심을 풀지 않는 모습이 찬민이 나이 또래의 다른 아이들과 비교되어 안쓰러운 생각으로 마음이 착잡했다.

찬민이의 긴장도 풀어줄 겸 우호적인 관계 형성을 위해서 내가 심리 치료를 공부하게 된 동기를 들려주었더니 조금씩 경계하던 눈빛이 안정을 찾아갔다.

"찬민아! 너는 네가 누군지 알고 싶지 않니?"

"……."

말은 하지 않아도 궁금해하는 눈빛이 언뜻 스쳐가자 그 기회를 놓치지 않고 나는 '나무 그림(수목화)'을 그려보라고 종이를 내밀었다.

나는 아무 말 없이 호주머니에 들어 있는 찬민이 손을 꺼내서 내 두 손으로 감싸 쥐었다. 그리고 등을 쓸어주면서 "찬민이는 엄마 품이 무척 그리운가 보구나!"라고 했더니 어떤 일에도 흔들리지 않겠다는 듯 억지로 힘을 준 두 눈이 걷잡을 수 없이 흔들리더니 울음을 터뜨렸다. 나는 휴지를 닦기 좋게 접어서 찬민이 앞에 놓았다. 접어놓은 휴지를 모두 다 쓰고 울음이 잦아졌을 때 나는 다른 검사 몇 가지를 더 해보

〈나무 그림〉 나무의 수관이 '자궁 회귀 욕구'를 반영하듯 여성의 자궁 내부와 같은 모습으로 그렸다. 아이들은 이런저런 곤란한 점에 부딪치거나 욕구불만이 쌓일 경우, 흔히 퇴행현상을 일으킨다. 찬민이는 초등학교 6학년 때 돌아가신 어머니를 아직도 그리워하며 가장 안전하고 안락한 자궁으로 돌아가고 싶어하는 것이다.

〈인물화(남)〉 인물화 검사에서는 수평으로 벌린 두 팔이 나무 그림에서와 같이 찬민이의 퇴행 욕구를 나타내고 다리 굵기가 다르고 벌린 정도가 넓은 것은 안정감의 결여를 보여주고 있다. 그리고 얼굴 내부를 그리지 않은 것은 대인관계에 대한 회피 성향을 나타낸다.

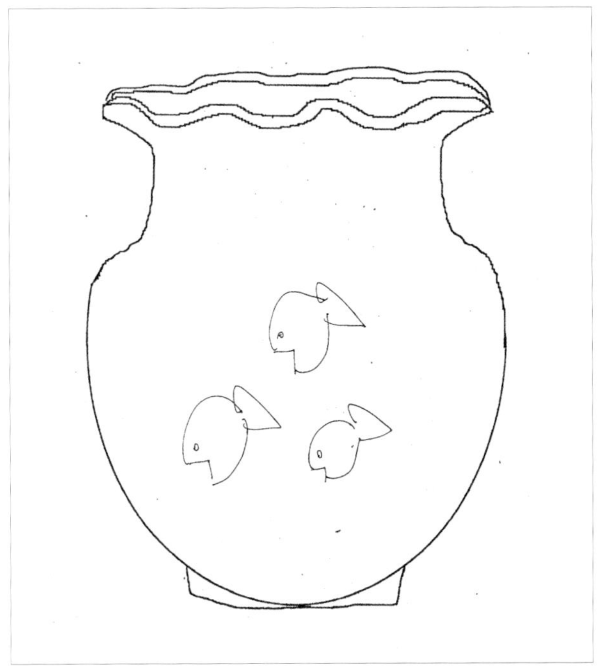

〈물고기 가족화〉 어항 안에 물과 수초 그 외 다른 표현 없이 아빠 물고기, 동생 물고기와 함께 목적 없이 어항 아래쪽으로 부유하고 있어서 내담자의 우울한 성향을 대변하고 있다. 문장 완성 검사(SCT)에서도 다른 가정과 비교해서 우리 집안은 '불안정하다'라고 쓴 것과 일맥상통한다.

왔다.

찬민이는 학급에서도 매일 엎드려서 잠을 잔다. 선생님이 깨우면 "놔두란 말이에요! 이대로 살다 죽게 놔두란 말이에요."라고 대든다. 이런 찬민이의 자화상이 인물화에 고스란히 표현되어 있다. 집에서도 가족에게 꼭 필요한 의사표현만 하고 있다.

문장 완성 검사에서도 대개 아버지들이란 '엄하고 무섭다'라고 썼고, 아버지와 나는 '그냥 가족이다'라고 사무적인 표현을 한 것은 둔감하고 양육 기술이 부족한 아버지의 모습을 떠올리게 한다.

엄마를 표현하는 칸에 아무것도 쓰지 않은 것이 마음에 걸려서 엄마도 표현해보라고 하니까 "돌아가셨는데 왜 써요?"라며 다소 도전적으로 말했다. "돌아가셔도 네 마음속에 살아 계시니까, 그리고 네가 아직도 그리워하니까 써도 되지 않을까?"라고 하자 찬민이는 또다시 울었다.

문장 완성 검사에서,

나의 어머니는 천사다.

어머니와 나는 이별의 아픔이 있다.

나는 어머니를 좋아했지만 원망스럽다(나를 혼자 두고 먼저 돌아가셔서).

	내 마음	아빠 마음	엄마 마음	동생 마음	우리집
동물로 표현 한다면 어떻게...	없다	호랑이		토끼	잠자는 사자
색으로 표현 한다면 어떻게...	검정	파랑		하얀	블랙앤 화이트
감촉으로 표현 한다면 어떻게...	꺼칠	없다		없다	없다
날씨로 표현 한다면 어떻게...	흐림	소나기		흐린후 맑음	흐림
꽃으로 표현 한다면 어떻게...	없다	없다		없다	장미
맛으로 표현 한다면 어떻게...	쓰다	맵다		달다	밋밋하다

〈가족에 대한 상징적 표현〉 자신의 마음을 '검정, 꺼칠, 흐림, 쓰다'라고 표현한 것으로 보아도 자아상(self image)이 부정적이고 우울한 성향을 갖고 있는 것을 알 수 있다. 아빠에 대해 날씨를 '소나기'로 표현한 것은 예측할 수 없는 성격을 반영하고, 맛이 '맵다'는 것은 야단을 많이 친다는 간접적인 사인(sign)이다.

라고 쓴 것을 보아도 살아생전에 자신의 모든 것이었던 엄마와 마음으로는 이별을 못 하고 아직도 그리워하고 있다는 것을 알 수 있다.

찬민이 어머니는 초등학교 6학년 때 골수암으로 갑자기 돌아가셨고, 아버지는 양육 기술이 미숙하면서 권위적이었다. 찬민이는 이렇게 그리운 어머니와 차가운 아버지 사이에서 현실에 뿌리내리지 못하고 자꾸만 자기 안으로 기어들어가고 있었다. 어떤 인연으로든 내 앞에 앉아 있는 찬민이를 깊은 슬픔 속에서 끌고 나와 자기를 성장시키는 데 에너지를 쏟게 도와주고 싶었다. 나는 찬민이에게 정기적으로 만나자고 했다. 그랬더니 "신경 쓰지 마세요. 그런다고 뭐가 달라지나요? 괜한 고생 하지 마세요. 이런 거 해도 달라지는 것은 아무것도 없잖아요."라며 처음 만났을 때 모습으로 돌아가서 갑옷을 챙겨 입고 방어태세로 나왔다.

나는 너무 성급하게 마음의 상처를 치유하겠다고 나섰다가 조금 생긴 친밀감마저 사라질까봐 찬민이가 흥미 있어 하고 잘하는 것이 컴퓨터라는 것을 기억하고는 얼른 다른 제안을 했다.

"그래. 이런 식으로 만나기 싫은가 보구나. 그럼 이건 어때? 선생님이 자판 치는 속도가 느려서 여간 답답한 게 아니야. 찬민이가 도와주면 큰 힘이 될 것 같은데 시간 있을 때 도와줄래?"

찬민이는 말없이 한참을 생각했다.

"찬민아! 선생님이 어느 책에서 읽었는데 사람이 죽으면 하늘로 올라가 별이 되는데, 남아 있는 사람이 너무 울고 슬퍼하면 그 별이 빛을 내지 못하고 시들어버린다는 거야. 그러나 남아 있는 사람이 죽은 사람에 대한 좋은 추억을 떠올리며 힘을 내서 홀로서기를 잘하면 하늘에 올라간 별도 더 밝은 빛을 띠고 하늘 위에서 내려다보며 남아 있는 사람을 지켜주는 수호신이 된다고 했단다. 엄마가 너에게 선생님을 보내서 대신 위로하고 격려해주시기를 바라신 건 아닐까?"

"도와드리러 올게요."

또다시 찬민이의 눈에 눈물이 그렁그렁 맺혔다.

이렇게 해서 끊길 뻔한 찬민이와의 인연의 줄을 조심스럽게 다시 묶었다. 갑작스럽게 닥친 가족의 병사, 부도, 이혼 등의 위기에 아무런 방비 없이 놓이게 되는 우리의 청소년들이 너무나 안쓰러워서 나는 가슴에 맷돌이 올려진 것처럼 답답하기만 했다.

사별과 상실은 치료 장면에서 가장 다루기 어려우면서도 누군가에게도 예외가 없는 실존적인 주제다. 사별은 예기치 않게 찾아온다. 비록 중병으로 인해 시한부 인생이라는 선고를 받은 사람과 그 가족이라 할지라도 사별은 늘 예기치 못한 불행이며 청천벽력이다.

따라서 사별을 경험한 사람들은 이루 말로 다 할 수 없는 묘하고 복잡한 감정에 사로잡히게 된다. 사별을 부인하기도 하고 원망하기도 하며 증오를 품기도 하고 혹은 죄책감을 가지기도 한다.

그러나 사별 이후의 애도 과정에서 최종 종착지는 인정과 수용이며 다시금 실제 생활에 용기를 내어 적응하고 살아가는 것이다. 그러한 최종 종착지에 도달하도록 돕는 것이 상담자가 할 일이다.

사별도 일종의 외상(trauma)이다. 따라서 외상 후 스트레스를 극복하는 과정과 사별에 대처하는 과정은 유사하다고 볼 수 있다.

나는 찬민이가 오면 상담 계획을 첫째, 육체적, 심리적 안정화 단계, 둘째, 외상적 사건을 이야기하는 단계, 셋째, 후유증을 알아보고 관리하는 단계로 나누어서 개입하려고 회기 때마다 할 프로그램도 준비해놓고 마음의 준비도 끝냈건만 끝내 오지 않았다.

내가 이런 짝사랑이 처음이라면 적지 않게 실망했겠지만 요즘은 '인연이 있어 내가 도움이 되면 좋은 일이다. 하지만 원하지 않는다면 어쩔 수 없는 일이다.'라고 생각한다. 이것은 상담자가 자기 한계를 인정하는 건강한 반응이다. 찬민이가 마음이 내킬 때 나 말고 누군가가 나 대신 찬민이에게 '살아야 할 의미'를 느끼게 해주길 바랄 뿐이다.

하지만 후일 찬민이가 처음으로 자기 마음의 빗장을 열어준 나를 문득 기억하며 '아! 정말 그때 힘들었지. 그런데 신기하다, 처음 본 사람 앞에서 펑펑 울고…… 조금 창피했지만 후련했어. 어디엔가 그분처럼 내 힘든 마음을 보여줘도 괜찮은 사람이 있을 거야.' 하며 한 번뿐이었지만 내가 해준 공감과 허용(permission)이 찬민이에게 사방으로 꽉 막힌 감옥에서 출구가 있을지 모른다는 희망을 갖게 한 시간이었기를 욕심내본다.

미어캣 소년

석민이 아버지가 재혼하기 전인 어느 날 할머니 옆에서 자던 석민이는 어느 날 '아! 이대로 정말 살기 싫다. 어디론가 가고 싶다…….'는 강한 충동을 느꼈다고 한다. 석민이는 잠자리에서 벌떡 일어나서 집을 나와 전철역까지 하염없이 걸어갔는데, 막상 나와 보니 갈 곳도 없고, 어른들이 이상한 듯 힐끔거리며 쳐다보자 겁이 난 석민이는 다시 집으로 들어왔다. 할머니는 그때까지도 세상모르고 주무시고 계셔서 아무도 자신의 '가출 사건'을 모른다고 했다며 석민이의 새엄마는 안쓰러워하셨다.

수원에서 온 석민(가명)이는 어머니가 마을문고나 도서관 등 공공기관에 책을 납품하는 일을 하는 분인데 어느 날 납품하던 책더미에서 어떤 알 수 없는 힘에 끌려(이것은 석민이 어머니의 표현이다) 내가 쓴 첫 책인 『마음속의 그림책』을 발견하고 그 길로 단숨에 책을 다 읽으셨다고 한다.

처음에는 내 연락처를 과연 알아낼 수 있을까 하고 망설였지만 35세의 나이에 11세짜리 아들이 있는 지금의 남편과 3년 전에 결혼한 후 겪었던 힘든 일이 새롭게 생각나서 출판사에 전화해서 연락처를 알아냈다고 했다.

전화 음성만 들어봐도 석민이 어머니의 반듯하고 절도 있는 성품이 느껴졌다. 그 후 석민이가 13번째 맞는 생일을 맞이하여 오전 시간에는 생일 파티를 해주고 오후에 먼 거리를 손수 운전해서 오셨다.

새엄마와 친해지고 나서 다른 사람에게 절대로 말하면 안 된다고 털어놓은 석민이의 비밀은 가족(아버지, 할머니)도 눈치 못 챈 것이라고 한다.

석민이 아버지가 재혼하기 전인 어느 날 할머니 옆에서 자던 석민이는 어느 날 '아! 이대로 정말 살기 싫다. 어디론가 가고 싶다…….'는 강한 충동을 느꼈다고 한다. 석민이는 잠자리에서 벌떡 일어나서 집을 나와 전철역까지 하염없이 걸어갔는데, 막상 나와 보니 갈 곳도 없고, 어른들이 이상한 듯 힐끔거리며 쳐다보자 겁이 난 석민이는 다시 집으로 들어왔다. 할머니는 그때까지도 세상모르고 주무시고 계셔서 아무도 자신의 '가출 사건'을 모른다고 했다며 석민이의 새엄마는 안쓰러워하셨다.

석민이 친엄마는 모성애가 있는 성숙한 분이기보다 자기 자신도 홀로서기가 어려운 분이어서 석민이를 돌봐주기보다

〈나무 그림〉 가늘고 좁은 기둥은 삶이 위협받고 있다는 메시지이고 손 모양의 날카로운 가지 끝은 다른 사람과의 관계에 대한 예민함과 공격성을 나타낸다. 지면 표시 없이 그려진 불안정한 모습의 나무는 석민이의 어려웠던 성장 과정을 그대로 보여주고 있다.

〈인물화〉 그림 속의 소년의 나이가 몇 살이냐고 물었더니 열한 살이라고 했다. 초등학교 4학년 때, 어릴 때 키워준 할머니 몰래 가출했던 절망감과 새엄마와 갑작스럽게 함께 한 생활의 충격으로 해소되지 않은 감정의 앙금은 그 시기로 성장이 정체되고 있음을 보여준다. 슬퍼 보이는 표정과 꽉 다문 입, 지나치게 가는 목과 벨트, 호주머니는 의존성을 나타내며 양팔을 몸에 꼭 붙인 것은 주변 사람과 관계 맺기에 긴장하고 서툴다는 사인이다.

〈**물고기 가족화**〉 어항 속에 다른 장식(수초, 돌 등) 없이 달랑 새엄마와 자기만을 그려놓았다. 그 나이 또래의 다른 아이들보다 표현력이 없는 것은 적절한 관심과 나이에 맞는 교육의 부재를 보여준다. 특히, 친아버지를 그리지 않은 것은 서로간에 대화나 애정의 교류가 없다는 사인이고, 오랫동안 길러준 할머니도 그리지 않은 것을 보면 석민이 친할머니도 사랑이 많은 분이라기보다 의무적으로 석민이를 길렀을 확률이 크다. 그리고 새엄마 물고기를 그리고 말주머니에 "엄마! 일 좀 도와라."라고 쓴 것은 새엄마가 직장을 다니기 때문에 가족이 할 일을 정확히 업무 분담(?) 한 후 이행하지 않으면 야단맞은 자신의 스트레스를 그렇게 표현한 것이다.

표현 \ 가족	내 마음	아빠 마음	엄마 마음	형제 마음	우리 집
동물로 표현한다면 어떻게....	미어캣	사자	조금 사나운 동물		토끼
색으로 표현한다면 어떻게....	파랑	청록색	논 색		연두색
감촉으로 표현한다면 어떻게....	조금 거칠다	따갑다	간지럽다		메끄럽다
날씨로 표현한다면 어떻게....	구름 갠날	태양이 쨍쨍한날	태양과 구름이 떠있는날		화창한 날
꽃으로 표현한다면 어떻게....	[illegible]	무서운 꽃	조금 무서운 꽃		튤립
맛으로 표현한다면 어떻게....	시큼하다	시큼털털하다	매콤하다		달다

무관심과 최소한의 의무만을 하다가 부부관계가 악화되자 이혼 후 집을 나갔다고 한다.

물론 석민이 생모를 직접 만나서 그간의 사연을 들어보아야 석민이 생모에 대한 평가에 균형점을 찾을 수 있겠지만 그것은 현재 석민이의 위축되고 우울한 모습 앞에서 의미를 잃는다.

누가 옳고 그르냐보다 더 중요한 것은 우리 어른이 책임지고 키워야 할 '한 아이'가 상처를 입고 세상을 겁내고 있다는 사실이다. 나는 열한 살짜리 아이가 이 세상에 대한 어떤 희망도 놓아버린 채 낯선 밤거리를 서툴게 걸으며 느꼈을 절망감이 느껴져서 오스스 소름이 돋았다.

석민이 새엄마는 정서적으로 안정되고 삶에 대한 바르고 성숙한 가치관을 가지고 계신 분이었다. 나는 석민이를 면담한 후에 걱정보다는 희망적인 그림이 그려졌다. 그 이유는 현재 엄마 역할을 완벽하게 잘하신다는 것보다 자신의 방법으로 최선을 다했는데도 석민이 마음에 다가가지 못하자 적극적으로 방법을 찾으셨다는 것이다. 석민이를 잘 길러야 한다는 신념 하나로 방법을 찾다가 먼 곳을 물어물어 힘겹게 찾아오시고 자신이 어떻게 변화해야 하는지, 석민이에게 어떻게 대해주면 과거의 상처를 딛고 건강하게 자랄 수 있는지 방법을 진지하게 묻고 경청하시는 것을 보았기 때문이다.

'진지하게 묻고 경청하셨다'를 강조한 이유는 자녀 문제로 상담하러 오시는 분 중에서는 치료 과정 중에 자신의 부끄러움이 드러나면 움츠러들면서 방어하는 '달팽이과' 같은 사

〈**가족에 대한 상징적 표현**〉 나를 동물로 표현하면 '미어캣(「라이온 킹」에 나오는 티몬)', 색은 '파랑', '조금 거칠다', '구름 갠 날', '시큼하다'라고 표현한 것을 보면 울적한 성향을 가졌고, 표현력이 없다. 사랑의 기술이 부족한 권위적인 아버지를 '사자', '따갑다', '태양이 쨍쨍한 날'(참고로 석민이는 이런 날을 제일 싫어한다), '무서운 꽃', '시큼털털하다'라고 표현해서 노골적으로 무섭고 싫은 사람으로 표현했다. 새엄마에 대한 느낌을 '조금 사나운 동물', '태양과 구름이 떠 있는 날', '조금 무서운 꽃', '매콤한 맛'이라고 해서 아버지보다는 덜하지만 그래도 거리감을 느끼고 있고, 외면적으로 보면 잘하려고 애쓰는데도 석민이 마음을 채우지 못한다는 것을 알 수 있다.

람들과, 상담자가 자녀를 대하는 바른 방법을 제시하면 건성으로 대충 듣는 '우이독경파' 등 내가 바친 시간과 노력을 물거품으로 만드는 분이 대다수이기 때문이다.

석민이 새엄마는 석민이가 할머니와 사는 동안 양육이 아닌 방목(?)을 해서 삶에 기준도 없고 자기관리도 안 되는 사람이 될까봐 조급하게 생각했다. 그래서 석민이를 절도 있게 키워야 한다는 일념 하나로 잘 해가지 않았던 숙제도 해가게 하고 집안일도 분담해서 석민이 몫은 반드시 하도록 책임을 지웠다. 하나도 틀림 없는 반듯한 교육이지만 그런 것을 수용할 내적 힘이 석민이에게는 아직 없다는 것을 모르셨던 것이다. 기초공사가 부실한 석민이에게 규율만을 강요하면 티코에다가 2톤 트럭에 실을 짐을 넣고 달리게 하는 것같이 석민이를 힘겹게 한다는 사실을 간과하신 것이다.

"그래도 선생님께 오려고 마음먹기 한 달 전에 석민이가 그린 그림은 지금 그림보다 훨씬 심각해서 여기 빨리 오고 싶었어요. '가족에 대한 상징적 표현'에서도 저를 무시무시하고 지겨운 사람으로 표현해서 충격을 받았는데 선생님 책 읽고 그동안 잘해준 보람이 있네요. 오늘 와서 그린 그림은 그때보다는 양호한 거예요. 제가 앞으로 어떻게 하면 되나요?"

"오늘은 석민이 생일이어서 석민이를 기쁘게 해주실 생각만 하셨을 거예요. 그런 마인드로 석민이에게 어머니에 대한 신뢰가 쌓일 동안만이라도 의무와 책임을 지우기보다 사랑을 베풀어주시면 됩니다. 석민이가 자기도 사랑받을 자격이 있다고 느끼고 소중한 존재라는 자각을 하는 순간 어머니께서 석민에게 바라시는 것이 자연스럽게 이루어질 것입니다."

미어캣은 「라이온 킹」에 등장하는 동물이다. 처음에는 아기사자를 구하기 꺼려 하는 소심함을 보이지만 나중에는 심바 왕자가 정글 생활에 잘 적응하도록 적극적으로 돕는 따뜻하고 섬세한 성격으로 묘사된다. 심바가 울적해 있거나 고민에 빠져 있으면 "하쿠나 마타타(살아 있는 동안 걱정을 말자는 뜻)!"라고 외치면서 기분을 전환시켜주려고 노력한다. 석민이가 자신을 미어캣으로 표현한 것은 자기도 그런 성품을 갖고 싶기도 하지만 그런 사람이 자기 주위에 있어서 위안받고 용기를 얻고 싶은 간접적인 표현이기도 하다.

석민이와 석민이 엄마를 면담한 후 링컨 대통령과 나폴레옹 힐의 새어머니가 떠올랐다. 두 유명인사 모두 주위에서 자신을 별 볼 일 없고 말썽꾸러기로 여기고 있을 때 새어머니들이 그들 안에 있던 최선의 것을 발견해주고, 용기를 북돋아주어서 새 삶을 살게 했을 뿐만 아니라 온 인류에게 긍정적인 영향력을 준 인물이 되도록 소금의 역할을 하신 분이다. 석민이가 이런 훌륭한 두 번째 어머니 덕분에 인생의 극적인 전환점을 맞이하여 도약하리라 믿어 의심하지 않는다.

석민이는 첫인상이 얌전하고 조용해 보였지만 눈동자가 깊은 것이 나이에 비해 많은 사연이 담긴 눈을 가진 소년이었다.

여친이 화교학교에 다녀요

내가 가끔씩 교실에서 그림 검사를 하면 다른 아이들은 호기심을 보이며 "이건 왜 하는 거예요?" "이거 하면 우리 마음을 모두 맞출 수 있나요?"라며 자기 그림을 해석해달라고 조르기 일쑤인데 요셉이는 그런 아이들과 달리 늘상 시니컬한 태도로 마지못해 하곤 했다. 나는 처음에는 '그림을 못 그려서 그러나 보다.'하며 무심히 지나쳤는데 인물화 뒷면에 쓴 글에 "글씨나 그림을 보고 그 사람을 판단할 수 있다고 하지만 예외란 있는 것이다."라고 한 것을 보면 그림으로 아이들의 마음을 읽는다는 나를 평소에 못마땅하게 생각했던 것 같다. 그리고 편지 내용을 보면 전체적으로 상처받고 힘든 생활을 했음을 알 수 있다. 그래서 나는 학기 초에 받아둔 나무 그림 중에서 요셉이 것을 찾아서 다시 보았다.

〈**인물화**〉 팔이 몸에서 떨어져 수평 방향 이상으로 뻗어 있는 것은 아동에게서 많이 볼 수 있는데 청소년기에도 이렇게 그릴 경우에는 타인과의 접촉을 제대로 하지 못하고 감정을 수반하지 않은 형식적인 접촉을 하는 피험자가 그리기 쉽다. 그리고 이것은 자신의 공격 욕구를 외계로 향하는 경향이 있다.

To Yo Sep

솔직히 그림 그리기가 너무 귀찮았다.
그래서 대충 그렸다.
보통 글씨나 그림을 보고 그 사람을 판단할 수 있다고 하지만
예외란 있는 것이다.
절대 나를 강조하고 싶어서는 아니다.
하지만 무시당하고 싶지도 않다.
지금까지 요셉 니가 살아온 인생이 아름다웠다고
말할 수 있니? 그저 되는 대로 살았을 뿐…….
하지만 그 모든 것들이 소중하다는 사실을 넌 알고 있니?
사람과 사람을 만나면서 적응해왔던 나만의 생활방식…….
즐거웠던 기억보다는 상처가 많았을 너에게 한마디 하겠다.
지금 이 순간에도 너무 힘들다는 것을 알아 짜식아~
하지만 물러서지 말아라. 그리고 앞으로를 위해서
너의 미래를 위해서 많은 것을 듣고 배워라.
공부뿐만 아니라 여러 사람과 만나면서 충돌이 일어나고
갈등이 일어나도 슬퍼하지 말고 자기 자신을 돌아봐.
소심하다 생각할지 모르겠지만 그냥 니 자신만 잘하려고 노력해라.
모든 것을 듣는 그대로 인정하고…….
그 모든 것이 널 위해 존재한다는 걸 잊지 마.

2002. 5. 31. 금. 요셉 씀.

요셉(가명)에게 인물화를 그리게 한 후 그 사람에게 편지를 써보자고 했더니 못마땅해하면서 인물화 뒤에다가 쓴 글이다. 내가 가끔씩 교실에서 그림 검사를 하면 다른 아이들은 호기심을 보이며 "이건 왜 하는 거예요?" "이거 하면 우리 마음을 모두 맞출 수 있나요?"라며 자기 그림을 해석해달라고 조르기 일쑤인데 요셉이는 그런 아이들과 달리 늘상 시니컬한 태도로 마지못해 하곤 했다. 나는 처음에는 '그림을 못 그려서 그러나 보다.'하며 무심히 지나쳤는데 인물화 뒷면에 쓴 글에 "글씨나 그림을 보고 그 사람을 판단할 수 있다고 하지만 예외란 있는 것이다."라고 한 것을 보면 그림으로 아이들의 마음을 읽는다는 나를 평소에 못마땅하게 생각했던 것 같다. 그리고 편지 내용을 보면 전체적으로 상처받고 힘든 생활을 했음을 알 수 있다. 그래서 나는 학기 초에 받아둔 나무 그림 중에서 요셉이 것을 찾아서 다시 보았다.

그러고 보니 요셉이를 3개월 동안 지켜본 결과 이해되지 않는 일이 몇 번 있었다. 처음 학기 초에는 수

〈나무 그림〉 종합 과일 나무는 매슬로의 욕구 단계 중 일차적인 욕구(생존의 욕구)가 채워지지 않은 케어받지 못한 내담자가 종종 그리는 나무다.

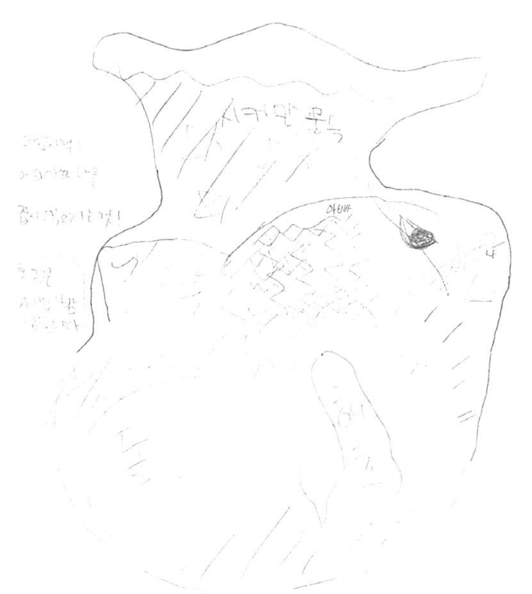

〈물고기 가족화〉 물속을 시커멓게 칠한 것은 보통 숨막힐 듯한 가정환경이나, 학대 가정의 자녀들의 그림에서 주로 표현된다. 그리고 친절하게 쓴 그림 해설에서도 "아빠가 나를 잡아먹으려는 것"이라고 쓰고 이빨을 드러낸 커다란 아빠 물고기가 '나'라고 쓴 작은 물고기를 잡아먹으려는 광경을 그려서 역기능적인 가정 분위기를 여실히 보여주고 있다.

학 반장을 자진해서 하겠다고 열성을 보였다가(자신의 각오를 나에게 이메일로도 보냈다) 제대로 하지 않아서 여러 번 내게 꾸중을 들었다. 수학 반장은 수업 시작하기 전에 인쇄물을 매일 나누어주는 임무가 있는데도 번번이 늦게 오거나 잊어버리곤 해서 사실은 이제 슬슬 미워지기 시작했다.

그런데 요셉이가 쉬는 시간마다 매점을 도와주고 학비지원금을 받는다는 것을 반 아이들로부터 들었다. 그래서 요셉이에게 왜 진작 그 얘기를 하지 않았느냐고 물었더니 얼굴이 붉어지면서 "두 가지 다 잘할 수 있을 줄 알았어요."라고 대답했다. 나는 두 가지 모두 하는 것은 무리라며 다른 지원자를 다시 수학 반장으로 임명했다.

그러고 나서도 학기 초에 무엇인가 열심히 해보려던 결의는 점점 사라지고 수업 시간에도 엎드려 자거나 앉아 있어도 영혼은 다른 곳을 헤매는 사람처럼 멍하니 앉아 있었다. 마치 드라이커즈(개인주의 심리학자, 아들러의 제자)가 분류한 부적응 학생의 네 가지 목적 중에서 마지막 단계인 '자포자기한 상태' 같았다. 그런 심리적인 상태에 있는 요셉이에게 인물화를 그리라고 했더니 마지못해 그리고 그림 검사를 불신하는 듯한 코멘트를 쓴 것이다.

그런데 요셉이와 심리적인 거리를 좁히는 계기가 왔다. 올해 6월에 수학과 체험학습을 '인천항 갑문'으로 가게 되었는데 그곳은 하인천역 부근에 있었다. 교실을 벗어나서 툭 트인 바닷가로 나오자 학생들은 갑자기 다른 아이들이 된 듯 생기가 나고 말이 많아졌다. 갑자기 세욱이가 "선생님 이 근처에 화교학교가 있는데 그곳에 요셉이 여자친구가 있어요. 둘이 엄청 친해요."라며 툭 던지듯이 말했다.

나는 갑자기 요셉이와 다시 가까워질 절호의 찬스가 생겼다고 생각했다.

"야! 잘됐다. 마침 선생님 책을 중국어로 번역하려고 했는데 이런 좋은 기회가 오다니. 선생님은 역시 운이 좋은 사람이야. 생각만 하면 해결 방법이 나타난다니까. 요셉아! 매일 여자친구와 만나서 시시한 이야기만 하지 말고 의미 있는 만남을 갖도록 선생님이 한 가지 제안을 할게. 내일 선생님이 쓴 책을 한 권 가져다 줄 테니까 여자친구에게 조금씩 번역을 해보라고 해. 모르는 것은 화교학교에 근무하시는 선생님께 여쭈어보면 중국어 실력도 늘고 너랑 만나면서 부모님께 궁색한 변명을 늘어놓지 않아도 되고 얼마나 좋으니, 생각할수록 기발한 아이디어지 않니?"

요셉이는 얼굴을 붉히며 수줍게 웃었다. 나는 다음날 내 책 중에 『마음속의 그림책』을 요셉이에게 건네주며 이 일이 한국과 중국을 잇는 가교가 될 거라느니, 그러면 너와 네 여자친구는 문화사절이 되는 거라며 거창한 의미를 부여했다. 그 후 나는 여러 가지 일로 바빠 잊고 있었는데 3주일쯤 지난 어느 날 수업을 마치자 요셉이가 내 뒤를 따라오며 시간이 있느냐고 물었다. 그리고는 그림 몇 장을 주저하며 내보였다. 나중에 알고 보니 그 책은 아직 여자친구에게 보여주지도 않고 자기가 몇 번 읽다가 지금은 엄마가 읽고 계시는 중이라고 했다.

요셉이가 가져온 네 장의 그림을 보고 그냥 수업에 들어가라고 하기에는 상흔이 너무 커 보여서 다음 수업 선생님께 양해를 구하고 요셉이와 마주 앉아서 이야기를 듣기 시작했다. 어린 나이에 요셉이나 동생이 겪기에는 너무도 힘겨운 사연이었다.

"처음에는 선생님께서 주신 책을 호기심으로 뒤적거리다가 차츰 빨려들고 말았어요. 왜냐하면 제가 그동안 겪은 고통을 퍼즐 조각처럼 나누어놓은 것 같았거든요. 그 책에 나온 18명의 주인공들이 모두 남 같지가 않았어요. 그래서 요즘 부쩍 아버지 눈에 거슬리는 행동을 해서 무자비하게 매를 맞는 동생에게 그림을 그리라고 해서 가져왔어요. 뭐 그림을 받기 전에도 상처가 클 거라고 생각했지만 막상 그린 것을 보니 아무것도 모르는 제가 봐도 큰일이다 싶어 선생님께 가져왔어요. 제 동생도 치료될 수 있나요? 하긴 제 동생보다 우리 아버지가 치료받아야 하지만요……."

요셉이는 그 책을 읽으며 가족에 대한 통찰력이 조금 생겨난 것 같다. 그리고 막혔던 샘구멍에서 물이 터져 나오듯 아버지 얘기를 펑펑 쏟아냈다.

〈나무 그림〉 지면 없이 그려진 나무는 불안정한 요셉이의 심리 상태를 나타내고 있으며, 막힌 가지 끝은 성장하면서 수도 없이 자신의 욕구를 억제당하고 억제한 흔적이 여실히 나타난다. 그리고 그 옆에 새롭게 성장하려는 어린 나무는 새로운 모습으로 변하고 싶은 요셉이의 바람이며, '나중엔 remnant'라고 쓴 것은 종교적인 영향으로 '아낌없이 주는 나무'가 되려는 것이다.

〈인물화(여)〉 그림 설명을 "나를 비웃는 그림……. 그리고 살을 찌게 해놓고 죽이려고 하고 또 노려보며 웃고 있다."라고 한 것을 보면 자존감이 아주 낮은 단계로 피해의식을 갖고 있다.

"우리 아버지는 부모 없이 고아로 컸어요. 그래서 자랄 때 얼마나 힘든 일을 많이 겪으셨는지 몰라요. 남의 집 머슴을 살 때 하도 배가 고파서 주인집 부엌에 몰래 들어가서 밥을 먹다가 들켜서 얼마나 많이 맞았는지 그 자리에서 실신을 하셨대요. 말로 다 하지 못할 상처와 고생으로 얼마 전까지만 해도 한밤중에 가위에 눌려 소리를 지르면 온 가족이 잠에서 깨어나 공포에 떨어야 했어요. 요즘은 교회에 다니시면서 안수기도도 받고 하셔서인지 조금 덜하시는 편이세요. 저는 우리 아버지가 왜 그러시는 줄도 알고, 그래서 불쌍하기도 한데 동생은 아직 그게 안 되나 봐요."

아직 어린 요셉이 어른인 아버지를 이해하고 있다니 대견하기도 했지만 한편으로는 안쓰러웠다.

"아버지는 자신이 어렸을 때 당한 공포 때문에 사람들에게 피해의식이 많아요. 그래서 저희들도 아버지 맘에 들게 행동해야지 조금이라도 벗어나는 행동을 하면 그날은 가족 비화가 생기는 날이 됩니다. 그래도 저는 교회에 다니면서 신앙의 힘으로 극복하려고 많이 노력했는데 동생은 저와 다른지 바위에다가 계속 계란을 던지네요. 그럴 수 있겠다 싶으면서도 지켜보자니 너무 마음이 아파요. 자기 뜻을 관철하기 전에 매 맞아 죽을 것 같아요."

이런 사실 외에, 어릴 때의 일들로 인해 장애인이 된 요셉이 아버지가 돈벌이를 못하자 정부에서 주는 생활보호대상 생계비와, 엄마가 하루 종일 근로봉사 나가서 버는 돈으로 생계를 꾸려간다는 것도 알게 되었다.

요셉이 이야기를 들으면서 '사랑의 연결고리'가 아니라 '고통의 연결고리', '학대의 연결고리'라는 단어가 떠올랐다. 사랑도 학습되지만 학대나 부당한 대우, 미성숙한 양육 방법도 학습된다는 것을 새삼 다시 확인했고 요셉이와 그 동생 그리고 요셉이 아버지와 어머니 모두가 불쌍해서 마음이 아려왔다.

인간이 겪는 고통을 어떤 이는 원죄라고 하고 불교에서는 업보라고 하며 또는 하느님의 계획으로 연단하는 과정이라고도 한다. 하지만 이 나이까지 살면서도 힘에 겨운 고통스러운 일이 우리 개인의 삶 속에 왜 일어나며 버젓이 존재하는지 나는 그 답을 모른다. 그래서 요셉이에게도 내가 할 수 있었던 일도

〈집 그림〉 누더기같이 기워진 집은 가난하다는 상징이며 집 분위기를 "폭풍 전야, 사람 잡아먹는 곳"이라고 표현했고 인물화도 자신의 나이보다 어린 6세라고 해서 심리적인 퇴행을 엿볼 수 있다. 눈을 그리지 않은 것은 현실에서 도피적인 성향을 나타내며 용지 맨 밑에 그려진 것은 우울한 성향을 나타낸다.

한 시간 내내 들어주는 것밖에 없었다.

그런 내가 너무 무기력해서 한심한 생각이 들려는 차에 4교시 마치는 종소리가 났다. 그러자 요셉이는 "선생님 감사합니다. 제 얘기를 들어주셔서요. 속이 너무도 시원해요. 그리고 예전에 제가 그림으로 사람 마음을 다 알 수 있는 것은 아니라고 한 말 취소할게요. 제 동생 그림 보고 저도 놀랐거든요."라고 말하곤 꾸벅 인사를 하고 밝은 표정으로 돌아갔다.

그 후 나는 우연히 데이비드 A. 시맨즈의 『상한 감정의 치유』를 읽다가 다음의 시를 발견했다. 내가 요셉이에게 해주고 싶은 말이 이 시에 다 들어 있다.

절망(Disappointment)

—작자 미상

그분의 약속(His appointment)
철자 하나만 바꾸면 그때는 알게 된다네
내 계획이 틀어진 것은
나를 위한 하나님의 더 좋은 선택이라는 것을.
그분의 약속은
다른 옷을 입고 올지라도
축복을 가져옴이 틀림이 없다네.
처음부터 그 결말은
그분의 지혜 속에 열린 채로 있기 때문에.

다섯 살에 삼각형, 꼭지점 배우다

첫눈에 보기에도 감수성이 예민하고 피부가 하얀 총명하게 생긴 여자아이였다. 슬기 어머니도 예의바르고 섬세한 분으로 슬기에 대한 교육열이 높으신 분이라는 것을 직감적으로 알 수 있었다. 사실 50분 면담을 위해서 어린아이를 들쳐업고 걸음걸이도 아직 더딘 여섯 살 아이를 걸려서 먼 거리를 찾아온다는 것이 보통의 정성으로는 어려운 일이다.

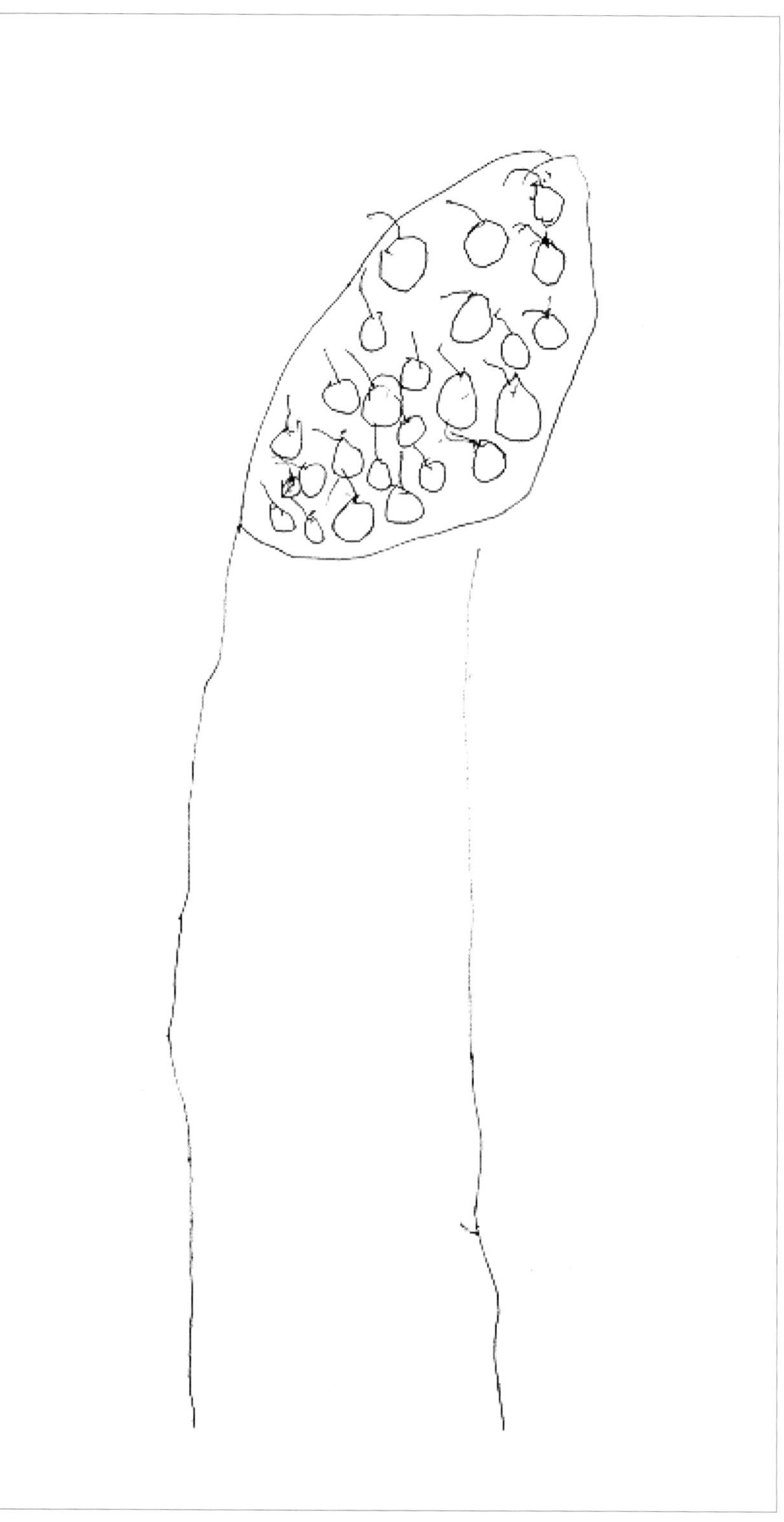

〈**나무 그림**〉 나무 열매가 많은 것을 소유욕이 많거나 성취의욕이 높다고 평범하게 볼 수도 있겠지만 수관을 따라 열매를 그리는 아이는 나카니시 요시오의 연구에 따르면 62%가 야뇨증이라는 말이 떠올라 혹시 슬기가 야뇨증이 있지 않을까 하는 의구심이 들었다. 실제로 우리 몸의 신장의 단면을 보면 수많은 돌기가 분포되어 있다. 그래서 검사 후에 어머니와 면담 중에 자연스럽게 야뇨와 빈뇨에 대한 이야기가 나왔다.

슬기(가명, 6세) 어머니는 어린 딸을 등에 업고, 슬기와 함께 일산에서 인천까지 찾아오셨다. 상담소에 들어온 슬기는 자기 엄마가 시키는 대로 하얀 종이로 풍성하게 테두리를 한 장미꽃 한 송이를 나에게 내밀었다.

첫눈에 보기에도 감수성이 예민하고 피부가 하얀 총명하게 생긴 여자아이였다. 슬기 어머니도 예의바르고 섬세한 분으로 슬기에 대한 교육열이 높으신 분이라는 것을 직감적으로 알 수 있었다. 사실 50분 면담을 위해서 어린아이를 들쳐업고 걸음걸이도 아직 더딘 여섯 살 아이를 걸려서 먼 거리를 찾아온다는 것이 보통의 정성으로는 어려운 일이다.

검사를 하기 전에, 이런 성격의 어머니는 본인의 열정이 크다 보니 긍정적인 면도 많겠지만 엄마의 열정에 비해서 아이가 그 속도를 못 따라갈 경우의 갈등과 아이에게 갈 부정적인 영향도 많을 것임을 잠깐 생각해보았다.

슬기가 다섯 살 때, 12월생인 슬기가 초등학교 들어가면 또래 애들보다 뒤떨어질까봐 수학에서도 기하학 분야인 삼각형, 사각형, 꼭지점 등의 개념까지 주입시키고 스피치 학원, 미술학원에 보내는 등 나이에 맞지 않는 정형화된 교육을 시켰다고 한다. 그 이유에서인지 아니면 천안의 넓은 집에서 살다가 갑자기 좁은 주택으로 이사 온 부적응 때문인지, 슬기가 밤에 소변을 못 가리고 낮에도 자주 소변을 보는 빈뇨 증상을 보여서 병원에서 치료를 받았다고 했다.

나는 두 가지 모두가 슬기의 야뇨와 빈뇨 증상의 원인일 수 있으며 개인적인 의견으로는 구체적인 조작기에 있는 아이에게 형식적 조작기에 할 수 있는 내용의 교육을 강요했기 때문이라고 진단했다.

다섯 살짜리 아이가 엄마를 논리적으로 설득해서 하고 싶지 않은 것들을 '싫다'라고 할 수는 없으니까 그야말로 '온몸으로 표현'한 것이다.

"슬기가 저 때문에 그렇게 된 거예요. 제가 부족해서요. 저에게 더 문제가 많아요."라고 슬기 어머니는 솔직하게 잘못을 시인하고 이제까지의 자신의 행동을 반성했다.

"제가 자랄 때 부모님의 강압적인 지도를 싫어하고 스트레스를 많이 받았는데 제가 또다시 우리 아이에게 그런 일을 되풀이할 줄 몰랐어요."

"부모님이 어떻게 하셨는데요?"

"굼뜨고 이해를 빨리 못한다고 다그치셨어요. 참 힘들었죠. 그래서 저도 모르게 슬기는 저처럼 되면 안 된다는 강박적인 생각을 했나 봐요. 참 이상하죠. 선생님과 대화하기 전에는 제가 왜 슬기의 배움에 조급했는지 몰랐어요. 그냥 미리 남보다 빨리 배우면 학교 가서도 수월하게 따라갈 줄 알고, 다 저를 위해 한다는 명분이 있었는데 지금은 저도 어렸을 때 하기 힘들었던 것을 제 딸에게 강요한 것 같아요."

〈동작성 가족화(KDF)〉 과도하게 통제한 어머니보다 항상 다정하고 수용적인 아버지를 자기 바로 옆에 그린 것으로 보아 아버지에게 많이 의존한다는 것을 알 수 있다. 맨 마지막에 그린 여동생(2세)을 자기에게서 가장 멀리 있게 그림으로써 동생을 자신을 향한 가족의 사랑을 빼앗아 간 대상으로 느끼고 있음을 알 수 있다. 특히 자신의 몸에서 팔과 손이 생략된 것은 친구 관계를 맺는 것에 서툴고 적극성이 부족하다는 것을 암시한다.

"슬기 어머님께서 이미 자신의 행동을 객관적으로 통찰하고 계시니 더 이상 제가 부연해 할 말은 없습니다. 굳이 제 의견을 묻는다면, 지금 보내는 학원을 그만두게 하고 편히 그 나이 또래 아이답게 놀게 해주라고 하고 싶습니다. 지금 슬기 나이는 인지적인 교육을 할 때가 아니라 세상에 대한 호기심을 갖고 자연친화적인 체험을 많이 해야 할 때라고 생각합니다."

"물론 슬기가 스트레스를 받아서 야뇨 증상도 보이고 새로운 학원에 갈 때마다 빈뇨 증상을 보이니 그만두게 해야겠지만, 솔직히 다른 집 아이들은 모두 학원을 보내는데 우리 아이만 집에서 빈둥거리게 하면, 나중에 학교 가서 뒤처지면 어쩌죠?"

"개인적으로 저도 제 아들이 남들이 다 가는 유치원을 한 달 다닌 후 그만두고 싶다고 했을 때 혹시 내 아이에게 문제가 있는 것은 아닌가 하고 불안했지만, 용단을 내려서 유치원을 자퇴(?)했습니다. 그리고 일 년간 무엇을 하고 싶냐고 물었더니 개미집을 사서 개미를 키워보고 싶다고 해서 그렇게 해주었습니다. 그리고 아파트 뒷산을 오르내리며 제 눈에는 평범한 둥근 돌멩이를 집어 와서 공룡알을 발견했다며 보물 1호로 삼았습니다. 그런데 8년이 지난 지금도 그때 내린 제 결정이 참 잘한 일이라고 생각합니다. 왜냐하면 제 아이가 자기 의견을 진지하게 수용해준 것을 감사하게 생각하고 학교에 진학해서는 제도 안에서 행복해지는 방법을 스스로 체득하더군요."

실제로 슬기는 또래 친구들이 집으로 찾아오면 그냥 고물고물 노는데, 친구 집을 찾아가서 놀다 온다거나 밖에 나가서 스스럼없이 또래 아이들과 어울리지 못한다고 슬기 어머니는 못마땅해하셨다.

나는 슬기 어머니에게 그런 조급함으로는 슬기에게 도움보다 피해가 된다고 단호하게 말씀드렸다. 사회성이 빨리 발달하는 아이가 있고 조금 더딘 아이도 있다. 그리고 슬기가 또래 아이들과 관계 맺는 데 사용할 에너지를 언제 비축할 수 있었겠는가? 눈 뜨면 엄마가 계획한 스케줄에 맞춰 자신의 능력에 넘치는 공부를 하는 데 집중하느라고 기진맥진했다는 사실을 잊고, 이제는 슬기가 사회성이 부족하다고 하니 슬기 엄마를 안심시킬 상황이란 애초에 없는 것이었다. 슬기 어머니 스스로 왜 불안한지 알고 자신의 감정을 조절하는 것이 슬기가 빨리 회복하는 지름길이었다. 우리가 좋아하는 화초를 빨리 자라게 하려고 물과 영양제를 과도하게 준다면 그 화초는 어떻게 되겠는가?

'인생은 마라톤이다'라는 평범한 진리가 떠오르는 사례였다. 백 미터 달리기라면 처음부터 무리하게라도 속도를 내야 유리하겠지만 마라톤은 장거리 달리기다. 우리가 학교에서 체육 시간에 배운 것같이 처음에는 자기 페이스대로 무리 없이 뛰어야 결정적인 순간에 전력질주를 할 수 있는 것이다.

다행히 슬기 어머니는 총명하고 지혜로운 분이어서 나에게 오기 전에 자기에게 문제가 많다는 것을 깨닫고 열린 마음으로 찾아오셨기에 1회 상담만으로도 효과가 컸다. 그 후 한 달 뒤에 전화를 해보았더니 슬기 어머니는, 슬기가 다니고 싶어하는 학원을 제외하고는 모두 그만두게 하고 심리적으로 편안하게 배려해주었다고 밝게 말씀했다. 그래서 요즘 슬기는 여섯 살 또래의 생기 있고 발랄한 여자아이로 돌아갔다.

"슬기야! 선생님이 슬기가 준 빨간 장미 한 송이에 대한 보답을 했니?"

용서 시효는 이미 지났다

"선생님은 그날 기분이 좋았다. 왜냐하면 우진이 엄마가 마음속에 너를 계속 담고 있어서……. 그리고 찾으려고 노력을 해서. 또 창피함을 무릅쓰고 선생님에게 너를 한 번만이라도 보게 도와달라고 사정해서……. 그런다고 엄마와 헤어졌던 세월이 보상되는 것은 아니지만 최소한 너를 아무렇지도 않게 버리고, 행복하고 편하게 산 것은 아니라는 사실이 너에 대한 최소한의 예의를 지켰다는 생각이 들어서 그랬나 봐.

어느 날 우진이(가명, 고1) 담임선생님이 난색을 표하면서 나를 찾아와서 자기 반에 1등으로 들어온 모범생이 있는데, 초등학교 때 헤어진 친엄마가 전화를 해서 우진이의 모습을 한 번만이라도 보고 싶다고 요청해왔다고 했다. 문제는 자기로서는 도저히 판단하기가 어렵고 특히 우진이의 평온해진 마음에 도리어 파문을 일으키는 것은 아닌가 심히 걱정이 된다며 상담을 의뢰해왔다.

담임선생님이 우진이를 의뢰하면서 새엄마가 있다는 걸 자기가 이미 알고 있는데도 가정환경 조사서에는 새엄마에 대한 언급이 전혀 없었다는 말을 했다. 학기 초에 으레 한 번씩 하게 되는 개인 면담 시간에도 새엄마의 존재에 대해서는 일절 말하지 않아서 친엄마의 전화를 받기까지는 담임선생님도 전혀 몰랐다며 의아해했다.

하지만 '가족에 대한 상징적인 표현'에서 엄마를 동물로 '토끼', 색은 '노란색', 감촉은 '부드러움', 날씨는 '선선한 날씨', 꽃은 '장미', 맛은 '느끼하다'라고 썼다. 나는 우진이에 대해 사전에 아무것도 모르는 것처럼 내색하지 않고, 형에 대한 부정적인 감정 표현이 많은 것을 보고는 말했다. "야! 형이 이렇게 동생을 괴롭히는데도 엄마가 우진이 편을 안 들어주니? 내가 우진이 엄마라면 혼을 내줄 텐데……." 그 말이 끝나자마자 우진이 눈이 빨개지면서 새엄마를 표현한 것이라며 아직 정식으로 결혼식을 하신 것은 아니고 서로 왕래하면서 특별한 날 식사를 함께 하는 정도라고 했다. 그리고 아버지와 함께 인테리어 사무실에 소속되어서 도배를 하다가 만나셨다고 덧붙였다.

〈나무 그림〉 나무 기둥에 날카롭게 베어진 흔적은 정신적인 외상의 경험이고, 뾰족한 가지 끝은 내부에 날카로운 감정을 갖고 있다는 사인이다. 특히 가지 사이에 놓인 새와 새 둥지는 어머니의 사랑을 받고 싶어하는 무의식의 표현이다.

"우진이 마음에는 드니?"

"(씩 웃으며) 제 마음이 중요한가요? 좋은 분인 것 같아요."

"너 누구한테 새엄마 얘기한 적 있니?"

"아뇨, 처음이에요."

나는 첫 만남에서부터 나에게 쉽게 마음을 열어준 우진이가 고맙고도 안쓰러웠다. 그래서 우진이에게 친엄마에 대한 이야기를 더 듣게 되었는데 초등학교 2학년 말쯤 두 분이 헤어지셨다고 했다. 왜 엄마와 살지 않았냐고 하니까, "형이 아빠와 산다고 해서 저도 그냥 따라갔어요."라고 했다.

"그러고 나서도 한 번도 엄마를 못 만났니? 아빠 몰래라도 말이야."

"아니요. 6개월 정도 외할머니 집에 사는 엄마를 만나러 다녔는데 집으로 외할머니가 전화하셔서 아버

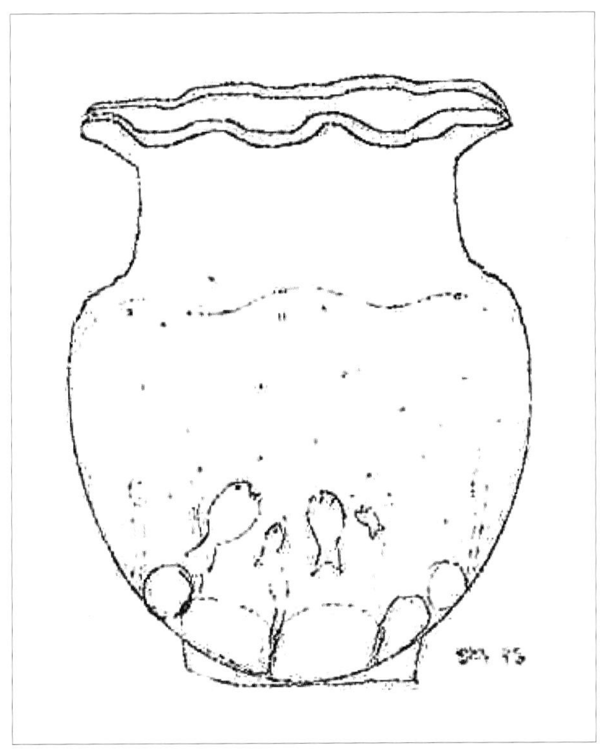

〈물고기 가족화〉 물고기 가족들이 '밥 먹는 모습'을 그렸다. 수초와 물이 적당하게 어우러진 풍경은 우진이가 감성지수가 높다는 것을 의미하나, 온 가족이 먹이를 받아먹는 모습은 양육적인 케어의 결핍을 나타낸다.

지에게 '니 새끼들 더 이상 우리 집에 보내지 말라.'고 하셨다는 말을 들은 후부터 안 갔어요."

"그래. 그래도 외할머니 몰래 너희들을 만나러 오시면 되셨을 텐데 엄마가 왜 안 그러셨을까?"

그러자 "괜찮아요. 다 잊었어요." 하고 메마르게 내뱉었다.

"왜 그때 가만히 있었니? 울면서, '엄마! 우리와 같이 살자'고 왜 떼쓰지 않았니? 나라면 그랬겠다."

"모르겠어요. 그때는 너무 어려서……. 하지만 제가 그런다고 뭐가 달라지나요. 그리고 지금은 다 잊었어요. 너무 오래 되어서……."

우진이의 자조적인 말 속에서 엄마에 대한 원망, 자신이 아무것도 할 수 없다는 무력감, 엄마를 용서해줄 시효가 이미 지났다는 분노가 들어 있었다. 나는 '사실은 친엄마가 너를 보고 싶어한다'는 말을 한마디도 꺼내지 않았다.

그런데 우진이를 만나도 괜찮다는 허락을 기다려던 우진이 친엄마는 담임선생님이 아무 말이 없자 5일 후에 학교로 찾아오셨다. 내가 본 우진이 엄마는 바들바들 떨고 있는 새처럼 여리고 심성이 착한 분이었다. 그리고 우진이와 생이별을 하게 된 이유를 듣게 되었는데 우진이 친할머니는 결벽증에 잔소리가 심한 데다가 집안 살림을 장악하고 군림해야 직성이 풀리는 성격이었다. 결혼해서 보니 이미 두 며느리들과 모두 의절한 상태였다고 했다. 그래서 자기는 셋째 며느리인데도 고분고분해 보이니까 함께 살겠다고 우겨서 우진이 아버지와 헤어질 때까지 모시고 살았지만 인내력의 한계를 느끼고 결국은 두 손을 들었다고 했다.

"우진이는 아빠가 돈을 못 벌어서 헤어지셨다고 알고 있던데요."

"(눈물이 하염없이 볼을 타고 흘렀다) 그랬을 거예요. 안 봐도 뻔해요. 제가 그 성격을 누구보다 잘 알아요. 날이면 날마다 저에 대한 악담을 했을 거

〈'엄마' 하면 회상되는 것〉 괜찮다고 다 잊었다고 했던 우진이는 초등학교 2학년 때 부모님이 이혼하면서 차에는 친할머니, 형, 자기가 타고 있고 아빠만 엄마와 이야기하는 모습을 안타깝게 쳐다보는 자신의 모습을 그렸다. 그날 비가 왔냐고 물었더니 "아니요."라고 했다. 우진이 마음속 날씨를 투사한 것이다.

예요. 그래서 더욱이 우진이를 만나서 오해를 풀고 싶어요. 얼마나 내가 저를 예뻐했는지……. 그때 애 아버지가 50만원만 매달 양육비를 보내줬어도 아이들과 함께 살았을 거예요. 그런데 애들 아버지가 냉정하게 위자료 명목으로 준 월세 보증금까지 다시 달라고 졸라서 하도 치사해서 줘버렸어요. 친정엄마가 그것들은 사람도 아니라고……(목이 메이는지 말씀을 잇지 못하고 눈물을 흘린다)."

"그런 사연이 있었군요. 아무래도 사람들은 자신이 지각하고 싶은 대로 다른 사람을 평가하기 쉬우니까. 그리고 본인의 부족한 점을 시인할 용기가 없는 사람들은 남의 탓으로 모든 것을 돌리지요. 그래도 우진이를 만나서 그동안의 신세 한탄이나 어머님의 억울한 누명을 벗기 위한 것이라면 별로 이 만남을 주선하고 싶지 않습니다. 그냥 엄마가 그동안 너를 한시도 잊은 적이 없다는 것, 그리고 재혼해서 아이 낳고 살면서도 마음은 너에게 달려갔다는 것을 진솔하게 말씀해주셨으면 합니다.

가장 중요한 것은 너를 귀찮아서 버린 것이 아니라 너와 연락이 안 되자 얼마나 수소문을 했는지 모른다는 것, 전화번호도 모두 바꾸고 이사도 가서 속수무책이었지만 엄마가 얼마나 애태웠는지 담담히 털어놓으시면 됩니다. 그 말을 듣고 나서 용서든 이해든 우진이가 해야 할 몫이죠. 그렇게 하실 마음의 준비가 되셨을 때 담임선생님을 통해서 연락을 주십시오. 그동안

〈집, 나무, 사람 검사(HTP)〉 지붕 위에 박을 올려놓은 집에는 혼자 살고 있다고 했고, 기분은 '꿀꿀하다'라고 표현했다. 혼자 살고 싶다는 것은 현재의 가족과 정이 없거나 지겨운 대상, 보고 싶지 않은 대상으로 여기고 있다는 사인이다. 그리고 나뭇잎과 가지가 집 위를 덮고 있는 것은 보호받고 싶은 마음을 반영하고, 그네에 앉아 있는 모습은 현재 기분이 우울하고 고립되어 있는 자신의 처지를 반영한다.

〈동작성 가족화(KDF)〉 가족이 무엇인가 하고 있는 모습을 그리라고 했더니 할머니, 형, 자신을 모두 제외하고 도배하는 아버지 모습만 그렸다. 잔소리와 결벽증이 심한 친할머니와 자기를 괴롭히는 형을 싫어하는 우진이의 무의식이 반영되었고, HTP 검사에서와 마찬가지로 가족의 구성원이 되기 싫다는 듯 가족화에 자신을 그리지 않았다. 힘들게 도배 일을 하시는 아버지를 안쓰럽게 생각하는 마음과 뒤로 돌려놓은 아버지의 모습을 그림으로써 그런 아버지와 심리적 거리를 두고 있으며, 직면하기를 두려워하는 우진이 마음의 신호를 읽을 수 있다.

저는 우진이가 친엄마를 만나고 싶은지도 탐색해보고요. 물론 그것만이 목적이 아니라 상담 과정에서 자연스럽게 생이별했던 상처가 표출이 되니까요. 저는 그동안 이 악물고 엄마를 보고 싶은 것을 참다못해 보고 싶은 감각마저 없어진 우진이에게 다시 느낌이 살아나도록 노력하겠습니다."

너무 울어서 빨개진 눈을 하고 우진이 엄마는 돌아가셨다. 나는 일주일 뒤인 체육대회 날 한 시간 정도 우진이를 만나고 싶다고 담임선생님께 부탁드렸다. 우진이는 처음 면담 때와는 달리 경계심 없이 편안한 얼굴 표정을 하고 내 앞에 앉았다.

"우진아! 선생님과 있을 때는 예의바르고 도덕적으로 행동하고 생각해야 한다는 마음을 잠시 접고 네 마음의 소리에 귀 기울이고 그때 올라오는 감정을 말해줄래?"

"오늘 그린 그림을 보면 너는 네 가족 중 누구와도 친밀하지 않구나. 혼자 살고 싶어하고, 그래도 가족 중에서 아버지는 안쓰러워하고 있는 것 같은데……."

"예. 몇 번 도배하시는 곳에 따라가서 일을 도와드렸는데 참 힘들었어요. 할머니는 저희 키우시느라고 힘드신 것은 알지만 엄마 욕을 자주 하셔서 너무 싫어요. 저번에는 소리를 질렀어요. 듣기 싫다고요."

"그랬구나. 그러니까 우진이는 친엄마를 욕하는 것이 싫구나. 그러면 만약 친엄마가 지금 우진이를 만나보고 싶어한다면 어떻게 하겠니?"

한참을 생각하다가 우진이는 지금 만나서 뭐하냐고 반문했다. 아무것도 달라질 것이 없으며 자기는 보고 싶은 마음이 조금도 남아 있지 않다고 했다. 초등학교 2학년 때 엄마와 헤어지고 나서 너무 보고 싶고, 그리워하다가 그 여린 마음에 기다림이 겹겹이 쌓여 굳은살이 박혀버린 것이다.

엄마 얼굴을 가면에 그리고 하고 싶은 말을 모두 쓰라고 했더니 "그동안 건강하게 잘 사셨는지 그런 건 궁금하지 않아요. 딱 한 가지 날 떠나시고 나서 행복하셨는지, 그게 궁금하네요."라고 쓴 짧은 문장에서 우진이가 엄마에게 갖고 있는 미움, 원망, 그리움 등 애증이 엇갈리는 감정의 기복을 알 수 있었다.

"우진아! 너에게 고백할 것이 있단다. 사실 네 엄마가 우진이를 한번 만나게 해달라고 담임선생님께 여러 번 전화하고 그래도 답이 늦어지자 며칠 전에 학교로 찾아오셨어."

그러자 우진이 눈이 많이 흔들리면서 아무 말도 못 했다. 많이 놀란 것 같았다. 하긴 7년의 세월을 건너뛰어 불쑥 들은 엄마 소식에 놀라지 않을 사람은 없으리라.

"지금 당장 성급한 판단을 내리지 말고 깊이 생각해봐. 그리고 선생님이 엄마와 만났는데 너를 찾기 위해서 굉장히 노력을 많이 하셨더라. 그리고 생활이 어려워서 결혼하셨지만 네 생각을 한시도 잊은 적이 없으셨단다. 그날 선생님 앞에서 얼마나 우시던지 선생님도 눈물이 나서 혼났어."

그리고 나는 우진이 손을 꼭 쥐면서 마지막 멘트를 강하게 했다.

"선생님은 그날 기분이 좋았다. 왜냐하면 우진이 엄마가 마음속에 너를 계속 담고 있어서……. 그리고 찾으려고 노력을 해서. 또 창피함을 무릅쓰고 선생님에게 너를 한 번만이라도 보게 도와달라고 사정해서……. 그런다고 엄마와 헤어졌던 세월이 보상되는 것은 아니지만 최소한 너를 아무렇지도 않게 버리고, 행복하고 편하게 산 것은 아니라는 사실이 너에 대한 최소한의 예의를 지켰다는 생각이 들어서 그랬나 봐. 그러니까 다시 잘 생각해본 후에 네 결정을 알려줄래?"

일주일이 지났지만, 아직 우진이는 어떤 결론도 내리지 않고 있다. 담임선생님에게 "선생님, 우진이가 너무 밝아졌어요. 그게 눈에 띌 정도예요." 라는 말만 전해 들었다.

우진이는 앞으로 나와 만나면서 평생 자신의 고통을 감싸는 법을 배워야 한다. 그리고 부족하지만 그런 아버지와 어머니를 사랑해야 한다는 것도 알게 될 것이다. 비록 그들이 사랑받기에 합당치 않다고 해도 용서해주기로 결심하는 순간 완전하지 않은 자기 자신도 사랑하게 될 것이며 자신의 삶을 향유하는 자유를 얻을 것이기 때문이다.

엄마 성장에 달려 있다

하느님께서 광희 어머니에게 이렇게 말씀해주셨으면 좋겠다.

"나는 세상의 잣대로 너를 평가하지 않는다. 너는 그대로 온전하며 너는 내가 만들었다. 그러니 너는 네가 할 수 있는 일을 기쁘게 하고 세상의 평가에 불안해하지 마라. 네 옆에는 늘 내가 있다."

광희(가명)는 한창 엄마와 애착관계를 형성해야 할 시기에 엄마가 어린이집을 운영하여 위탁된 아이들과 함께 어린이집에서 4, 5세 때 2년간 생활했다. 엄마를 혼자 독차지하지 못한 광희는 원생들에게 짓궂게 굴고 때려주기까지 해서 엄마를 무척 힘들게 했다고 한다. 광희는 엄마에게 '저만 사랑해주세요'라는 무언의 사인을 한 것이다.

사정도 모르고 힘들게만 하는 아들이 야속해서 과도한 통제와 "애가 왜 이렇게 유별난지 모르겠다."는 말을 입에 달고 살다 보니 자아가 많이 위축되어 있고 내년이면 학교에 가야 하는데도 건강한 모자 분리가 아직 어려운 상태다.

실제로 광희 어머니는 어렸을 때 지배적이고 통제적인 어머니에게서 자라면서 성취의욕이 높고 수퍼에고가 발달한 어머니와의 갈등으로 전쟁 같은 어린 시절을 보냈다.

단순하고 현실적인 자신과 도덕성이 높은 어머니의 요구 사이에서 반항하기도 하고 매도 많이 맞으면서 상처투성이의 사춘기를 보냈다고 한다. 형제자매 중에서 어머니의 기대수준에 가장 못 미쳤기 때문에 어머니의 한심해하는 소리, 그로 인해 히스테리컬한 성격에 정서적으로 불안한 편이다. 항상 말썽꾸러기로 가족들의 따가운 시선을 받았기 때문에 피해의식이 심하고 부정적인 자아 개념을 가지고 있다.

광희도 "나무 한 그루만 그리세요."라는 치료자의 말에도 불구하고 항상 엄마, 아빠 나무를 함께 그려서 개인으로서의 자기를 인지하고 있기보다 가족 속에 동일화되어 있는 것을 알 수 있다. 둥근 수관은 아동들에게서 흔히 볼 수 있는 자기애적인 성향을 나타낸다.

성인이 되어서도 특별히 자신의 정체감을 찾을 직업을 갖지 못한 채 액세서리 가게와 비디오 가게를 하다가 지금의 남편을 만났는데 스스로에 대한 자존감도 낮고 성숙하지 못한 상태에서 결혼 생활을 시작했다.

결혼 후에 시댁과의 갈등, 남편의 실직과 그에 따른 고통으로 심신이 피로해진 상태에서 살던 집을 팔아 어린이집을 시작했으나 원생들이 하나둘 줄어들게 되자 권리금도 못 받고 2년 만에 문을 닫았다고 한다. 그리고 현재는 다른 대안을 찾지 못하고 서둘러 반지하 셋방으로 옮겨오게 되었다.

그런 부모의 안정되지 못한 모습을 보고 느끼며 엄마의 사

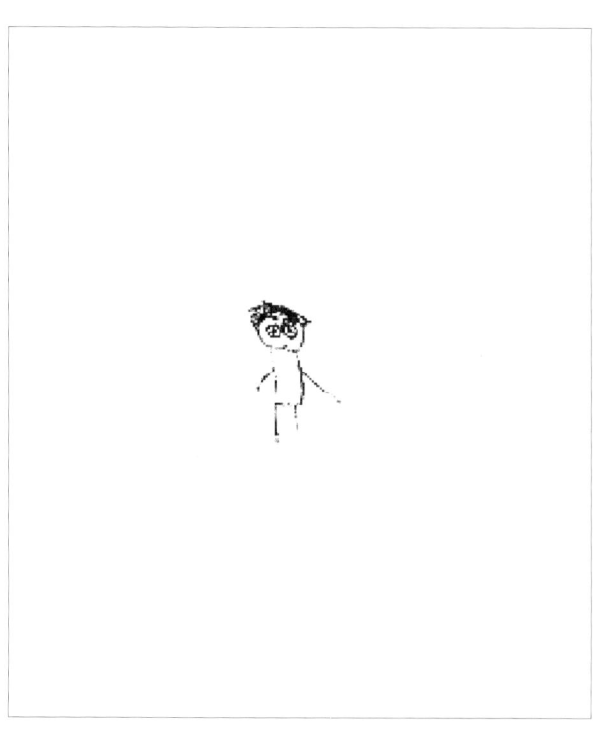

〈인물화(남)〉 검사용지에 비해 지나치게 작게 그려진 사람은 피검자 내면에 열등감, 부적절감이 있거나, 자신이 없고 자기 효능감이 부족함을 나타낸다. 그리고 과도하게 크게 그려진 눈동자는 긴장과 불안을 나타낸다. 인물화(DAP)를 보고 하는 간편 지능 검사를 했더니 그 나이 또래의 발달 수준으로 봤을 때 중간 정도의 지능을 보였다.

〈광희 어머니의 나무 그림〉 용지 왼쪽에 그려진 나무는 카렌 보랜더의 해석에 의하면 지배적인 어머니의 영향 아래 성장해온 사람의 특징인 정서의 불균형이 명확하게 보인다. 이것은 때때로 부부관계를 잘 유지할 수 없는 것을 나타낸다. 이런 사람은 자신의 배우자에 관해 어머니의 의견을 지나치게 배려한다.

〈광희의 나무 그림〉 카렌 보랜더는 원근감이 있는 두 그루 이상의 나무를 그리는 사람은 가족 성원, 또는 동료의 소집단에 동일화가 가능하다고 했으며 보통 앞에 그려진 나무가 그린 사람을 가장 잘 나타내고 있지만 집단으로부터 떨어지는 것을 두려워하는 것처럼 집단 속의 자기에 대해서 어떤 혼란을 보인다고 했다.

〈광희의 동적 가족화(KHTP)〉 어렸을 때는 아빠를 더 따랐으나 실직 후 이것저것 해보려고 애쓰며 술 먹고 늦게 들어와서 접촉이 적은 아빠보다 엄마를 자기 옆에 그려서 현재의 친밀감을 보여주고 있다. 항상 부부싸움을 하면 격한 감정 표현으로 아빠를 누르는 엄마의 모습을 더 크게 그려서 가족간의 의미 있는 역동성을 보여준다.

랑을 독차지해야 할 나이에 여러 아이들과 관심을 나누어 가진 광희는 나이에 비해 지적인 성장도 더디고 내년에 학교에 입학하는데 아직 한글을 읽지 못한다. 글이야 초등학교 입학하고 배우면 되지만 자연스럽게 '배우는 기쁨'을 주는 분위기를 조성하지 않아서 지적인 호기심이 별로 없다. 엄마 곁에서 칭얼거리기만 하는 퇴행 현상까지 보여서 내년에 초등학교에 입학하면 학교 생활에 잘 적응할 수 있을까 하는 염려마저 든다.

결혼은 성숙한 남녀가 만나는 것이 행복의 첫째 조건이다. 광희 어머니는 식구 중에 자아실현 욕구가 제일 낮고 부모의 기대에 못 미쳐서 낮은 자존감을 갖고 있고 열등감이 많다. 그리고 커서도 자신에 대한 확고한 정체성을 갖지 못한 채 결혼하여 모녀 분리가 되지 않은 상태다. 부부간에 갈등이 생기거나 남편의 부족한 점이 눈에 띄기라도 하면 친정어머니에게 하소연해서 지원을 얻어냈다.

문제가 생기면 자기가 어렸을 때 야단맞은 형태로 남편을 공격해서 어렸을 때 억울하고 분했던 감정을 투사하는 미숙함마저 보였다.

안타까운 것은 광희 어머니의 친정어머니가 자신의 마음에는 차지 않더라도 광희 어머니 고유의 좋은 점을 찾아내어 강화해 주었더라면 지금과는 다른 모습이 되었을 텐데 하는 것이다. 그런 행운이 없었더라도 사춘기 때 갈등하는 가운데 자신의 정체성을 찾아서 결점투성이인 자신을 있는 그대로 인정하고 점차 노력해서 변할 수 있는 과정적인 존재로 받아들였다면 지금쯤 자기 수용과 타인 수용(I am ok, you are ok)이 모두 잘 되는 성숙한 사람이 되었을 것이다.

그랬다면 여섯 살 난 광희가 엄마와 자연스럽게 분리하여 세상에 대한 호기심으로 몸과 마음이 바쁜 정상적인 발육을 보여주었을 것이다.

요즘 광희 어머니는 새롭게 교회에 열심히 나가고 있다.

허전한 마음과 현실에 대한 불안을 하느님께 매달리며 치유받고 싶은 심정이리라.

하느님께서 광희 어머니에게 이렇게 말씀해주셨으면 좋겠다.

"나는 세상의 잣대로 너를 평가하지 않는다. 너는 그대로 온전하며 너는 내가 만들었다. 그러니 너는 네가 할 수 있는 일을 기쁘게 하고 세상의 평가에 불안해하지 마라. 네 옆에는 늘 내가 있다."

광희 어머니가 성숙해지고 안정되면 광희의 건강한 성장은 자연스럽게 이루어질 것이다.

아빠 여친이 자꾸 전화해요

"선생님! 저희 아버지에게 여자가 생겼는데 자꾸 집으로 전화해서 엄마가 신경 쓰시고 괴로워하자 한번은 제가 전화기를 나꿔채서 심한 욕을 하게 되었어요. 그랬더니 지금 저희 학교로 저를 잡으러 오겠다고 전화가 와서 피하려고 해요."

너무 말하기 힘든 내용을 다급하게 하다 보니 여러 선생님이 쳐다보는데도 거침없이 말하는 기범이를 쳐다보며 '한마디로 콩가루 집안이군.'이라는 생각을 안 할 수가 없었다.

세상에서 기범(가명)이가 제일 싫어하는 아빠에게

내가 누군지는 알 거지만…… 그래도 말을 해줄게요. 아빠가 엄마랑 결혼해서 처음 낳은 자식이야. 물론 아들이고, 내가 아빠한테 펜을 드는 이유는 아빠의 아들 기범이가 할 말이 있어서야. 솔직히 아빠라는 사람이 내 맘속에서 떠난 지는 아주 옛날이야. 한 십 년 전쯤……. 그때부터 아빠라는 사람이 너무 싫어졌어. 툭하면 우리 엄마 때리고, 싸우고 또 욕도 하고 그때는 정말 싫었어. 내가 그 나이면 무지하게 어렸을 때지만 그 어린아이 마음에도 '좋다'는 감정보다 '싫다'는 감정이 더 많았어. 물론 지금은 아빠한테 아빠라고 부르고 싶지도 않아.
요즘에도 집에도 안 들어오고 맨날 술주정뱅이처럼 술이나 먹구……. 그럴 때마다 난 아빠가 죽이고 싶을 정도로 미웠어. 아빠 때문에 불쌍해진 우리 엄마. 밤에도 아빠 안 들어오면 새벽 2시까지 기다리다가 자고 한 시간 자고 나면 새벽기도회 가는데…… 아빠가 그렇게 하고 돌아다니니 엄마가 속상하면 우리에게 하소연하는 거야.
그러면 또 우리가 아빠를 무시한다고 했지? 아빠가 그렇게 우리 가족을 팽개치고 돌아다니는데 무시하는 게 당연한 거 아니야? 말 나온 김에 더 해볼까! 아빠는 기독교인인데 평일 날은 밖으로 돌아다녀도 주일날은 교회에 나와야 하는 거 아니야?
이번 달이 벌써 20일이 지났지만 아빠 얼굴 본 게 두 번 되나? 아빠가 아무리 나를 싫어해도 하느님께서 나에게 아빠라고 정해주셨기 때문에 가끔은 보고 싶을 때가 있는 거야. 이제는 하느님께서 날 버려도 나에게 천벌을 내려도 다시는 아빠를 좋아할 맘은 전혀 없어.
내가 앞으로 아빠를 보더라도 말도 안 하고 피하면 보기 싫고 상대하기가 싫어서 그런 줄 알아. 그리고 내가 이런 말 할 자격이 있는지 모르지만 그래도 엄마의 아들이니까 한마디 하겠어. 불쌍한 우리 엄마 곁에서 이젠 떠나주라. 이게 아빠를 부끄러워하는 아들의 마지막 부탁이야. 아빠와 같이 있으면 불쌍한 우리 엄마 더 불쌍해져. 엄마 곁에서 떠나주고 내가 엄마에게 아빠가 못했던 것만큼 잘할 거야.
마지막으로 한마디만 하고 펜을 놓을게. 엄마 곁이랑 우리 곁을 떠나도 밖에 나가서는 교회생활 잘하구 아빠가 그동안 잘못한 것들은 회개했으면 좋겠어.

당신이 버린 아들 기범

기범(가명)이는 학기 초에 갑자기 교무실로 들어오더니 지금 조퇴 좀 시켜달라고 자기 담임에게 황급히 부탁을 했다. 교무실에 있던 선생님들이 모두 그 아이의 당황한 말투에 쳐다보게 되었는데 그 자리에 있던 나도 자연스럽게 조퇴 사유를 말하는 내용을 듣게 되었다.

"선생님! 저희 아버지에게 여자가 생겼는데 자꾸 집으로 전화해서 엄마가 신경 쓰시고 괴로워하자 한 번은 제가 전화기를 나꿔채서 심한 욕을 하게 되었어요. 그랬더니 지금 저희 학교로 저를 잡으러 오겠다고 전화가 와서 피하려고 해요."

너무 말하기 힘든 내용을 다급하게 하다 보니 여러 선생님이 쳐다보는데도 거침없이 말하는 기범이를 쳐다보며 '한마디로 콩가루 집안이군.'이라는 생각을 안 할 수가 없었다. 자신의 처지가 떳떳하지 않은데도 버젓이 아이들 엄마와 자식들이 있는 집에 전화를 하는 여자나 집으로 전화하는 것을 말리기는커녕 자기 엄마를 위해서 그 상황에서 욕도 할 수 있는 일이지, 자기 아들 전화번호와 다니는 학교까지 알려주는 무신경하고 파렴치한 기범이 아버지에게 화가 치밀었다.

담임선생님과 나는 "걱정하지 마. 네 이야기를 들어보니 지금 한 번 조퇴한다고 문제가 해결되는 것이 아니겠다. 너를 겁주는 것이 아니라 정말 학교로 온다면 선생님들이 가만히 있겠니? 네 입장을 이해시

가족 / 표현	내 마음	아빠 마음	엄마 마음	[illegible] 마음	우리 집
동물로 표현한다면 어떻게...	토끼	호랑이	암컷사자	순한 다람쥐	각종 [illegible]
색으로 표현한다면 어떻게...	파란색	검정	흰색	흰색	각종색들 (무지개)
감촉으로 표현한다면 어떻게	지금 거칠거칠 보들 보들	거칠거칠 딱딱	보들 보들	보들 보들	딱딱하다
날씨로 표현한다면 어떻게...	비온날 처럼 우울	햇빛이 쨍쨍 나다가 비 내림	비	비	[illegible]
꽃으로 표현한다면 어떻게...	장미 (안개)	국화	코스모스	튤립	[illegible]
맛으로 표현한다면 어떻게...	[illegible] 밋밋합니다	싱겁다 가끔 맵다	맛있습니다	맛있을거에	쓰다

〈가족에 대한 상징적 표현〉 자기 마음을 "비 온 날처럼 우울"한 날씨로 표현했고, 철없는 자기 아버지를 '호랑이', '검정', '거칠거칠, 딱딱', '싱겁고 맵다'라고 부정적인 표현은 모조리 동원해 썼다. 특히 '국화'라고 아버지를 표현했는데 국화는 조의를 상징한다며 아버지가 죽기를 바란다고 했다. 특히 어머니를 '암컷사자'라고 한 것은 아버지가 가정을 돌보지 않아서 엄마가 가족의 생계와 안전을 책임지고 있다는 것을 표현한 것이다.

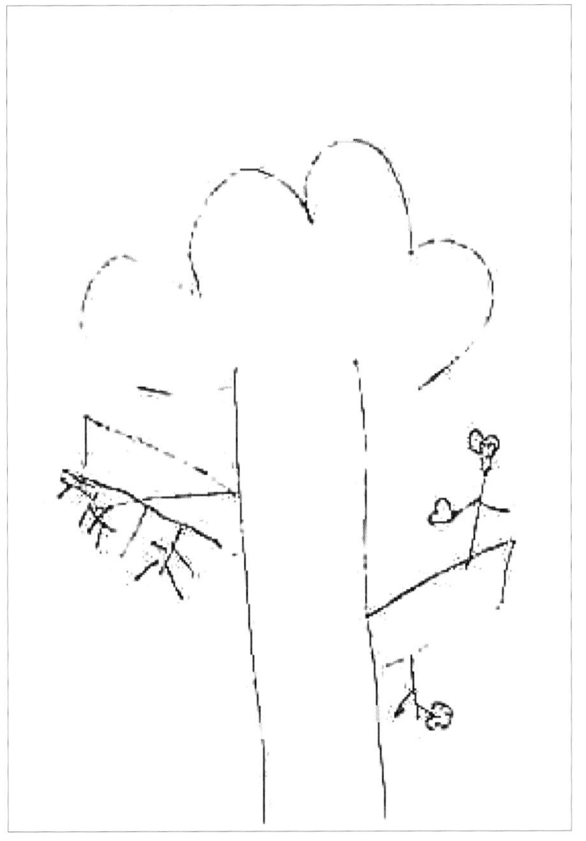

〈나무 그림〉 검사지 바닥에서부터 그린 나무는 불안한 상태에 있는 자신의 처지를 나타내고 기둥의 폭이 좁은 것은 자신감의 결여를 표현한다. 기둥 옆으로 난 가지는 다른 일에 대한 관심도를 보여주며, 잘린 듯한 가지 끝은 감정을 많이 억제한 흔적이다.

킨 다음 네가 한 거친 표현을 사과시킬 거야. 그런 후에 그 사람에게 한창 예민한 청소년이 있는 가정에 어떤 악영향을 미쳤는지 한 수 가르쳐줄 테니 교실에 가서 있어. 만약 네가 말한 사람이 온다면 곧바로 교무실로 와서 알려줘."라고 설득해서 불안해하는 기범이를 돌려보냈다. 그런데 전화로만 겁을 주고 오겠다고 하던 그 아버지의 여자가 기다려도 오지 않자 나는 그 일을 바쁜 일상에 묻혀 잊고 있었다.

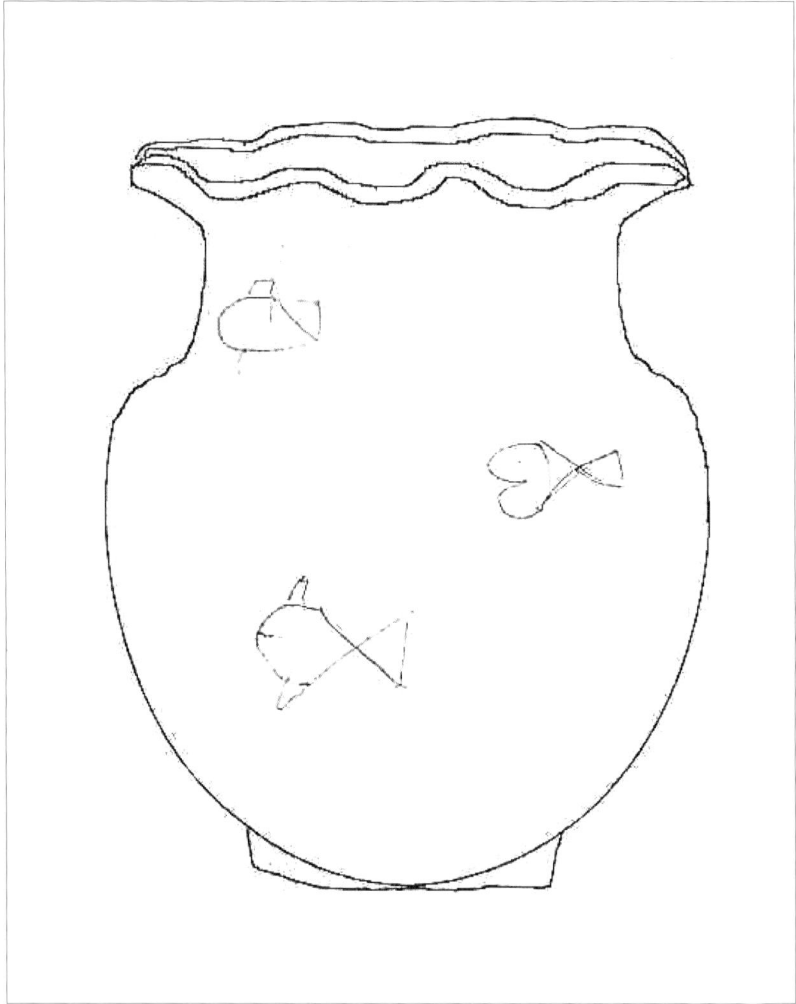

〈물고기 가족화〉 어항의 맨 위쪽에 그려진, 어항 밖으로 뛰쳐나가려고 하는 물고기가 아빠 물고기라고 했다. 집에 오기를 싫어하고, 오더라도 밖으로 나가려고만 하는 아버지를 묘사했다. 중간 오른쪽에 그려진 물고기가 엄마 물고기인데 아버지가 마음을 잡고 다시 돌아오길 슬퍼하며 기다리고 있고, 하단에 그려진 자신을 표현한 물고기는 엄마와 아빠 주위를 살피면서 어떻게 해야 할지 몰라 안절부절못하고 있다.

그런데 6월이 되어 수업 시간에 들어가보면 기범이가 더욱 산만해지고 불안정하며, 때로는 냉소적인 태도에 더 이상 우리의 만남을 미룰 수가 없었다. 요즘의 아버지 근황을 묻는 나에게 "그때 그 여자는 떨어져 나갔고(?) 이제는 맨날 술만 마시고 집에 한 달이면 두 번 정도 와요."라고 내뱉듯이 말했다.

아버지가 집에 있기 싫어하는 이유를 물었더니 "몰라요. 그냥 집에 오면 가슴이 답답하대요. 여자 때문에 얼마 전까지 속을 썩이더니, 이제는 술만 마시고 친구들과 어울려 다니고…… 한마디로 아버지도 아니에요. 어떨 때는 때리고 싶어요. 그런 상황이 올까 봐 영원히 우리 곁에서 떠나는 것이 더 낫다는 생각이 들어요."

정신과 의사인 스캇 펙은 자신의 저서『아직도 가야 할 길(The Road Less Traveled)』에서 결혼 생활을 등반하는 사람들에게 중요한 베이스 캠프로 비유한다.

"흔히 결혼 생활을 베이스 캠프로 볼 수 있다. 히말라야 산 같은 높은 산을 등반하려면 베이스 캠프를 잘 잡아야 한다. 정상에 오르기 전에 그곳에서 쉬면서 식량을 공급받아야 한다. 등반에 성공하는 이들은 산에 오르는 시간만큼이나 베이스 캠프에 머물면서 이것저것 신경을 써 준비를 한다. 그들의 생존 여부가, 견고하고 잘 정비된 베이스 캠프에 달려 있기 때문이다. 마찬가지로 행복한 결혼 생활도 베이스 캠프에 해당하는 가정이 탄탄히 형성되어 있을 때 가능하다. 전통적으로 남자 쪽에서 부부간의 문제

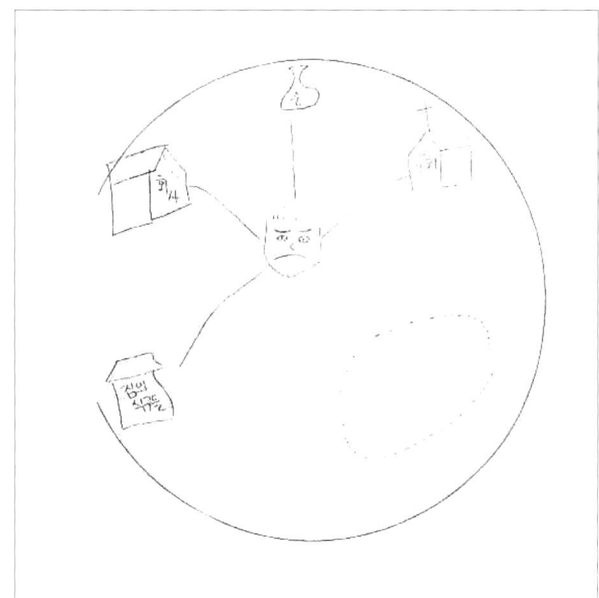

〈동그라미 가족화〉 꽉 다문 고집스러운 얼굴을 한 아버지 얼굴을 가운데에 그리고 머리 바로 위에 술병을 그렸다. 왼쪽으로 아버지가 다니는 회사와 그 아래는 미성숙한 아버지 때문에 상처받은 가족들을 '집의 식구들'이라고 표현했다. 아빠가 여자 때문에 속 썩여서 그 여자를 그려야 하겠지만 그리기도 싫어서 안 그린다고 했고, 현재는 헤어져서 그릴 필요가 없다고도 했다.

를 만드는 것이 보편적이다. 일단 결혼하면 모든 에너지를 산을 올라가는 데 바치고 그의 베이스 캠프는 전혀 돌보지 않고 아무 때나 편안한 상태로 쉬고 싶어 돌아왔을 때—자기는 책임도 제대로 다하지 못했으면서도—그것이 안전한 상태로 거기에 있기를 바라는 남자가 있다."

여자와 술 때문에 자기의 베이스 캠프를 돌보지 않고, 세상에서 처음으로 자신에게 '아버지'라는 이름을 갖게 해준 아들에게 분노와 슬픔을 준 철없는 기범이 아버지에게 '아버지'라는 하느님이 주신 소중한 직분의 중요성과 책임감을 따끔하게 일러주고 싶다. 기범이 아버지가 내 앞에 있다면, 그리고 내 말을 들으려고 한다면 정말 호되게 야단을 치고 싶다.

왜 세상은 은행에서 돈을 빌리고 안 갚는 사람에게만 '신용불량자'라는 판정을 내려 불명예와 사회활동에 제약을 주는가? 이런 아버지 역할, 부모 역할을 못하는 사람에게 '책임불량자'라는 낙인을 찍고 사회적 불이익을 주지는 않는가? 왜 그러지 않는지 나는 정말 그것이 이상하다.

"기범이 아버지! 당신의 아들을 어떻게 하실 겁니까?"

밴댕이 엄마

"초등학교 때 은호를 어떻게 키우셨나요?"

"그때는 은호가 첫 아이기도 하고 딱히 다른 할 일도 없어서 은호 공부만 집중적으로 봐줬어요. 시험을 본다고 하면 서점에 가서 출판사별로 문제집을 전부 사다가 풀게 했어요. 그래서인지 초등학교 때는 공부를 잘했어요. 전교 1등도 하고……. 그러던 애가 왜 저 모양인지 모르겠어요. 내가 절 어떻게 키웠는데……. 은호 아버지는 매일 사람 만난다고 자정 넘어 들어오지 제가 뭐 할 일이 있겠어요. 오직 저한테만 관심 가지고 애지중지했더니 이제 와서 그 공도 모르고 엄마한테 밴댕이라느니…… 기가 막혀서……."

은호(18세)는 내가 EBS 주부특강에 출연한 후에 자녀들을 데리고 찾아오시겠다는 부모들의 성화에 따라 개원한 '로뎀나무 치유센터'에서 만났다. 아버지는 정치를 하는 분이고 어머니는 전형적인 가정주부로서 성당에 다니는데 미사뿐만 아니라 그 외 활동에도 열심이었다. 은호는 초등학교 때 공부를 곧잘 하고 엄마 말에도 순종하는 착한 아이였다. 그런데 중학교에 올라와서는 성적도 많이 떨어지고 학원도 빼먹고 만화나 보면서 빈둥거린다고 은호 어머니는 한탄을 했다.

"게다가 하나밖에 없는 여동생을 수시로 때리기까지 하니, 앞으로 또 동생을 때리면 엄마와 아빠를 때린 것으로 알겠다고 으름장을 놓은 상태예요……. 이곳에 온 결정적인 이유는, 얼마 전 무슨 일로 야단을 쳤더니 평소와 다르게 소파를 걷어차며 난동(?)을 부리는 거예요. 어찌나 놀랐던지 이제 저로서는 감당하기가 너무 어려워요(한숨)……. 그러다 우연히 서점에서 선생님 책을 보고 뒷장에 있는 '가족에 대한 상징적 표현'을 복사해서 하라고 했더니 엄마를 '밴댕이'라고 쓴 걸 보고 참 기가 막혔어요. 제가 어떻게 하면 좋죠? 이제 고등학교 2학년인데 이렇게 엇나가니…… 예전에는 일류대학에 보내는 것이 소원이었는데 이제는 고등학교나 무사히 마치고 아무 대학이나 들어가기라도 하면 다행이에요."

아버지가 감옥에 가고 엄마는 남편을 구명하려고 변호사 사무실이며 도와줄 정치인들을 찾아가서 사정하느라 정신이 없고 어린 동생은 밥을 먹는지 마는지 모를 정도로 집안이 폭격 맞은 것처럼 경황이 없는데, 아들인 데다가 조금은 알 만한 나이인 중학교 2학년생이 "그렇지만 친구들과는 더욱 친해질 수 있어서 좋았다."라고 표현한 것에 나는 관심이 갔다. 이것이 혹시 은호의 문제를 해결할 수 있는 결정적인 사인(sign)이 아닐까 하는 생각이 들어서다.

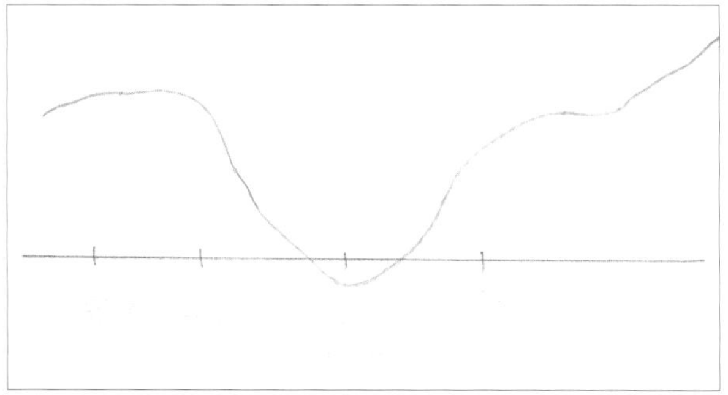

〈인생 곡선〉 중학교 시절을 슬럼프 시기로 표현한 것은 아버지가 뇌물을 받은 혐의로 감옥에 일 년 계시는 동안 집안이 난가가 되어서 정신이 없을 때 은호의 마음 또한 힘든 시기로, "아버지가 구치소에 들어가셔서 별로 기분이 좋지 않았다. 그렇지만 친구들과는 더욱 친해질 수 있어서 좋았다. 하지만 아빠 면회 가서 아빠 얼굴을 보면 슬퍼졌다."라고 글로 표현했다.

〈나무 그림〉 가지 끝이 뭉툭하게 표현된 것은 흔히 어린 시절에 행동이나 감정의 제재를 많이 받은 사람의 그림에서 자주 보인다. 양육자가 통제를 많이 했을 수도 있고 스스로 자제를 해야 하는 환경적인 여건 때문일 수도 있다. 둥글게 처리한 수관은 반항기의 학생들에게서 자주 보이는 것으로 특정한 대상에게 적의를 갖고 있음을 시사한다.

은호는 남들이 보면 부러워할 정도로 온실 속의 화초처럼 자랐다. 초등학교 때까지 경제적으로나 사회적으로 지위가 높은 아버지 덕에 그 지역에서는 누구의 아들이라고 하면 다 알아주었을 테니 은호를 남몰래 부러워하는 또래 친구들이 꽤 있었을 것이다. 우리들 대부분은 외적인 여건이 좋으면 행복은 자동 옵션으로 따라오는 줄 알고 있다. 하지만 그렇지 않을 수도 있는데 그게 바로 은호의 경우였다.

은호의 아버지는 명예욕이 다른 사람들보다 강했다. 젊은 시절에 사업을 해서 돈을 모으자 유명대학교 최고경영자 과정을 5개나 수료했고, 인맥 확보와 자신의 입지를 세우기 위한 발판을 다지느라 항상 퇴근 시간이 늦었다. 그래서 결국은 원하던 시의원에 당선해서 호사를 누리며 차기 국회의원에 출마하기 위해 전력을 다하던 중, 상대편 후보자의 신고로 뇌물수수 혐의를 받고 일 년간 영어(囹圄)의 몸이 되었다.

그동안 집안은 빚쟁이들 성화에 시달렸고 빚을 갚고 나니 남은 돈이 천만원밖에 없어서 방 한 칸에 월세를 살게 되었다. 결국 무혐의로 출소했지만 자신을 후원해주던 사람들은 뿔뿔이 흩어졌고 결국에 남아 자신을 맞이한 건 가족뿐이었다.

은호 아버지는 워낙 사업적 수완이 좋고 인맥도 있어서 서울에 인테리어 사무실을 열고 집도 은행 대출을 최대한도로 받아서 32평 아파트를 마련하고 하나하나 안정을 찾아가는 데 반해 은호와 엄마의 관계는 날로 악화되어 이제는 거의 말을 안 하거나 한번 갈등이 일어나면 걷잡을 수 없이 커져서 수습이 어려울 정도였다.

은호 어머니는 아직도 처녀라고 해도 믿을 정도로 호리호리한 몸매와 앳된 얼굴에 예민한 성격으로 보이는 분이었다. 상담 6회기에 접어들 때쯤 나는 은호 어머니와 면담을 요청했다. 처음 마주 앉자 나는 허를 찌르는 질문을 던졌다.

"초등학교 때 은호를 어떻게 키우셨나요?"

"그때는 은호가 첫 아이기도 하고 딱히 다른 할 일도 없어서 은호 공부만 집중적으로 봐줬어요. 시험을 본다고 하면 서점에 가서 출판사별로 문제집을 전부 사다가 풀게 했어요. 그래서인지 초등학교 때는 공부를 잘했어요. 전교 1등도 하고……. 그러던 애가 왜 저 모양인지 모르겠어요. 내가 절 어떻게 키웠는데……. 은호 아버지는 매일 사람 만난다고 자정 넘어 들어오지 제가 뭐 할 일이 있겠어요. 오직 저한테만 관심 가지고 애지중지했더니 이제 와서 그 공도 모르고 엄마한테 밴댕이라느니…… 기가 막혀서……."

"은호에게 정말 공을 많이 들이셨네요. 그런데 은호 아버지가 늘 늦게 들어오셨다니 아무리 아들이 있어도 외롭거나 쓸쓸할 때는 없었나요? 그러니까 은호 아버지가 일찍 퇴근해서 어머니가 정성들여 만들어준 식사도 함께 하시고 은호 커가는 얘기도 하고, 산책도 하고 뭐 그런 일상적이고 평범한 일을 함께 하지 못해서 속상하신 적은 없으셨나요?"

은호 어머니는 갑자기 눈시울을 붉히더니 눈물을 주르륵 흘렸다.

"결혼할 때는 정말 몰랐어요. 결혼하면 더 위로가 되고 나에게 힘이 될 줄 알았는데…… 은호 아버지는 늘 다른 사람들에게 둘러싸여서 제가 설 자리가 없었어요. 아이가 있기 전에도 늘 혼자 저녁을 먹었고 은호를 낳은 후에는 은호와 둘이서 하루를 지내야 했어요. 길고 지루한 하루였죠."

이렇게 말씀하시고 은호 어머니는 많이 울었다. 젊은 나이에 친밀감을 나누고 사랑해야 할 대상인 남편이 호적등본상에는 분명히 있는데 실제 삶 속에는 없었다. 아니 은호 아버지가 기회를 주지 않았다. 그러니 그 넘치는 에너지가 어디로 갔을 것인가? 오래 생각하지 않아도 알 수 있다.

〈상담 전 인물화〉(왼쪽) 상담 받기 전 인물화에는 가는 목과 유연한 어깨가 자신감 부족과 열등감을 시사하고, 약간 옆으로 그려진 것과 주먹을 쥔 듯한 손 모양이 대인관계와 문제 해결을 할 때 회피적인 성향을 시사한다.

〈상담 후 인물화〉(오른쪽) 상담 후 인물화에는 당당한 모습으로 정면을 바라보고 있고 어깨에서도 당당한 힘이 느껴진다. 그리고 안경까지 쓴 모습을 그린 것은(실제는 쓰지 않았음) 대인관계 기술이 증가하고 방어기제가 생긴 것을 시사한다.

우리는 외롭거나 삶이 허전하다고 느낄 때 무엇엔가 집착하게 된다. 그 집착의 대상이 개인적인 발전을 위한 공부나 운동 또는 건전한 취미생활일 때는 전화위복이 되지만 그 대상이 자녀일 때는 너무 불행한 사태가 예견된다. 우리 모두는 '자유로운 존재이며 자유로움을 추구하는 존재'이기 때문이다. 만약 누군가가 이래라, 저래라 하며 계속 내 삶을 재단하고 이리저리 구속한다면 어떤 생각이 들겠는가?

부모들은 늘 자신의 삶이 공허할 때, 자신의 노력으로 자신의 삶을 업그레이드하려 들지 않는다. 그것은 스스로의 용기와 노력이 무척 요구되기 때문이다. 대신 '사랑'이라는 이름으로 자녀들을 경기에 내보낸다. 그리고 자신은 코치가 되어 자신이 이루지 못한 목표를 향해 아이로 하여금 이리저리 뛰어다니게 한다.

은호와 상담하면서 나는 모르는 것을 많이 알게 되었다. 초등학생용 문제지가 그렇게 많다는 것도 신기했고, 초등학교 때도 학원 수강에 과외까지 받는 학생들이 많은 것도 신기했다. 그랬으니 은호가 초등학교 때 제일 해보고 싶은 것을 꾸민 콜라주에는 눈 오는 날 눈을 굴리고 있고 강아지가 꼬리를 흔들며 그 모습을 지켜보고 있다. 그리고 자신이 만든 눈사람에다가 플라스틱 바가지로 모자를 씌우고, 입에 마스크를 씌우고, 목에는 모직 스카프를 둘러준 광경이 표현되어 있다. 나는 이유를 알면서도 이렇게 물어보았다.

"이런 거야 눈 오면 하면 되지, 해보고 싶을 때까지 참을 건 뭐니?"

"마음대로 나가 놀 수가 없었어요. 1등을 하기 위해서는 문제집을 많이 풀어봐야 했거든요."

인생 곡선을 그린 상담 회기 때 '그렇지만 친구들과는 더욱 친해질 수 있어서 좋았다.'라고 쓴 것에 대한 이유가 나온 셈이다. 얼마나 또래와 놀고 싶었으면, 엄마가 아버지 옥바라지로 정신없어서 통제가 느슨해진 것을 그렇게 마냥 좋아하고 다행으로 여겼겠는가.

은호가 보이는 부적응의 원인을 세 가지로 나누면 첫째는 엄마의 과잉보호와 공부에 대한 강요이고, 둘째는 아버지의 투옥으로 인해 가정이 큰 위기에 처해서 가정환경이 어려워지고 사회문화적 지위도 낮아진 것에 대한 충격이다. 셋째는 자기보다 무엇이든 잘하고 부모님께 사랑받는 여동생에 대한 질투의

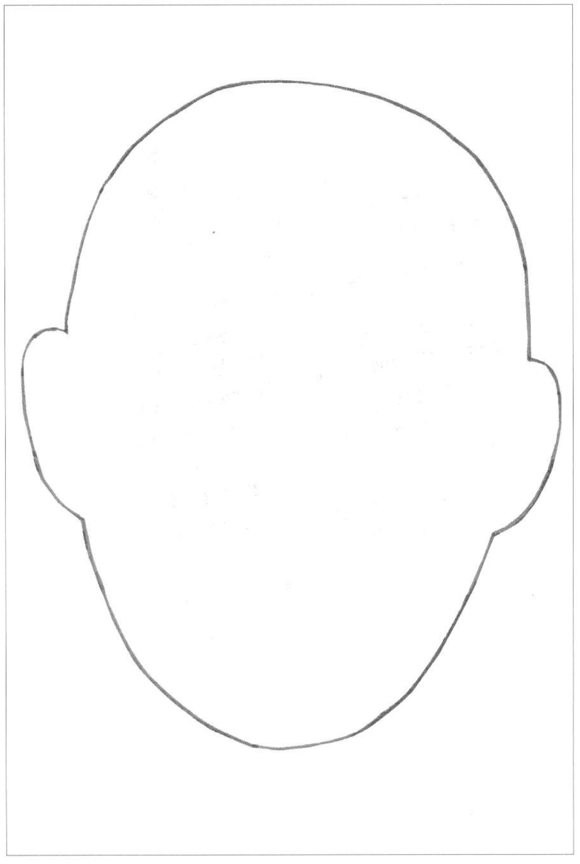

〈가면 앞면〉(왼쪽), 〈가면 뒷면〉(오른쪽) 엄마에게…… 엄마 나에게 잔소리 좀 하지 마요. 난 세상에서 제일 싫은 소리가 그 소리예요. 내가 못해도 내 인생인데 왜 엄마가 그래요? 그리고 핸드폰 좀 사줘요. 애들이 내가 핸드폰 없다고 그러면 이상한 눈으로 쳐다봐요. 요즘엔 없는 애들이 거의 없어요. 하다못해 옷도 이상하게 입고 잘 씻지도 않는 그러는 애까지도 핸드폰이 있어요. 그리고 저번에 30등 안에 들면 사준다더니 왜 안 사줘요. 약속 좀 지켜요. 그리고 내가 엄마에게 바라는 것은 용돈 많이 주고, 핸드폰 사주고, 잔소리 안 하는 것 빼고는 없으니까 이것만 들어줘요. 그럼 이만.

감정을 승화시키지 못해서 그럴듯한 이유를 만들어 동생을 때리는 것이다.

그래서 그동안 엄마에게 쌓인 불만을 표출해서 감정 정화를 하도록 돕기 위해 '가면 기법'을 이용했다. 나는 가면 뒷면을 은호에게 보이게 하고 내 얼굴을 가면 앞면으로 가린 후 큰 소리로 엄마에게 대화하듯이 말하라고 했다. 처음에는 주저하듯이 작은 소리로 웅얼거리더니 약속을 안 지킨 부분에서는 목소리가 커지고 떨리기까지 했다. 나는 소심한 은호의 카타르시스를 돕기 위해서 은호 엄마가 되어 "야! 공부는 너 좋으라고 하는 건데 핸드폰을 꼭 사줘야 하냐? 엄마 위해서 공부했니?"라고 했더니 "그러면 왜 처음부터 지키지 않을 약속을 했어요?"라며 격하게 항변했다.

"돈만 있어봐. 왜 안 사줬겠니? 니 아버지 그렇게 되고 얼마나 집안이 어렵게 됐는지 뻔히 알면서 장남이라는 게 집안 걱정은 조금도 안 하고 핸드폰 타령만 하니? 엄마가 얼마나 힘들었으면 동네 꽃집에서 아르바이트까지 하겠니?"

은호는 마침내 눈이 빨개지면서 울음을 터뜨렸다. 은호라고 집안형편이 옛날과 같지 않다는 것을 왜 모르겠는가? 엄마에 대한 불만을 그런 식으로 표현해본 것이다.

어떤 인간관계든 가장 중요한 것은 신뢰다. 부모 자식 간의 약속이라고 소홀하게 생각하거나 지키지도 못할 약속을 하게 되면 후에 손톱만큼의 영향력도 행사할 수 없게 된다. 그 다음 엄마와 상담할 때 은호에게 지키지 않은 약속이 생각나시느냐고 물었다. 당사자가 아닌 나는 어머니가 약속을 지키지 못했던 이유를 이해할 수 있지만, 약속을 굳게 믿었을 어린 은호가 받은 상처는 상상 외로 크다고 말씀드렸다. 약속을 쉽게 하지 말고 지킬 수 있는 약속만 하시되 만약 약속을 지키지 못할 경우가 생기면 변명하거나 윽박지르기보다는 사과하고 이해를 구하는 것이 좋겠다는 나의 권유를 부끄러워하면서 수긍하셨다.

동생이 태어난 후 엄마 아버지뿐만 아니라 친척들도 동생 칭찬만 하고 그래서인지, 동생은 교만해져서 오빠 말도 안 듣는 나쁜 동생이라고 했다. 은호 동생이 성당에서 복사(服事)하는 것을 본 적이 있는데 모습도 아름다운 아이였지만 인사성도 밝고 뭐든지 열심히 하려고 해서 쳐다보는 나까지 기분이 좋았다. 주로 어떤 말을 안 듣느냐고 물었더니 "심부름을 시키면 안 가려고 해요."라고 대답한다.

"어떤 심부름인데?"

"……(무안한 듯) 만화책 빌리는 거요. 그리고 가끔 슈퍼에 갔다 오라고 하고……."

"그렇구나. 부탁하는데 거절당하면 속상하지. 그런데 동생이 태어날 때 기분이 어땠니?"

"(한참을 생각하다가) 그냥 그랬어요. 엄마가 동생을 낳기 전에는 좋을 것 같았어요. 그런데 막상 있으니까 귀찮고 말도 안 들어서 싫어요."

"그렇구나. 선생님도 집에서 맏딸인데 그러니까 의연해져야 한다고 생각하면서도 엄마가 동생을 더 생각하는 것 같다든지 역성을 들기라도 하면 화가 나서 동생까지 미워지던데 너는 어때?"

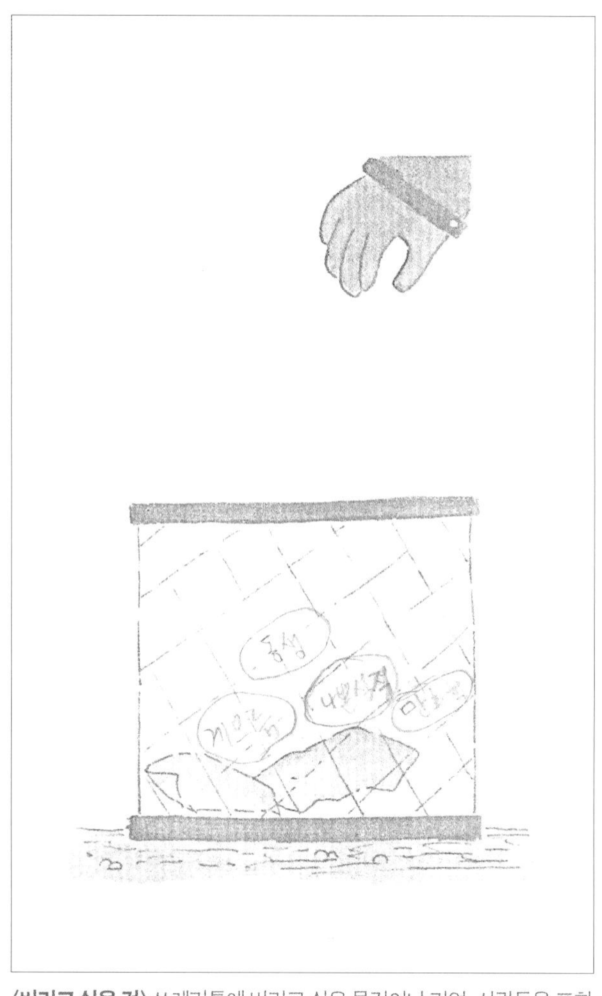

〈버리고 싶은 것〉 쓰레기통에 버리고 싶은 물건이나 기억, 사람들을 표현하라고 했더니 게으름, 나쁜 성적, 만화책, 동생을 적었다. 버린 후 소감은, 게으름을 버리니 후련하다고 했고, 나쁜 성적을 버리니 기분이 좋은데 만화책을 막상 버리니 아까운 생각이 든다고 했다. 동생은 부모님 관심을 뺏어갔고, 자꾸 허락 없이 내 물건을 만져서 버렸는데 버리고 나서 보니 '불쌍하다'고 했다.

입가에 공범자를 만났을 때의 반가운 미소를 지으며 "저도 그래요!" 하고 씩 웃었다. 은호는 동생이 정말 미운 것이 아니라, 동생과 비교되어 평가를 받는 것과 엄마와의 갈등 때문에 누적된 긴장을 은연중에 동생을 미워하면서 해소하려는 것이다.

알프레드 아들러(Alfred Adler, 1870년 비엔나 출생, 정신과 의사)는 첫째 아이에 대한 성격의 특징에서 "집안에서 매우 독특한 위치를 갖는다. 첫번째 아이로서 부모의 모든 사랑과 관심을 받는데 둘째 아이가 태어나면 '폐위된 왕'이 된다. 이러한 위치의 변화는 보통 열등감을 심화시킨다. 둘째의 출생에 대

〈은유적 자화상〉 은유적으로 자신을 그리라고 했더니 하늘을 나는 '독수리'를 그렸다. 스스로 선택해서 살아온 시간보다 과잉보호한 어머니의 간섭과 지시에 따라 살아왔던 자신에 대한 회의와 자유롭고 싶다는 소망을 표현한 것이다.

해 아무런 준비도 하지 않는 것은 첫째 아이를 후에 신경증, 알코올 중독, 범죄 또는 성적 일탈자로 이끈다. 좀더 긍정적인 측면에서 보면 어린 동생이 더 약하기 때문에 첫째 아이는 리더가 되기도 한다. 생애 초기에 권력을 가졌고, 그 이후 이를 잃어버렸다가 다시 권력을 찾으려고 노력해야 하기에 첫째 아이는 권위에 대한 중요성을 누구보다 더 잘 이해한다."라고 했다.

실제로 동생이 태어나면 자신의 위치에 대한 불안과, 부모가 더 이상 자기에게 관심을 쏟지 않는 것처럼 느껴져서 일시적인 퇴행현상이나 동생에 대해 공격적인 행동을 하기도 한다. 그래서 형제나 남매의 사이를 좋게 하려면 부모의 역할이 매우 중요하다. 첫째 아이에게 부모의 사랑이 변함없음을 보여야 하고 아무리 둘째 아이가 내 성향에 맞아도 첫째 아이의 권위를 세워주면 형제나 남매간에 생기는 갈등이 현저히 줄어들 것이다.

그 후 가끔 함께 오시는 어머니께 은호의 상태를 물어보니 요즘에 놀라운 변화가 생겼다고 했다. 은호 동생 방이 하도 정리가 안 되었기에 야단을 쳤더니 평소에는 고거 고소하다며 놀리던 은호가 "아! 엄마는 - 요즘은 여학생도 남자와 똑같이 공부하기 바빠서 그런 데 일일이 신경 쓸 수 없어요. 그리고 기집애 방이 그게 뭐냐고 하셨는데 그게 바로 성차별적인 발언이에요."라고 해서 놀랐다고 한다. 게다가 생전 하지 않던 행동을 했는데, 항상 동생을 미워하고 트집만 잡던 은호가 며칠 전에 TV를 보다가 동생 머리를 쓰다듬어주면서 따뜻한 눈으로 쳐다봐서, 가족들 모두 '옛날의 그 은호가 맞나?' 하고 놀랐다면서 기분 좋아 했다.

은호는 일주일에 한 번씩 일 년 반을 만났기 때문에 여러 가지 프로그램을 했다. 그중에 '은유적 초상화'를 그리는 회기가 있었다. 그때 은호는 창공을 훨훨 나는 한 마리의 '독수리'로 자신을 표현했다. 왜 하필 독수리냐는 내 질문에 "독수리처럼 하늘을 날아보고 싶기 때문이에요. 하늘을 날면 편하게 지낼 수 있고 간섭받지 않아도 되잖아요."라고 대답했다.

그렇다. 은호는 원래 독수리다. 그런데 독수리라고 깨닫기 전에 닭장에 가두고 모이를 주고 뜰 안에서 구구거리며 다니게 하고 그 범위를 넘는 모험을 하려 하거나

〈상담 전 새싹 모티브〉(왼쪽), 〈상담 후 새싹 모티브〉(오른쪽) '새싹'을 보면 떠오르는 단어를 말해보라고 했더니 약한 생명력/ 봄/나무/꽃이라고 대답했다. 상담한 지 얼마 안 되었을 때 그린 그림은 모티브 새싹과 같은 새싹을 일렬로 계속해서 그렸는데, 5개월 후의 그림에는 새싹이 자라서 네 그루의 나무도 되었고, 옆에 꽃과 풀도 그리는 여유를 보였다. 꽃과 풀은 정서적으로 풍부해지거나 여유가 생기면 자연스럽게 그려지며 새싹이 성장해서 나무가 되는 표현은 내담자가 '자아실현 욕구'가 생겼을 때 그려진다.

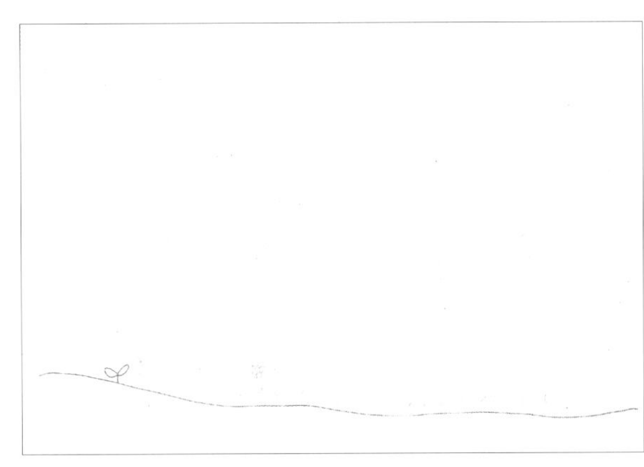

닭다운 행동을 하지 않으면 바로 제재가 가해졌으니 '독수리가 되고 싶은 소망을 품은 닭'이 된 것이다. 독수리가 되어 창공을 시원스럽게 날고 먹잇감을 사냥할 목적을 갖고 태어난 아이에게 닭들의 규칙, 주인에게 사육되고 그 주인을 위해 달걀을 낳을 것을 강요하면 원래 닭보다 더 무기력해지고 닭들이 볼 때도 한심한 닭이 된다.

어느 날 항상 바쁜 은호 아버지가 은호의 경과를 알기 위해서 오셨다. 아내의 성화도 있었지만 자신도 갑자기 엄마에게 불손하게 대들고 반항하는 아들이 이상하고 낯설다고 했다. 애가 왜 그러냐는 질문에 나는 아주 간단하게 요약해서 말씀드렸다. 은호 아버지는 시간을 내서 내 이야기를 들으려는 자세가 아니라 은호를 데려다 주는 길에 잠시 들렀고, 병원처럼 "위장병입니다." "신경쇠약입니다."라는 정도의 진단을 듣고 싶어했기 때문이다.

"지금까지 상담한 결과로는, 독수리를 닭장 속에서 기르려고 했기 때문입니다. 하늘을 나는 법을 배워야 하는데 종종걸음 연습을 너무 해서 지친 것 같습니다."

은호 아버지는 잠시 눈을 동그랗게 뜨고 가만히 계시다가 크게 웃으시면서 "아-네. 안 그래도 제가 늘 은호 엄마에게 사내를 그렇게 키우는 것이 아니라고 아무리 얘길 해도 안 듣더니…… 이런 일이 있을 줄 알았습니다. 사내를 좀 대범하게 키워야지 그냥 뒤를 쫓아다니며 간섭을 하더니……. 하여튼 선생님 잘 좀 부탁합니다."라고 하시며 전직 정치인답게 품위 있고 피상적인 멘트만 하고 사라졌다. 은호 어머니의 아들에 대한 과잉보호와 일류지향, 성적최상주의가 '남편에 대한 불만'이 전이된 것이라는 것을 언제 어떤 방법으로 말씀드려야 할지 난감했다.

은호의 학교 성적은 치료실에 처음 왔을 때 중하위권이었고, 자신의 성장을 위해 써야 할 에너지를 엄마에게 반항하고 여동생을 괴롭히는 데 사용해서 대학 진학에 대한 관심은 뒷전이었다. 그런데 새싹 모티브의 변화를 증명하듯이 상담 후 점차 정신적인 안정을 찾아가자 그 이듬해 수도권 H대학 사회과학대학에 입학했다.

좋은 부모는, 여러 가지 자질을 지녀야 하겠지만 특히 실존적인 외로움이나 실망감, 좌절과 같은 부정적인 감정의 주인이 되어야 한다. 더 나아가 그 부정적인 감정을 추진력으로 삼아 발전적인 삶을 살아야 한다. 그렇지 않으면 가까운 가족 특히 어린 자녀가 희생의 제물이 된다. 그 제물은 사랑이라는 갑옷, 과잉보호라는 갑옷을 입고 있어서 당사자나 자녀 모두 그 당시에는 피해를 받고 있다는 사실조차 모를 수 있다. 하지만 그 대가는 너무 크고 그 상처는 오래 간다.

프라이팬으로 맞아 실신하다

민아 아버지는 그야말로 격분해서 "너 같은 년은 내 딸도 아니며 인간도 아니다. 기생도 아닌 것이 얼굴은 허옇게 떡칠을 해가지고 술집 작부도 너보다는 화장을 짙게 안 했을 거다. 차라리 나가서 뒈지는 것이 마음이 편하겠다." 같은 말을 퍼붓곤 했다. 엇나간 딸을 가진 부끄러움과 자신의 무능함, 좌절 등을 폭언으로, 때로는 딸을 때리며 표현한 것이다.

겨울나무

이 나무의 제목은 '겨울나무'입니다.
그래서 내 외투를 이 나무에게
덮어주고 싶습니다.
그 정도로 추워합니다.
슬픈 눈물을 흘리기도 합니다.
그 나무 옆에 오는 사람은 오직
한 소녀뿐입니다.
그 사람은 저와 같은 존재입니다.

〈나무 그림〉 기둥에 난 세 개의 옹이가 평탄하지 못했던 민아의 생육사를 대변하고 있다. 통통한 가지의 표현은 숨막힐 듯한 현실의 긴장감을 표현하고 있고, 잎 하나 없는 수관은 정서적으로 매우 피폐해 있음을 시사하고 있다.

할머니와 나

왜 저랑 할머니만 그렸냐고요?
저는 가족 중에 할머니랑 제일 친해요.
그리고 잘 이해해주고 정도 제일 많고요.
음…… 우리 엄마보다는 할머니가 더 좋아요.
신생아 때부터 중학교 때까지
죽 저를 사랑해주셨고
키워주신 정 때문에 그런 것 같아요.
왠지 모르게 할머니가 포근하고
그 할머니 냄새가 좋답니다.
할머니 돌아가시면 잘못한 거 후회하겠죠?
우리 할머니 저 성공할 때까지 살아 계셔서 호강시켜 드리고 싶습니다.
그 포근함을 느끼고 싶습니다. 사랑합니다. 〈후략〉

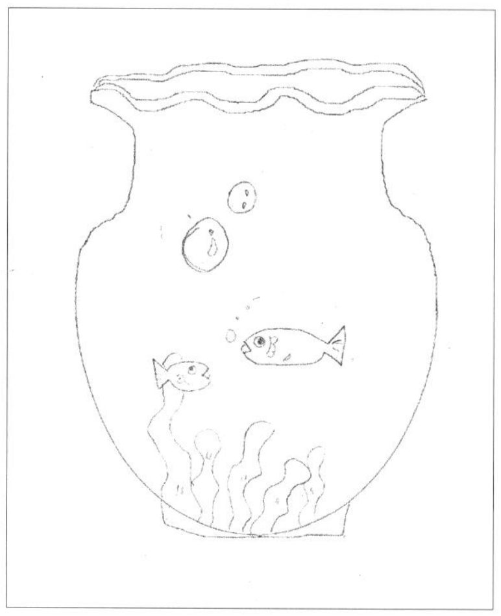

〈물고기화 가족화〉 물고기 가족을 그리라고 했더니 현재 함께 살지 않고 어렸을 때 잠시 길러주고 지금도 자신을 사랑해주는 할머니와 자기만 그렸다. 그리지 않은 아버지와 엄마, 늦동이 남동생과는 정서적 유대나 친밀감을 느끼지 못한다는 사인이다. 특히, 큰 물방울은 정서적으로 둔감함을 시사하며 나무 그림에서 수관에 잎을 하나도 그리지 않은 것과 일치하는 표현이다.

〈가장 소중한 사람〉 '가장 소중한 사람'을 그리라고 했더니 '내 속에 들어 있는 내 외할머니, 어렸을 때 키워주신 그 정인가? 할머니는 너무 순한 양처럼 포근하다'라고 시키지 않은 글까지 써놓았다. 누워 있는 인물화는 아프거나 우울한 사람에 대한 사인이다.

누워 있는 모습은 보통 병환 중에 있거나 우울한 사람을 상징하므로 "할머니가 많이 편찮으시니?"라는 질문에 "네, 나이가 많아서 아프시기도 하지만 젊을 때 하도 고생을 하셔서 더 아프세요."라고 했다. 부모에게 지지받지 못한 대신 할머니의 무조건적이고 수용적인 사랑이 그래도 민아의 버팀목이 된 것이다.

그래서인지 '가장 소중한 사람'을 그려보라고 했더니 누워 계시는 할머니의 모습을 그렸다.

민아는 2002년에 서울에 있는 M예술고등학교 1학년이었는데 미술실기 시간에 데생을 하다가 미술실 벽이 자신을 향해 옥죄어오는 듯한 느낌으로 숨이 막힌다며 그 길로 학교를 뛰쳐나왔다. 그리고 엄마에게 학교에 가라고 하면 죽어버리겠다고 하고는 자퇴를 했다. 그러고 나서 늦게 일어나 낮에는 컴퓨터 오락을 하고 해거름이 질 무렵이면 화장을 짙게 하고 집을 나가 근처 콜라텍이나 자신과 비슷한 처지에 있는 아이들과 춤도 추고 술도 마시고 거의 새벽이 되어서야 집에 들어와서는 쓰러져 잤다.

민아 부모님이 보기에 민아는 학생도 아니고 사람도 아니었다. 그야말로 '웬수'가 따로 없었다. 민아 어머니는 울고 사정하고 때려도 봤지만 이미 속수무책으로 정상에서 멀어진 딸아이를 보고 가슴만 치고 있었다. 하지만 민아 아버지는 그야말로 격분해서 "너 같은 년은 내 딸도 아니며 인간도 아니다. 기생도 아닌 것이 얼굴은 허옇게 떡칠을 해가지고 술집 작부도 너보다는 화장을 짙게 안 했을 거다. 차라리 나가서 뒈지는 것이 마음이 편하겠다." 같은 말을 퍼붓곤 했다. 엇나간 딸을 가진 부끄러움과 자신의 무능함, 좌절 등을 폭언으로, 때로는 딸을 때리며 표현한 것이다.

그러다 보니 상황이 더욱 악화되어 민아도 그에 맞서 강한 대응을 하자 어느 날 민아 아버지가 자제력을 잃고 주방에서 프라이팬을 가져다가 민아 머리를 후려쳐서 실신하게 만들었다. 119 구급차가 오고 병원으로 실려간 민아는 깨진 머리를 치료하고 정신을 수습한 즉시 엄마의 만류에도 불구하고 관할 경찰서에 그동안 겪었던 일에 대해 신고를 했다. 그러자 가정폭력특별법에 근거해서 '접근 금지 신청'이 받아들여졌다고 한다. 그 후에 아버지가 자신을 때리려는 기미만 보여도 고래고래 고함을 치며 "가까이 오면 신고해버릴 거야!"라고 해서 지금은 아버지도 자기를 아예 포기했다며 담담하게 말했다.

제2차 성징이 나타나기 시작하면 청소년들은 외모에 대한 관심이 커져서 거울 앞에서 보내는 시간이 길어진다. 옷과 장신구를 이용한 치장도 늘어나는데 이는 자연스런 발달과 정상적인 특성이다. 빨리 어

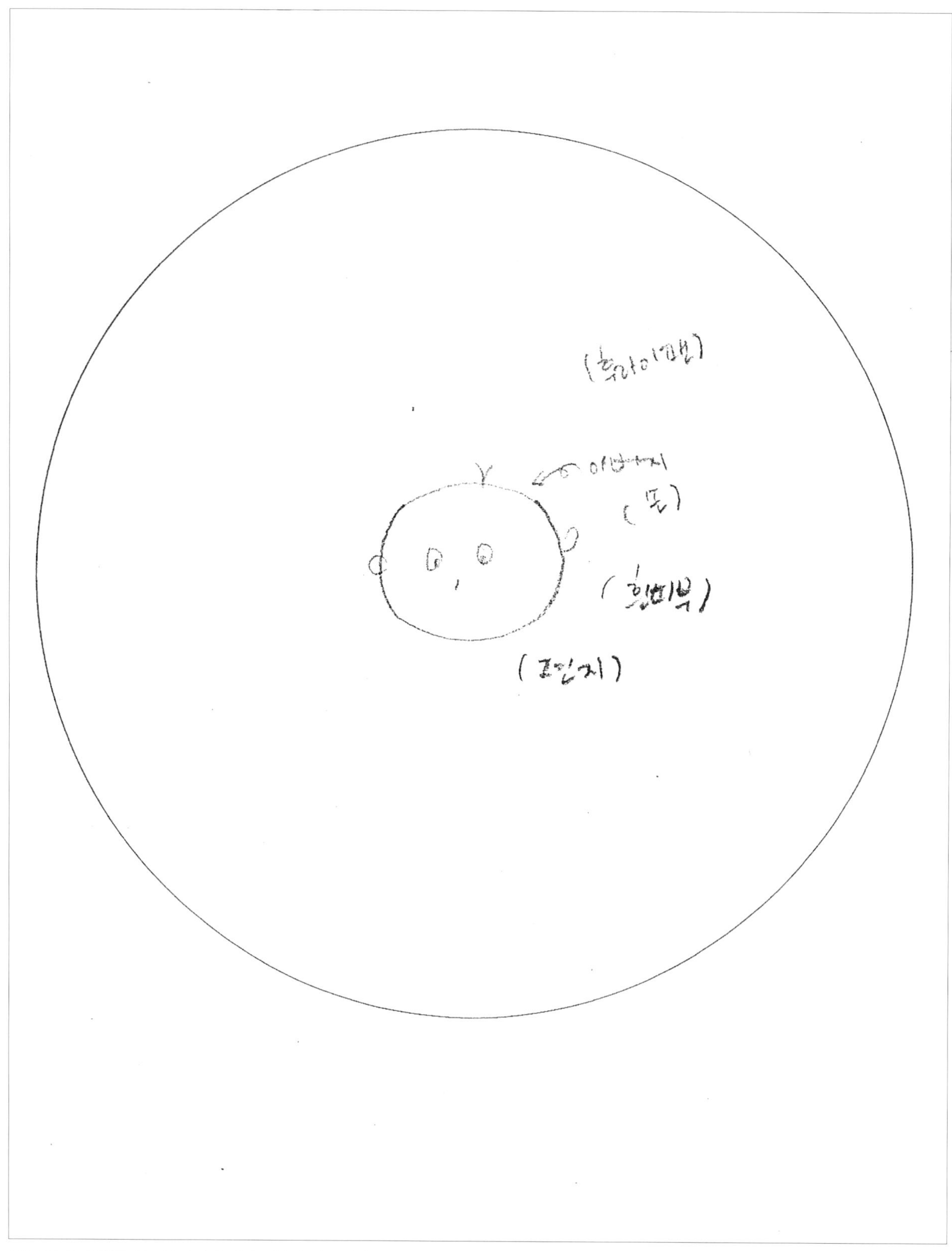

〈동그라미 가족화〉 동그라미 안에 제일 갈등이 많은 아버지를 가운데 그리고 '아버지' 하면 떠오르는 상징을 '프라이팬', '손', '흰 피부', '편지'라고 썼다. 이중 '프라이팬'과 '손'은 자신을 때릴 때 사용했던 도구를 썼고, '흰 피부'는 용모의 특징을, '편지'는 그래도 딸의 마음을 잡기 위해서 평소의 아버지답지 않은 노력을 보인 것을 나타냈다.

〈인물화(여)〉 여자아이 나이는 11세 미만이라고 했다. 11세 미만이면 몇 살일까?하고 물었더니 7세라고 했고 성격은 '발랄'하고 기분은 '겉은 웃고 있는데 속은 참담하다'라고 했다. 항상 현재 나이보다 어린 사람을 그리는 것은 그 시기에 특별한 의미와 함께 고착되었을 확률이 크다. 그리고 누더기 옷을 입을 만큼 가난한 집은 아닌데도 기운 옷을 표현한 것은 정서적인 빈곤함을 나타낸다. 또한 냉소적인 비웃음을 띤 입 모양은 적대감과 공격성이 내재된 것을 시사하며, 두 발이 서로 정반대 방향을 가리키도록 그린 것은 성격적으로 매우 우유부단하고 자신 없음을 의미한다.

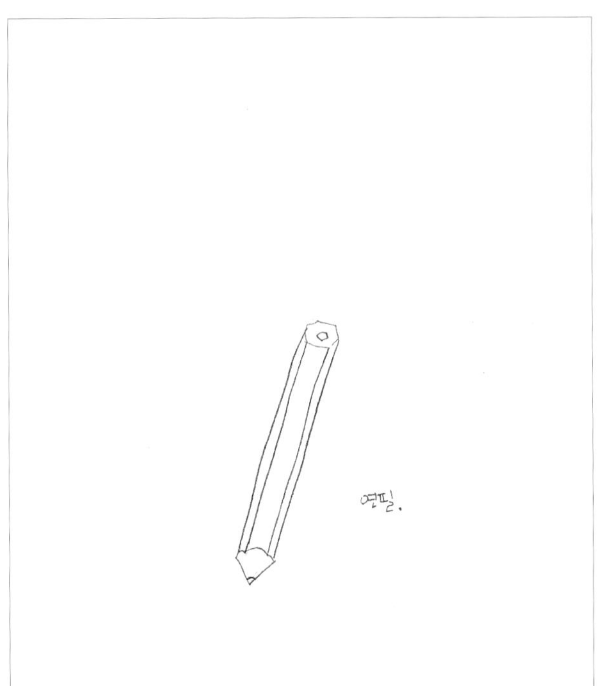

〈은유적 초상화〉 자신을 '연필'로 표현한 것은 글쓰기를 좋아하기도 하지만 깎아서 쓰면 쓸수록 작아지고 결국 없어지니까 현재 자신의 모습과 닮았다고 했다. 부모님에 대한 불만을 자기파괴적, 소모적으로 저항하고 있는 자신의 모습으로 투사한 것이다.

른스러워지고 싶거나 외모에 대한 콤플렉스를 보충하기 위한 것이므로 너무 지나치지만 않다면 수용해도 좋다. 왜냐하면 자기 신체에 대해 갖는 주관적 느낌, 즉 '신체적 자아감'에 대한 긍정적 형성은 밝고 자신 있는 생활을 하는 데 도움을 주기 때문이다.

하지만 화장은 청소년들의 아픔의 표현일지도 모른다. 있는 그대로의 모습으로 사랑받기보다는 비교하고, 비교받으면서 도저히 잘난 아이들과의 경쟁에서 이길 수 없는 아이들이 화장을 하면서 나와 다른 아이덴티티를 갖고자 하는 것이다.

"화장을 하면 내가 아닌 거 같아요. 거울을 보고 있으면 다른 사람이 된 거 같거든요. 왠지 더 강해 보이고요."

피에로는 자신의 표정을 가리기 위해 짙게 화장을 한다. 어쩌면 지금 우리 청소년들은 이러한 모습을 띠고 있을지도 모른다. 화장은 대부분의 경우 공부 잘하고 인정받는 학생보다 속칭 문제아라고 불리는 학생들이 주로 한다. 이러한 면을 봐도 청소년들의 화장은 단순히 아름다움의 추구만은 아니다. 금지된 것을 해보는 쾌감과 힘겨운 청소년기를 빨리 막 내리고 싶은 조급함, 아름답게 변한 자신의 모습을 거울에서 발견하면서 별 볼일 없는 구질구질한 자기가 아닌 사랑스러운 사람으로 변신하고자 하는 것이다. 그래서 화장은 이러한 아픔을 지닌 청소년들의 상처를 치료하고 스스로 자아감을 찾는 데 도움을 주며 일시적인 스트레스 해소의 한 방법이 될 수도 있다.

신경정신과 전문의 김동현 원장은 "유난히 짙게 화장을 하는 청소년들은 내면의 우울함을 외모로 감추려고 하기 때문입니다."라고 하면서 여러 가지 극복 방법 중에서 전문가의 도움으로 자신의 열등감의 원인을 성찰해보고 해결 방안을 강구하라고 했다. 또한 어린 시절의 양육 환경과 부모와의 관계, 갈등 요인, 가치관과 사고방식의 형성 과정, 성격 형성 과정과 특성들을 성찰하고 모색한 결과 인정받고 싶고 애정 욕구가 강한 사람, 의존적인 사람 중에서 자신의 외모로 사랑받고 싶어 하는 마음이 클 수 있다고 했다.

늘 민아 어머니가 늦둥이 남동생(7세)과 함께 오셨기 때문에 민아의 성장 과정을 묻기 위해서 면담할 때 어머니의 나무 그림 검사와 인물화 검사를 해보았다.

〈민아 어머니의 나무 그림〉 왼쪽이 푹 파이게 훼손된 모양이 자아상이 심하게 충격을 입었음을 의미하며, 가는 기둥은 자존감의 결여를, 드러난 뿌리는 과거의 미해결된 문제를 상징한다. 나뭇가지를 빈약하게 표현한 것은 사람들과 접촉하는 자원과 지금보다 나아질 수 있는 자원, 현재 상황에서 대처할 수 있는 자원 등에 대한 좌절감과 무기력감이 있음을 시사한다.

내가 그림을 보고 어머니에게 그림 해석을 이해하기 쉽게 설명해드리자 갑자기 눈물을 보이셨다.

"민아가 저렇게 된 것도 다 제 탓이에요. 지금 남편과도 이혼만 하지 않았지 남남이나 다름없어요. 각 방을 쓴 지가 오래되었습니다. 얼굴만 봐도 울화가 치밀고, 음식을 먹는 모습만 봐도 보기 싫어요. 민아 어릴 때부터 하도 싸워서 이제는 무엇 때문에 싸웠는지도 모르겠어요. 하여튼 하는 짓이 다 마음에 안 들었어요."

"민아 아버지께서 특별히 잘못한 것이 있나요? 그러니까 그렇게 미워할 만한 구체적인 사례가 있다면 말씀해 주시겠어요?"

갑자기 민아 어머니는 멍한 표정으로 나를 쳐다보더니 더듬거렸다.

"그렇게 물으시니까 갑자기 생각이 잘 나지 않지만…… 그냥 술 먹는 것하고…… 아이들과 다정하게 안 놀아주고……(한참을 골똘하게 생각했다) 너무 오래되어서 생각이 잘 안 나요."

"너무 오래되어서 생각도 안 나는 어떤 일로 이혼한 부부와 다름없이 사시는군요(민아 어머니는 당황한 빛이 역력했다). 혹시 알고 계신 분 중에서 남편 분이 누구와 제일 비슷한지 천천히 생각해 주시겠습니까?"

나는 성급한 줄 알지만 그동안의 경험으로 치료자가 충분하다고 생각할 만큼의 치료 기간을 허용하는 보호자나 내담자가 별로 없기에 민아 어머니가 충분히 마음을 열 준비가 되었는지 살필 겨를도 없이 빠른 직면을 시도했다.

민아 어머니는 한참을 곰곰이 생각하더니 눈물을 주르륵 흘렸다.

〈민아 어머니의 인물화〉 인물화도 결국 자아상인데 여자 머리카락으로는 지나치게 빈약하게 표현한 것은 성적인 면에서 지나치게 수동적이거나 억제된 태도를 가졌음을 나타낸다. 또한 귀를 그리지 않은 것은 정서적 자극을 받아들이고 느끼고 자신의 감정을 표현하는 데 대해 불안하고 자신이 없으며, 때문에 사회적 상황이나 감정 교류 상황을 회피하고 위축되는 경향을 반영한다. 손과 발 모양을 동그랗게 표현한 것은 교류나 통제, 대처와 관련한 부적절감과 무력감을 나타내며 자율성의 결여를 시사한다.

"생각도 하기 싫은 친정아버지요. 그 사람에게 벗어나려고 평생 같이 살 사람을 꼼꼼히 고르지도 못하고 나 좋다고 하니까 결혼했어요. 그래서 내 발에 걸려 넘어진 꼴이 되었어요."

"그랬군요. 다음 주에 오실 때까지 숙제가 하나 있습니다. 남편과 친정아버지의 닮은 점과 다른 점을 자세하게 써 오세요. 그냥 막 쓰지 마시고 깊이 생각하신 후에 써 오세요."

내가 이런 과제를 내준 이유는 남편에 대한 알 수 없는 미움의 원인을 스스로 통찰하는 시간을 갖는 기회를 만들기 위해서다. 우리는 사물이나 어떤 사람을 볼 때 일단 내 마음속에 있는 실물화상기로 투사해서 본다. 그런 결과 아무런 이유 없이 어떤 사람이 그냥 싫어지기도 하고, 상대방이 특별히 나에게 잘해주지 않아도 우호적이 되기도 한다. 아마 민아 엄마는 이 시간 이후에 많은 생각을 할 것이다.

모든 부부 사이의 문제 원인이 이 사례와 같지는 않다. 그동안 민아도 상담하고 민아 아버지도 만나서 가족간의 역동을 다소 알고 있었기에 그것에 맞는 직면을 한 것이다.

실제로 민아 아버지는 어려운 가정에서 현재 밥 먹는 데 지장 없는 중산층이 되기까지 개미처럼 일만 해온 다소 재미는 없지만 성실한 분이었다. 힘들게 청소년기를 거치고 남보다 일찍 생활전선에 뛰어들다 보니 여자, 특히 아내와 의사소통하는 법, 갈등을 해결하는 법, 친밀감을 표현하는 것 등이 미숙하고 거칠어서 마음을 상하게 했는지는 모르지만 객관적으로 이혼의 사유가 될 만한 폭력, 도박, 알코올 중독, 외도 등 질병이나 성격장애로 분류될 정도는 아니었다. 딸을 프라이팬으로 때린 것도 어떻게 설득해야 착실한 딸이 되는지 모르고 걱정이 되어 야단을 치면 바락바락 대드는 딸을 보고 그 순간 눈이 뒤집혀서 그랬지 지금은 많이 후회하고 있고 그날 이후 거의 포기했다고 하셨다. 아내가 자기라면 무조건 미워하고 애들 앞에서 흉만 보니 걔들이 애비 알기를 발톱에 낀 때보다 못하게 본다며 뼈 빠지게 일해서 번 돈으로 먹이고 입혔는데도 감사는커녕 기본적인 대우도 안 해준다고 말했다. 오늘도 치료실에 데려다 주기 전에 가족들과 중국요리를 먹었는데 어린 시절 가난했던 자기는 짜장면에 군만두면 족할 것을 코스요리까지 시켜서 먹더니 고맙다고 하기는커녕 맛이 없었다고 구시렁거리는 것을 보고 오만정이 떨어졌다고 했다.

민아는 엄마가 그랬던 것처럼 동굴 속에 함께 있는 남자와 서둘러 결혼하고 싶어했다. 현재로서는 결혼하면 모든 것이 풀릴 것 같아서 그 남자가 프러포즈해 주기를 기다린다고 말하며 해맑게 웃었다.
상담을 하다 보면 현재 벗어나고 싶은 가정을 가진 내담자들은 그림에서 현재 가족구성원에 속하기를 거부한다. 그림에서 적대적인 인물을 제외시키는 단계를 지나면 자신이 아예 가족구성원이 되기를 포기하고 미래의 새 가정을 꿈꾼다. 민아도 오랫동안 불협화음을 내며 싸우는 가정에서 벗어나는 한 방법으로 '결혼'을 선택하고자 했다.
하지만 민아 엄마도 그랬듯 현재 생활의 탈출구로 결혼을 선택하는 것은 일시적인 피난처에 불과하다. 그리고 항상 예외는 있겠지만 역기능 가정에서 성장한 사람이 성공적인 결혼 생활을 할 확률은 매우 적다. 가정 생활은 삶의 현장이며 가족구성원 중 부모의 행동을 모델링하며 배우기 때문이다. 그 악순환의 고리를 끊기 전에는, 형태는 다르지만 내용은 비슷한 결혼 생활을 하며 서로를 미워하고 비난하고 끊임없이 싸우면서 인생을 낭비하게 된다.

처음에 부모님이 보시기에 민아 상태가 심각하다고 생각해서 장기간 치료실에 올 것으로 이야기했다. 그런데 민아는 내가 추천해준 서울 지역에 있는 대안학교에 진학하면서 안정이 되었다. 그러자 어머니가 상담 종료를 앞당기기를 원했다.
민아와 상담할 때, 말하기보다 글 쓰는 것을 더 좋아하는 감성적인 아이였기에 그림을 그리고 나서 글을 쓰도록 했다. 치료가 끝나면 책으로 편집해서 '민아의 SELF COLLECTION'을 만들어줄 생각이었다. 그 이유는 글쓰기 자체가 상처받은 경험을 의미화하고 객관화함으로써 경험과 자신 사이에 일정한 거리를 만들기 때문이다. 그리고 그 공간을 비집고 들어가는 것은 경험을 공유한 상담가나 심리치료사의 지지와 격려다.
물론 단 한 번의 글쓰기가 '정신적 외상'을 단번에 고쳐주지는 않지만 적어도 심리적인 치료의 출발점이 된다. 괴롭고 힘든 경험으로 기억되어 있는 감정의 덩어리를 글로 써서 정리하고 재평가하면서 견딜 만한 내용으로 재가공하게 되는 것이다. 글을 써서 그 당시 사건을 다시 돌이켜보며 내게 이런 의미가

그대, He

지금 생각나는 것은 지금 그대?입니다.
(^_^오호호~)
그대라고 하면 남자라는 호칭이
떠오르는데 많은 사람들이 생각나네요.
정말 미운 사람—아버지
정말 좋은 사람—친구
아버지라는 존재 참 무서운데
이제 미워만 하렵니다.
계속 무서워하면 지겨우니까요.
친구? 친구는 옛날 남자친구인데
이제는 친구 사이입니다.
나한테 재수없게 굴던 자식~
이제는 친구랍니다.
근데 바보같이 사랑합니다. ㅋㅋㅋ
그대에게 참 많은 감정이 있습니다.
(오호호)〈 *)

〈민아의 동굴 그림〉 '동굴'은 안전한 곳, 은밀한 곳, 어머니 자궁과 같이 자신을 보호하는 곳을 상징한다. 그 모티브에 장작불을 피워놓고 남자는 담배를 피우고 자신은 책을 읽고 있는, 사랑하는 사람과의 평화로운 광경을 그렸다. '불'은 애정의 욕구를 표현하며 부정적인 의미는 파괴적이고 파멸적인 공격충동을 표현한다.

결 혼

요즘 해보고 싶은 것이 결혼입니다.
진짜 웨딩드레스를 입으면 두근거리고 설레일까요?
궁금합니다.
결혼하면 그 옆에 나를 이해해주고
상대해줄 수 있는 나의 남자가 필요하겠죠?
생각만 해도 기분이 좋습니다.
나도 능력이 되어야 하는 것은 알고 있지만
지금은 당장이라도 결혼하고 싶습니다.
조선시대 때는 만 15세면 시집갈 나이인데
현재는 그게 아닙니다.
미성년자로서 자유롭지 못합니다.
결혼, 처음에는 행복하겠죠? 신혼생활하고 그러면. 하지만 차차 변할 것 같습니다.
같이 사는 그 사람과 생활하는 것들 등등이
예를 들어보면 우리 부모님이 그런 것 같습니다.
잘은 모르지만 다들 그러지 않나요? 나의 생각일 뿐인가요?
저는 그렇게 생각합니다.
결혼은 서로 좋아해서 하는 거지
부모님이 억지로 하라고 해서 하는 것이 아닌 것 같습니다.
상대를 사랑해야 할 수 있는 것이 사랑입니다.
저는 아직 어려서 모르겠지만 하고 싶을 때가 더 많습니다.
결혼하면 싸우기도 하지만 제가 자유로워질 것 같아서입니다.
모르죠. 결혼을 해봐야죠. 〈후략〉

있었다는 식으로 해석하게 되면 한결 그 일을 돌아보는 게 쉬워진다.

민아의 상처에 비해서 우리가 만난 시간이 부족하지만 자신의 감정을 그림으로 표현하고 글로 써보면서 덧날 수 있는 상처가 회복되어 건강하게 세상 속으로 걸어 들어가길 진심으로 바랐다.

제2장
그림으로 마음을 읽다

- 악마의 딸
- 태산이 움직이기 시작했다
- 찢어버린 리바이스 청바지
- 엘레강스 샘, 이제 그만 하시죠
- 다시 돌아온 서동, '아하……'
- 오빠가 내 위에 막 올라와요
- 임마, 창피해 설교 못하겠다
- 내 마음의 보색
- 심장이 쪼그라들었어요

악마의 딸

"아니 술집 여자도 아니고 여고생이 화장을 떡칠하고 밤마다 나가는데 가만히 있을 애비가 대한민국에 어디에 있습니까? 그리고 여자가 평범하게 살면 되지 머릿속에 헛바람만 들어가지고 연예인이나 되려고 기웃거리고……. 물론 제가 방송국에 아는 사람이 있어서 시킬 마음만 있으면 불가능한 일도 아니지만 하는 꼬라지를 보면 제가 다 알아요. 연예인은 아무나 되나요. 지 주제에……."

오연지(가명, 17세)의 어머니는 내가 출연한 EBS 프로주부 특강을 보고 몇 달을 벼르다가 용기를 내어 전화를 하셨다.

"저…… 고등학교 다니는 딸애가 공부도 안 하고 집에 늦게 들어옵니다. 야단이라도 칠라치면 자기가 더 길길이 날뛰고……. 공부는커녕 기본 생활습관도 엉망이에요. 선생님 강의를 듣고는 빨리 찾아뵙고 싶었지만 연지를 설득하지 못했어요. 기도를 얼마나 많이 했는지 몰라요. 연지가 선생님께 가고 싶은 마음이 생기게 해달라고요."

그렇게 해서 연지를 주말에 내 치료실(로뎀나무 치유센터)에서 만나게 되었다. 작고 앙증맞으며 피부가 하얀 사랑스러운 소녀였다. 단지 나이에 맞지 않게 짙은 화장을 한 것이 그 또래의 보통 학생과 달랐을 뿐이다. 내가 "어머! 예쁘게 생겼네." 하고 감탄을 하자 입꼬리가 올라가며 살포시 웃었다.

〈나무 그림〉 나무기둥에 난 외상 중 한 곳은 초등학교 3학년 때 부모님이 심하게 싸우고 엄마가 집을 나가면서 생긴 충격의 흔적이고, 다른 한 곳은 중학교 2학년 때 학교에서 친구와 심하게 싸웠는데 그때 받은 심리적인 외상이다. 그리고 날카롭게 내부에 들어가 있는 반원형의 윤곽은 그 사람의 성격에 눈에 띄는 인상을 주어온 특수한 영향의 지표다. 융통성이 있고 감수성이 매우 풍부하며 타인이 보면 대수롭지 않은 작은 경험이라고 생각되는 것이 깊은 경험의 영향을 받고 있기도 하다.

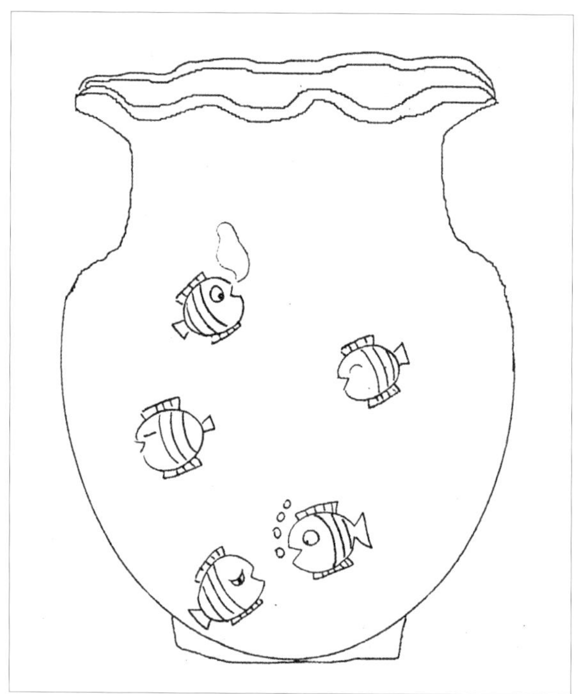

〈물고기 가족화〉 아버지는 담배를 피우고 있고 언니와 초등학교에 다니는 남동생은 놀고 있다. 그러나 연지는 늦게 들어와서 엄마에게 야단맞고 있는 모습을 그렸으며 엄마 눈이 진하게 강조된 것은 엄마가 자신을 야단치실 때의 매서운 눈을 표현한 것이다.

가족 / 표현	내 마음	아빠 마음	엄마 마음	형제 마음		우리 집
				언니	동생	
동물로 표현한다면 어떻게....	토끼	사자	여우	너구리	강아지	호랑이 집
색으로 표현한다면 어떻게....	회색	검은색	빨간색	노란색	파란색	검은색
감촉으로 표현한다면 어떻게....	거칠거칠	따갑다	미끄럽다.	부드럽다	부드럽다	까칠까칠 하다
날씨로 표현한다면 어떻게....	비오고 난뒤 축축	먹 구름	폭풍치는날	번개	맑은날	번개치면서 비가 온다.
꽃으로 표현한다면 어떻게....	해바라기	나쁜꽃	할미꽃	진달래꽃	개나리꽃	백합
맛으로 표현한다면 어떻게....	매콤하다	쓰다.	맵다	달다	달다	쓰다

〈가족에 대한 상징적 표현〉 자신의 마음을 '회색, 거칠거칠, 비 오고 난 뒤 축축, 해바라기, 매콤하다'라고 나타낸 것은 황폐해진 심성을 대변하고 있으며, 아빠 마음을 '사자, 검은색, 따갑다, 먹구름, 나쁜 꽃, 쓰다', 엄마 마음을 '여우, 빨간색, 미끄럽다, 폭풍 치는 날, 할미꽃, 맵다'라고 한 것을 보면 두 분 모두의 자녀 양육 방법이 권위적이고 일방적이라는 것을 알 수 있다.

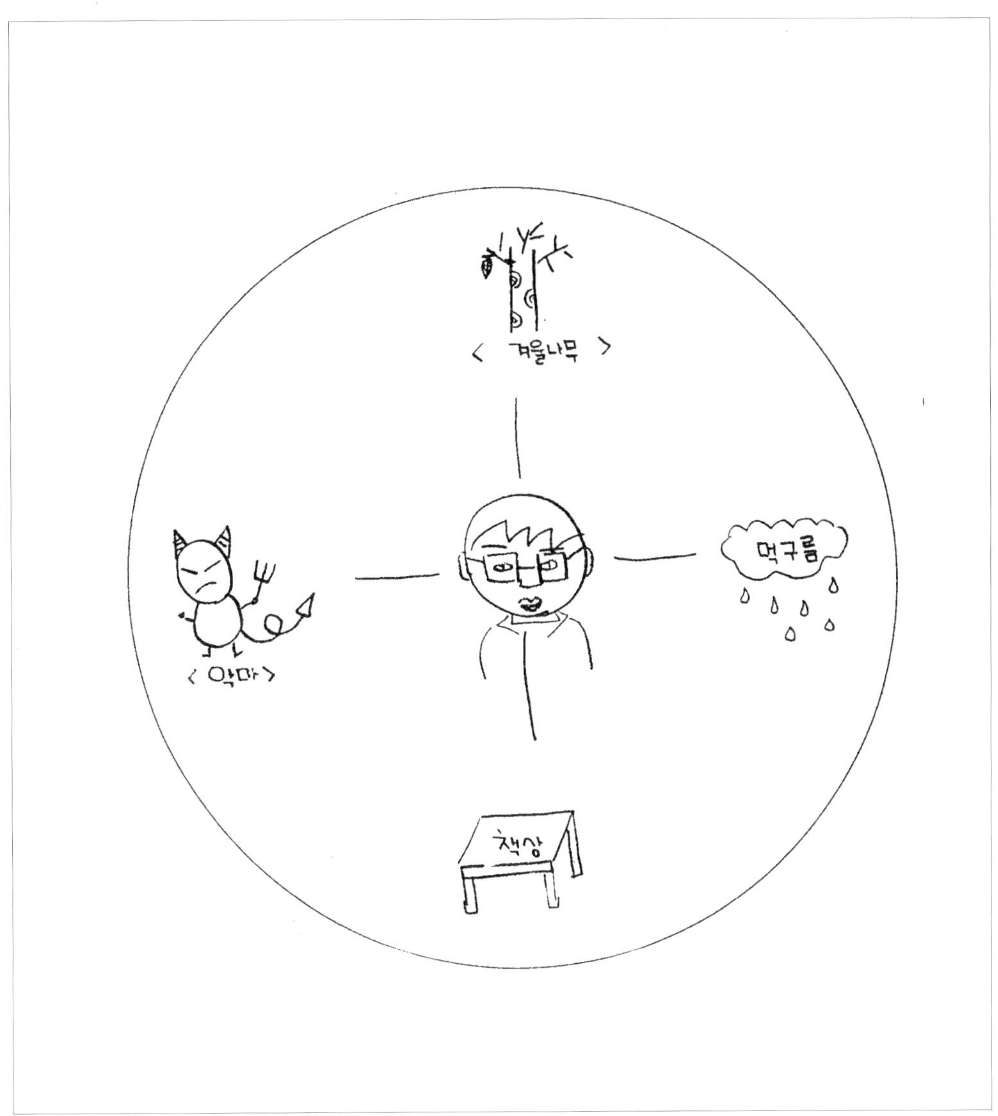

〈동그라미 가족화〉 동그라미 안에 아버지를 그리고 머리 위에 상처 난 겨울나무를 그려서 자신이 아버지에게 갖고 있는 느낌을 표현했다. 왼쪽에는 창을 든 악마로 표현해서 극단적으로 싫다는 자신의 숨김없는 감정을 그렸으며, 오른쪽에는 먹구름에서 비가 내리는 광경을 그렸다. 아래쪽에는 사각의 책상을 그려서 역시 원만한 의사소통의 부재를 표현했다. 사람이 변하는 것은 내적 동기에 의해서 변하기도 하고, 외적 동기에 의해서 변하기도 한다. 그것이 자신을 위해서나 다른 사람을 위해서 바람직한 변화일 때는 굳이 시섬을 명확하게 따질 필요가 없겠지만 연지처럼 어릴 때의 착하고 애교스러웠던 모습에서 중학교 가서 사람이 백팔십도 나쁘게 변했을 때는(연지 아버지의 증언이다) 변화한 시점이나 그때의 원인이 아주 중요하고 그런 단서가 치료에 결정적인 도움을 준다. 초등학교 때 아버지의 괴팍한 성격(이것은 연지 엄마의 증언) 때문에 부부싸움을 한 후 엄마가 집을 나가자 굉장한 불안을 느꼈다고 말한 것은 연지이고, 중학교 2학년 때 싸운 친구의 아버지가 경찰 고위직이어서 학교 측에서 연지만을 소란의 주범으로 몰아가서 상처를 받았으며 그때부터 애가 이상해졌다는 것은 연지 부모님의 설명이다. 그때 친구와 싸워서 겪은 일이 분명히 힘든 일이긴 했지만 연지는 그것보다 다른 이유가 있음을 그림에서뿐만 아니라 나에게 말없는 눈 동작으로 사인을 보냈다. 사실 우리 뿌리(가족관계)가 화합되고 건강하다면 외부의 비바람에 전인격이 흔들리지는 않는다. 견고한 사랑과 끝없는 관심과 돌봄이 있는 가정 분위기를 느꼈다면 어떤 사람이나 사건도 자존감을 파괴해서 달리고 있는 철로에서 이탈시키지는 않는다는 것이 나의 소신이다.

먼 곳을 처음 찾아오느라고 전 가족이 출동해서 치료실에 왔기 때문에 시기상조이긴 했지만 부모님의 면담을 그때 하지 않으면 다음을 기약하기가 어려워서 차례로 면담을 요청했다.

연지 어머니는 남편이 무역업을 해서 사는 것은 풍족했지만 얼마나 억압적이고 배려가 없는지에 대해서 말씀하셨다. 그리고 자신도 원가족에게 받은 상처로 자유롭지 않으니 연지뿐만 아니라 자신도 상담을 받아야 한다며 자신이 이제껏 연지에게 잘못된 방법으로 대했다면 고치고 싶다고 진지하게 말씀하셨다. 나무 그림에서 원근감이 있는 두 그루 이상의 나무를 그리는 사람은 가족성원 또는 동료집단에 동일화되기가 쉽다. 동일화가 쉽게 되면 그룹에서 갈등 없이 안전하게 자신의 위치는 지킬 수 있지만, 나이 마흔이 넘었는데도 아직 자신의 정체감이 확실하지 않다는 것은 삶의 주인이 되지 못하고 상황에 자신을 맡기는 우(愚)를 범하게 된다. 실제로 나무 그림에서 보여주는 것처럼 연지 어머니는 상담 약속을 계속 미루고 상황에 밀린 자신의 사정만을 변명하는 우유부단함을 보였다.

〈연지 어머니의 나무 그림〉 원근감이 있는 두 그루 이상의 나무그림을 그리는 사람은 가족성원 또는 동료집단에 동일화되기 쉽다. 이 말은 자신의 느낌, 욕구, 선호도 등을 잘 알지 못한 채 주위의 분위기나 요구에 쉽게 응한 후 알지 못할 불쾌감을 느끼는 경우가 많다는 의미다. 옆에 작게 그려진 나무는 자신의 정체감을 찾기 위한 노력을 시사한다. 수관에 그려진 열매는 사랑받고 인정받고 싶은 욕구의 표현이며 기둥에 그려진 거친 나무결은 심리적인 외상 경험을 나타낸 것이다.

연지 아버지가 그린 나무 그림에서 용지 우측으로 불쑥 나온 가지는 성장 과정에서 아버지의 지배에 대한 의미 있는 사인이다. 그에 따라 여성적인 것(부드러움, 눈물, 자기 표현, 측은함……)을 경멸하는 성향으로 정서적인 갑옷을 입게 되었다. 그래서 독립성의 발달에 에너지가 적극적으로 향하는 반면 여성적인 세계에는 주의와 배려를 하지 않는다. 비즈니스나 정치, 과학의 세계에 야심이 있고 인생의 중요한 모티브가 된다. 이런 위치에 있는 그림을 그리는 사람은 힘이나 우월감을 가질 수 있는 일에 마음이 이끌린다. 실제로 짧은 면담 시간에도 상대방이 반감이 들 정도로 목소리가 위압적이었으며 자기주장에 대한 표현이 강했다. 부연 설명과 좀더 순화된 표현을 연지 어머니가 옆에서 하시면 곧바로 "당신은 가만히 있어! 그렇게 듣기 좋은 소리로 사실을 왜곡하면 선생님께서 연지에 대한 파악을 정확히 못 하시잖아."라고 제재했다. 무안해진 연지 어머니는 얼굴을

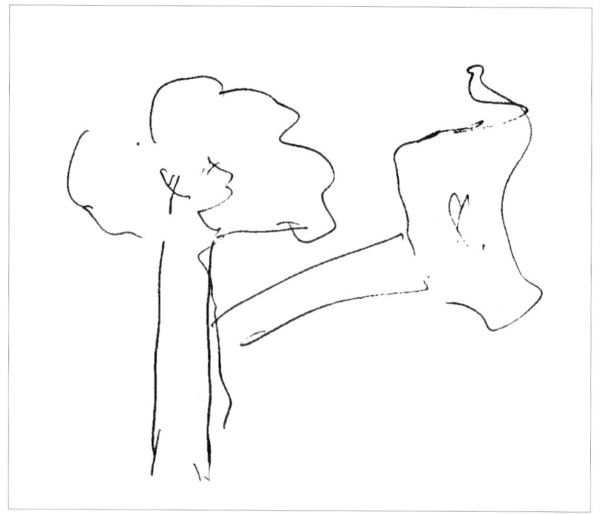

〈연지 아버지의 나무 그림〉 원래 가지 오른쪽 옆으로 불쑥 나온 가지는 성장 과정에서 아버지의 과도한 지배를 받았다는 사인이다. 이런 형태의 그림은 여성성에 대해 주의와 배려를 하지 않는다는 것을 나타낸다. 즉 책임감과 의무를 다할 수 있으나 그 안에 함께 있어야 할 이해심, 배려, 타인에 대한 존중 등이 내용에서 빠져 있는 사람이다.

붉히시면서 아무 소리도 못하셨다. 틀린 말은 아니지만 상대방에 대한 배려는 조금도 없는 '직진 신호형'이었다. 생활하다 보면 사고나 대화 속에서 좌회전과 우회전을 조금도 안 하고 곧바로 자신의 생각을 여과 없이 내놓는 사람들이 있다. 그리고 그들의 한결같은 주장은 '나는 솔직하다'는 것이다. 하지만 그런 분들은 '일수사견(一水四見)'이라는 한자성어를 모르는 분들이다. 솔직하다는 말을 빌려 상대방의 의사를 묵살하고, 배려 없는 자신의 무례함에 대한 방어기제로 사용하는 것이다.

"아니 술집 여자도 아니고 여고생이 화장을 떡칠하고 밤마다 나가는데 가만히 있을 애비가 대한민국에 어디에 있습니까? 그리고 여자가 평범하게 살면 되지 머릿속에 헛바람만 들어가지고 연예인이나 되려고 기웃거리고……. 물론 제가 방송국에 아는 사람이 있어서 시킬 마음만 있으면 불가능한 일도 아니지만 하는 꼬라지를 보면 제가 다 알아요. 연예인은 아무나 되나요. 지 주제에……."

"그러시군요. 그런데 요즘은 파격적인 인물도 활발하게 활동하고 있잖아요. 예를 들어서 박경림은 PD에게 연예인이 될 조건에 전혀 부적합한 인물이라는 혹평을 들었음에도 불구하고 사람들의 사랑을 받는 연예인이 되었잖아요."

내 말이 끝나기 무섭게 "아! 그거야 백만분의 일 정도의 확률이지 재는 택도 없어요(경상도 말투로 말씀하셨다). 세상에 겁도 없이 까불고 다니고 말이야."

아무 상관없는 남이 들어도 반감이 가는 센 경상도 어투로 거칠게 말하는 아버지와 코스모스같이 여린 연지가 함께 오버랩되면서 현기증이 날 정도였다.

나는 조용하지만 단호한 목소리로 "아버님! 연지는 아버님의 딸입니다. 이웃집 딸이 아니고 아버님의 딸입니다." 정신없이 딸 흉에 흥분하던 연지 아버지는 잠시 멍한 표정으로 나를 쳐다보더니 "맞아요. 제 딸입니다. 하지만……." 또 연지의 험담을 하시려는 아버지를 보니 아까 내가 한 말의 진의를 파악하지 못한 것 같았다. 시간도 많이 흘렀고 아버지는 연지를 상담하는 과정에서 만날 필요가 있을 때 요청하기로 하고 일단은 돌아가시게 했지만 남인 내가 보아도 반감을 일으키는 말투와 편협한 사고를 가진 분이었다.

가족의 구성원은 가족 개개인 서로에게 자원(資源)이다. 다소 마음에 들지 않는 부분이 있거나 내 가치관과 다르더라도 바로 나와 다른 그것을 자원화할 수 있는 것이다.

나중에 연지 어머니와 상담하면서 연지 아버지의 성장 과정을 조금 엿볼 수 있었다. 연지의 친할아버지는 대학 교수였는데 자아실현 욕구가 높은 분 중에 흔히 보이는 특징인 성취지향이면서 일 중심인 분이었다고 한다. 사람의 감정이나 정서에 공감하기보다 '하면 된다'는 신화를 자신뿐 아니라 가족들에게도 강요해서 연지 아버지도 아버지 슬하에 있을 때 많은 스트레스를 받았다고 한다. 그래서 자신의 결혼 생활은 아버지와는 달라야겠다는 결심으로 실천한 것이 퇴근 후에 바로 집으로 귀가하기와 주말이면 가족을 차에 태우고 여행 다니기였다고 한다. 하지만 연지 아버지는 외형적인 모범가장의 모습만 따라 행동했지 가족의 정서에 공감하거나 그들의 좌절감이나 격려를 필요로 하는 기분을 배려하는 것은 간과했다. 자신도 어린 시절에 받지 못한 것을 다른 누군가에게 주기는 어려운 일이다. 그 결과가 자신이 낳고 지원을 아끼지 않은 딸로부터 17년 뒤에 '악마'라는 이미지를 갖게 한 것이다. 무엇이든 시도하기 전에 안 될 것이라며 부정적인 말을 서슴없이 뱉고 물질적인 지원을 해준 것만이 아버지 역할을 다

한 것이라고 생각하는 한 '삼지창을 든 악마'라는 이미지를 벗기 어려울 것이다.

연지 아버지는 사람을 사랑하고 관계 맺는 기술을 새로이 배워야 한다. 하지만 그 필요성을 누가 느끼게 해줄 것이며 그 굳은 마음을 녹여줄 수 있는 방법은 무엇인지 나에게 하나의 숙제다. (그 이후 연지 아버지는 오시지 않았다.)

'자녀의 행동은 부모의 거울'이라는 말처럼 아버지의 독선과 비하적인 말투에 소리 없이 미운 행동으로 반항하는 연지의 모습을 보고도 자신의 양육 태도를 돌아보지 않는 분에게 변화를 기대할 수는 없다. 좋은 품성도 세대로 전수되고 버려야 될 성격도 대대로 전해지게 마련이다. 연지 아버지에게 기적과 같은 전환의 계기가 생겨서 악순환의 고리를 끊기를 바란다. 사랑받지 못하는 연지도 불쌍하고 사랑하지 못하는 연지 아버지도 불행하기 때문이다.

태산이 움직이기 시작했다

우리 모두는 늘 이런 비슷한 잘못을 한다. 내가 우선 급한 문제를 해결할 때까지 상대가 무한정 기다릴 줄 안다. 하지만 사람의 마음은 상처 입기 쉬워서 그 사람이 진정 필요할 때 공을 들이지 않으면 마음의 셔터를 내리고 만다.

올해 고등학교 2학년인 김준수(가명) 군은 아버지가 사업을 하시는데 그 업계에선 상당히 성공하신 분이다. 경제적으로 여유 있고 자식에게 온갖 열과 성의를 쏟는 어머니를 가진, 외적으로는 정신적 물질적인 필요충분조건을 갖춘 집안에 하나밖에 없는 아들이다. 하지만 수업 중에 만난 준수는 지나친 과체중으로 힘겨워 보였고 수업 시간에는 걸핏하면 엎드려 자기가 일쑤였다. 자기를 멋있게 키워나갈 모든 의욕을 상실한 것같이 보였으며 자루 속의 못이 불쑥불쑥 튀어나와 찌르듯이 너그러워 보이는 외모와는 다르게 뾰족한 말투로 상대방을 불쾌하게 하는 부분이 엿보였다. 한마디로 갖추어진 외적 환경과 다르게 행복한 아이가 아니었다.

어느 날 학급회의가 빨리 끝나서 여분의 시간을 활용하기 위해 나무 그림 검사를 했다. 다 그린 아이들이 차례로 해석을 해달라고 줄을 섰다. 나는 준수의 차례가 와서 그 그림이 내 눈앞에 보이자 그동안 이해할 수 없었던 준수의 행동이 내가 지나친 비약을 한 것이 아니라 다른 원인이 있다는 것을 알게 되었다.

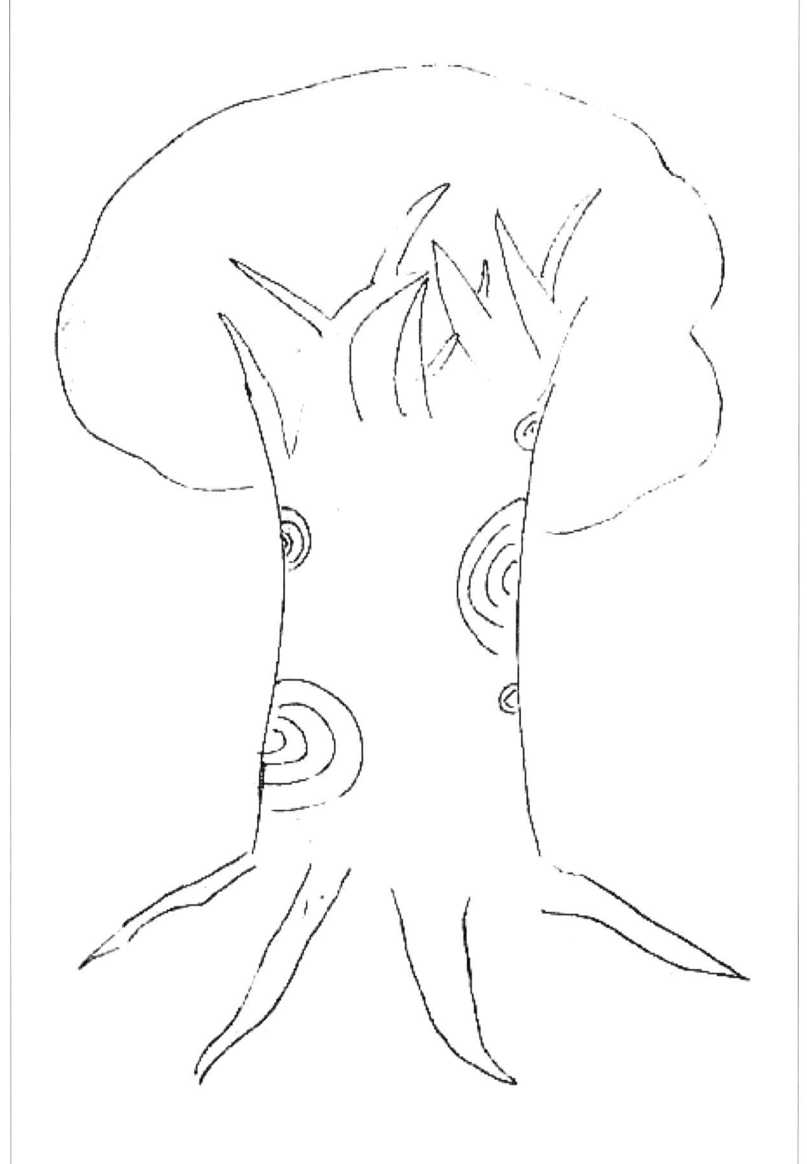

〈나무 그림〉 나무기둥 옆에 난 많은 외상이 준수가 상처받기 쉬운 성향의 아이고 실제로 정신적인 고통도 심했음을 보여준다.

"준수야, 자랄 때 속상했던 적이 많았구나!"

"어! 선생님께서 제가 속상했다는 것을 어떻게 아세요?"

"네가 나무에 그렇게 표현했잖아. '저 힘들었어요.'라고……."

"야! 신기하다. 사실은요, 엄마가 저를 안 믿어주실 때 제일 속상했어요. 제가 아니라고 해도 '넌 옛날에도 그런 적이 있잖아.' 하고 다그치실 때면 정말 집을 나가버리고 싶어요."

그 후 학부모회의 때문에 학교에 오신 준수 어머니에게 준수의 어릴 때 이야기 좀 해달라고 부탁했다.

〈물고기 가족화〉 그리려다가 결국은 어항 속에서 지워버린 누나는 자신에게 있어 엄마의 사랑을 독차지해버린 상대에 대한 미움의 반영이다. 또한 물고기 밥은 양육적인 허기를 나타내며 케어받기를 바라는 준수의 마음이 잘 나타나 있다.

가족 / 표현	내 마음	아빠 마음	엄마 마음	형제 마음	우리 집
동물로 표현한다면 어떻게…	박쥐	강아지	고슴도치	변덕스러움	개미
색으로 표현한다면 어떻게…	검정	감청	노랑	적색	보라
감촉으로 표현한다면 어떻게…	까칠	딱딱	부드럽다	따갑다.	부드럽다
날씨로 표현한다면 어떻게…	흐림	폭풍	갬	여우비	비온 후
꽃으로 표현한다면 어떻게…	달맞이꽃	선인장	민들레	장미	무궁화
맛으로 표현한다면 어떻게…	시다	씁쓸	달다	맵다	[illegible]색맛

〈가족에 대한 상징적 표현〉 가족에 대한 상징적인 표현에서 엄마에 대한 표현은 긍정적이다. 지금은 지방대학 음대에 다니는 누나가 가끔 집에 다니러 오지만 옛날 앙금이 남아 있는 것을 알 수 있다. 어머니는 준수 아버지가 준수에게 부적절하게 대한다는 말씀은 하지 않았지만, 자수성가로 사업에는 성공했지만 자녀 교육 기술은 부족하다는 것을 알 수 있다. 특히 날씨를 '폭풍'이라고 한 것을 보면 일관성 있는 훈육을 하기보다 예측하기 어렵고, 평소에는 방관했다가 한꺼번에 야단을 친다는 것을 알 수 있다.

현재 지방 대학 음대에 다니는 누나에게 온 정성을 쏟다 보니 준수에게 많이 소홀했다고 하셨다. 초등학교 때도 혼자 집을 지키게 하고 누나 피아노 레슨을 시키러 다녔다고 말씀하시면서 어린 준수에게 너무 무심했다고 회한의 말씀을 했다.

그리고 어린아이를 집에 혼자 둔 불안을 전화를 통해서 "너 잘하고 있지? 내가 안 봐도 다 알아. 너 또 게임하는구나……. 거짓말하지 마. 저번에도 그랬잖아……." 하면서 명령조의 지시와 불신에 가득 찬 말만 한 것 같다며 후회하셨다.

그래서 요즘은 준수에게 신경을 쓰려고 하면 신경질을 내면서 받아들이지 않아 그것이 속상하다고도 하셨다.

우리 모두는 늘 이런 비슷한 잘못을 한다. 내가 우선 급한 문제를 해결할 때까지 상대가 무한정 기다릴 줄 안다. 하지만 사람의 마음은 상처 입기 쉬워서 그 사람이 진정 필요할 때 공을 들이지 않으면 마음의 셔터를 내리고 만다.

물고기 가족화에서 엄마, 아빠, 자기 물고기만 그리고 다른 물고기 한 마리를 그리다가 지우개로 박박 지웠다. 여러 번 그리려고 시도하다가 또다시 못마땅한 듯 다시 지우기를 반복했다. 누구를 그리려고 하냐고 물었더니 "누나요……."라고 퉁명스럽게 말했다.

준수의 누나는 편애를 받고 특별한 배려를 받았지만 부모의 지나친 기대와 과도한 관심으로 힘든 마음을 준수를 희생양 삼아 신경질을 많이 부린 것 같다.

우리는 살면서 따지기에는 치사하고 가만히 있자니 속상한 억울한 감정을 경험한다. 그중에 은연중에 일어나는 가족의 관심에서 제외된 아이가 갖는 감정이 그런 것이 아닐까? 직접적으로 "나를 사랑해주세요. 저에게도 관심을 가져주세요. 저도 인정받고 주목받고 싶어요." 라고 말할 수는 없다. 또 요구해서 상대방의 관심을 겨우 끌었다고 하더라도 기대하기 전에 배려받은 것하고는 기분이 다르다. 요구하고 항의하니까 그제서야 관심을 가져준다는 것은 기분이 씁쓸하다. 그러니까 소외받은 사람은 몸으로 표현할 수밖에 없다. 미운 행동을 해서 주목을 받고 괜히 청개구리 행동을 해서 한심하다는 소리도 자초한다.

그러나 부모 된 우리는 아이들의 감정의 변화에 민감해야 한다. 저 미운 행동, 내 말에 사사건건 반대로만 나가는 반항적인 행위의 이면에 어떤 정서적인 배고픔으로 허기져 있는지 살펴볼 일이다.

마침 학교에서 실시하는 평생교육 프로그램 중에 준수 어머니가 수강하시면 좋을 '감수성 훈련'이 있어서 권해드렸더니 그동안 준수에게 빚진 것을 이 훈련을 받고 잘해주어 갚고 싶다며 흔쾌히 승낙했다.

준수 어머니는 감수성 훈련을 통해서 자신이 무엇에 집착하며 그 원인이 무엇이라는 것을 통찰한 후 많이 달라지셨다. 특히 준수의 행동이 마음에 안 들자 매일 야단치고 그래도 말 안 듣고 게임에만 빠져 있는 아들에게 진절머리를 내던 것을 마음의 방향을 바꿔서 "준수야! 어릴 때 혼자 집 보면서 쓸쓸했지? 지금 생각해보니까 누나 레슨 때문이기는 했지만 어린 너에게 못할 일을 한 것 같구나……."라고 했더니 준수가 놀란 얼굴로 멍하니 엄마 얼굴을 쳐다보았다고 한다.

그 후 엄마가 학교에 오는 것을 병적으로 싫어하던 준수가 도리어 학교 가는 것을 권하게 되었다고 준수 어머니는 기뻐했다. 항상 부루퉁하고 둔하게만 보이던 아들이 어머니 자신이 변하자 요즘은 어리광도 부리고 애교도 부린다며 기뻐했다.

앞으로 준수에게 남은 과제는 아버지와 누나와의 관계다. 준수보다 힘과 권위를 가진 아버지가 먼저 달라졌으면 하는 것이 나의 바람이지만 이제 가족 중에 엄마라도 준수를 잘 사랑할 결심을 했으니 준수가 힘든 와중에도 긍정적인 정체감을 찾으리라 희망을 걸어본다.

얼마 전에 학부모회의가 끝나고 나를 만나러 온 준수 어머니는 요즘 힘들게 준수를 사랑하는 기술을 다시 익히는 중이고, 그렇게 공을 들였는데도 신경질이 많고 짜증을 잘 내는 준수 누나에 대해서도 그 이유를 알게 되었다며 아이들에게 지나치게 집착하지 않으려고 노력 중이라고 했다. 그래서 남편이 운영하는 정비사업소에 손해보험을 처리해주는 일을 돕기로 했다며 밝게 웃었다.

그런데 참 신비로운 것은 우리 어른들이 그동안 미숙했던 방법을 자각하고 변화하는 그 순간 우리 아이들도 변한다는 것이다.

준수는 변하기 시작했다. 드디어 자기를 사랑하기 시작했고 그중 하나가 "대학에 가야 하니까 공부해야겠습니다."라고 한 것이다. 수업 중에 엎드려서 자고 있는 것을 볼 때, 그리고 게슴츠레한 눈으로 아무런 의욕도 없이 잠을 깨운 선생님을 쳐다볼 때 누가 저 태산(泰山)을 움직일 수 있을까 하고 절망했는데 바로 그 태산이 움직이기 시작한 것이다.

찢어버린 리바이스 청바지

자녀들에게 부모는, 그리스 신전의 두 기둥처럼 튼튼하게 버티고 서서 언제나 너희들을 사랑하고 지켜주겠다는 신뢰를 주어야 한다. 서로 불화하고 반목하는 부모 밑에서 부모 중 한쪽의 하소연과 비난, 자기 연민에 찬 호소를 들으면서 성장한 아이는 자신감이 없고, 심한 경우 자기 자신을 싫어하고 열등감에 빠지게 된다. 그리고 더욱 큰 우려는 삼각관계 속에서 성장한 자녀는 결혼해서 친밀한 관계에 있는 배우자나 자녀에게 자신의 상처를 전이하게 된다.

현준이는 얼굴선이 곱고 섬세한 고등학교 2학년 남자아이이다. 교실에서도 책 속에 고개를 파묻고 주변에서 일어나는 일에는 관심 없이 책만 읽는다. 아버지도 일류대학 공대를 나온 재원이고, 상냥하고 여성스러운 어머니는 교육열도 높아서 학교 행사와 자모회에도 빠짐없이 나오신다.

담임을 하다 보면 언제나 두세 명 정도는 심각한 문제로 선생님을 힘들게 하지만 열 명 정도는 알아서 자기 일도 잘하고 선생님을 도와주기까지 하는데, 현준이는 꼭 해야만 하는 자기 일만 조용히 하고 나머지 시간은 판타지 소설을 본다. 책을 안 읽는 요즘 아이들보다 정서적으로 안정되어 보이고 독서하는 모습이 대견해서 지나칠 때마다 나는 현준이의 어깨를 안고 "아이! 기특해라. 현준이는 책을 많이 읽어서 참 지혜로워질 거야. 지금은 학교 공부에 별로 흥미를 못 느끼는 것 같은데 앞으로 호기심을 느끼는 분야를 발견하게 되면 누구보다도 쉽고 빠르게 배울걸. 지금 읽은 책들이 시너지 효과를 내서 네가 하고자 하는 일에 날개를 달아줄 거야."라고 격려해주었다.

그러던 어느 날 현준이 어머니가 아들의 학교 생활이 궁금해서 들렀다며 갑자기 찾아오셨기에 마음에 준비가 없던 나는 우리 반 아이들의 인성자료 파일 중에서 현준이 것을 보여드렸다(그때 우리 반은 매일 아침 자율학습 시간에 내가 직접 만든 인성 자료를 한 장씩 했다). 평소에 현준이가 성적은 별로 안 좋아도 생활태도가 모범적이고 체제 순응형이라고 생각했기에 차를 준비하는 동안 거리낌 없이 어머니에게 보여드리며 읽고 계시라고 했다. 그런데 미소를 지으며 인성자료 파일을 받아들던 현준이 어머니의 표정이 점점 당혹해지며 인상이 굳어졌다. 그래서 내가 넌지시 물었다.

"(될 수 있으면 자연스럽게) 어머니! 현준이가 뭐라고 썼어요? 글씨체가 참 얌전하죠. 책을 많이 읽어서 그런지 언어 표현력도 뛰어나고…… 요즘 아이들은 책보다 오락이나 컴퓨터 게임을 많이 해서인지 이런 글의 내용조차 이해를 못해서 동문서답을 쓰곤 하죠."

그러면서 현준이 어머니 손에서 인성자료 파일을 받아들고 넘겨보았더니, 나무랄 데 없는 환경에서 자랐다고 생각한 나를 비웃듯이 민망하게도 아래와 같이 씌어 있었다.

*잘못을 식구들에게 들켰을 때의 기분은 어떤가요?
두렵다.
*부모님께 야단맞은 것 중에 기억에 남는 방법은?
반 죽도록 맞는다
*자신을 어떤 사람이라고 생각하나요?
무능한 nom
*부모님의 사랑을 느낀 경험이 있다면?
까먹음…!!
*부모님의 말로 상처를 받은 적이 있다면 써보세요.
넌 왜 이것도 못하냐?
*부모님께 주로 듣는 칭찬은 무엇인가요?
거의 욕만 들음

※ 일부 내용만 실음

〈나무 그림〉 나무의 가지가 단절되지 않고 위와 옆을 향해 뻗어 있는 것은 성장 가능성이 많다는 것이고, 풍성한 잎은 정서적으로 풍부한 감성을 지녔다는 메시지다. 나무기둥의 폭이 좁은 것은 자신감의 결여를 나타낸다.

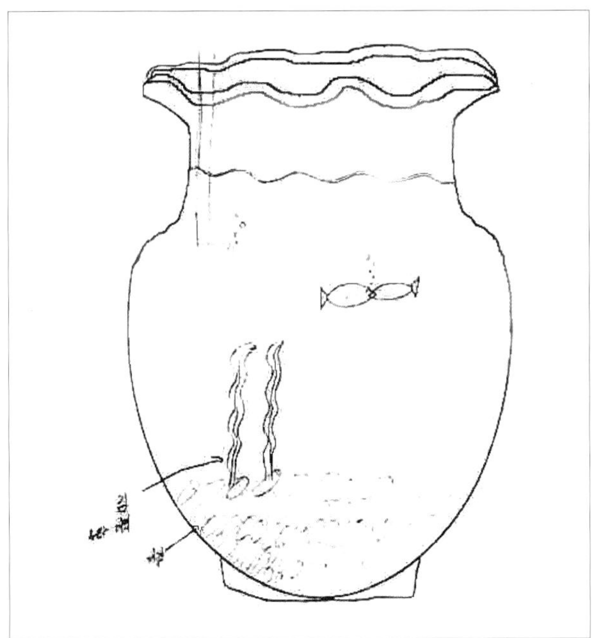

〈물고기 가족화〉 현재의 가족의 모습을 그리지 않고 미래에 사귈 여자친구와 자신이 입을 맞추는 모습을 그렸다. 이것은 정서적 유대가 끊어진 가족관계를 시사하며 이런 내담자들은 미래 자신을 구심점으로 형성될 가족을 묘사한다. 어항 바닥의 수초와 자갈은 나무 그림에서와 같이 정서적인 풍부함을 나타내며, 산소기는 외부의 도움이 필요하다는 간접적인 사인이며 작은 기포는 타인의 태도 여하에 좌우되는 민감한 성격을 나타낸다.

나는 현준이 어머니가 무안해할까봐 얼른 분위기를 수습하려고 애를 썼다.

"어머니! 너무 민감하게 받아들이지 마세요. 부모는 최선을 다해 사랑해주었다고 해도 아이는 자신의 성향에 따라서 해준 것보다 인색하게 평가하는 아이도 있고, 사소한 노여움도 쉽게 풀지 않는 아이들도 있으니까요. 저도 아이들이 쓴 이런 내용만 보고 이 집 부모님들은 문제가 있구나 하고 생각하지는 않습니다."

그리고 우리 학교에 평생교육 프로그램 중 '부모 감수성 훈련'이 있는데 수강을 하시도록 권하였더니 쉽게 응하셨다.

현준이 어머니가 돌아가신 후 그날 방과 후에 현준이를 오라고 해서 '나무 그림 검사'와 '물고기 가족화 검사'를 했다.

"현준아! 이 어항 속에 물고기의 가족을 꾸며봐. 반드시 물고기 가족이 무언가를 하고 있는 그림을 그려야 해. 네가 꾸미고 싶은 것이 최대한 표현될 수 있도록 그려줘."

"저는 그림 못 그리는데요."

"이 검사는 그림 솜씨를 보는 게 아니야. 편안하게 그리고 싶은 대로 그려봐."

문장 완성 검사(SCT)에서도 "우리 엄마는 나를 너무 생각해서 요즘엔 좀 불안하다." "우리 엄마 아빠는 요즘 서로 마음이 안 맞는 것 같아 너무 불안하다." "나의 첫째 소원은 가정이 화목해지는 것"이라고 해서 행복하지 않은 현준이 가정의 일면과 책 속에 숨어서 또래 친구들과 별로 어울리지 않는 현준이 평소의 모습이 겹치면서 인성자료 내용 중 원가족에게 느끼는 불만과 일치하는 현준이의 마음을 알게 되었다.

"현준이는 자신을 어떤 사람이라고 생각하니?"

"별 볼일 없고 거짓말도 잘하고 의지력도 약한 사람이요."

"거짓말을 잘하니?"

"네. 엄마가 오락실이나 게임방에 가는 것을 싫어하는데 몰래 거짓말하고 친구와 다녀요."

"엄마에게, 네가 너무 재미있고 하고 싶은 것이니까 허락해 달라고 해봤니?"

"아니요. 엄마가 너무 강경하니까 용기가 없어서 못했어요."

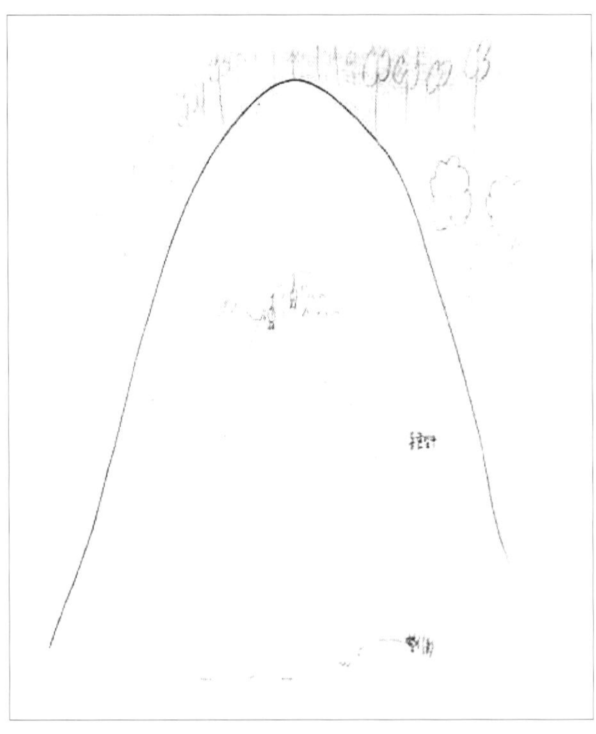

〈동굴 그림〉 동굴 그림 검사는 침침하고 어두운 동굴의 의미가 내재된 자기 폐쇄적 성향을 알 수 있는 검사다.
동굴 안을 어둡게 채색한 것은 본인의 마음에 그늘이 있다는 것이고 지조 없고 거짓말을 잘하는 동물인 박쥐를 내면에 그려서 자아상이 부정적임을 알 수 있다. 동굴의 외부를 나무로 꽉 차 있게 그린 것은 자신의 내면을 타인에게 드러내기 싫은 폐쇄적인 성향을 나타낸다.

현준이에게 거짓말은, 용기 없는 자가 그 한계 내에서 합법적으로 하고 싶은 일을 하기 위한 임시방편이다. 현준이 부모가 자신들의 잣대로 무조건 안 된다고 하기 전에 요즘 아이들의 문화를 이해하려고 하고, 현준이와 합의해서 시간과 시기에 대한 제한적인 허락을 해주었다면, 현준이가 자신을 '거짓말쟁이'라고 스스로 단죄하는 양심의 가책은 없앨 수 있었을 것이다.

게임을 하고 온 아이에게 게임 이름과 규칙 등을 묻고 공감과 진지한 경청을 해준다면, 더 나아가 아버지가 함께 게임방에 가서 아들과 게임을 한 후 느낌을 공유해준다면 어떨까? 편안한 마음으로 하고 싶은 일을 인정받고 해본 아이는 특정한 놀이에 중독될 정도로 집착하지 않는다.

'가족에 대한 상징적 표현하기'에서도 자신을 간사하다고 해서(거짓말을 하니까) '뱀', 감촉도 '껄끄러움'으로, 날씨는 '흐림', 맛도 '껄끄럽다'라고 표현해 자아상(self image)이 안 좋다는 것을 나타냈다. 특히 아빠와 남동생에게도 싫어하는 감정을 노골적으로 드러내 가족간에 불화를 느낄 수 있다. 자기는 노란색을 싫어하는데 아버지를 '노란색'으로 나타냈고, 감촉은 '껄끄러움'으로, 날씨는 '약간의 태풍', 맛도 '껄끄러움'으로 표현했다.

이 집에서 현준이와 다르게 외면화 장애를 나타내는 남동생은 학교와 집에서 전형적인 문제아 행동을 한다는 어머니의 말 그대로 현준이와의 관계도 좋지 않다. 동생이 힘으로만 문제를 해결한다고 해서 '호랑이', 분노를 잘 터뜨려서 '적색', 자신을 괴롭혀서 감촉을 '바늘', 꽃은 가시가 있는 '흑장미', 맛은 '맵다'라고 나타내어서 남동생을 싫어하는 현준이 마음이 모두 나타나 있다.

그 후 현준이 엄마가 '부모 감수성 훈련' 프로그램에 참여해서 집단 앞에서 내려놓은 가족사(家族史)를 듣고 나서야 현준이가 왜 외부와 관계 맺기를 거부한 채 자기만의 세계에 갇혀 있는지 알게 되었다.

현준이 어머니는 결혼하기 전 사랑하는 사람이 있었는데 남자가 갑작스러운 사고로 병원에 입원하면서 연락이 끊어지자 그것을 오해하고 다시 연락을 시도하지 않아 헤어졌다고 한다. 그 후 같은 직장에 다니는 현준이 아버지를 만나서 결혼했으나 다른 사람의 감정에 대해서 둔감하고 무심한 현준이 아버지 성격 때문에 정을 붙이지 못하고 갈등도 많았다고 했다.

게다가 현준이 엄마가 더욱 참기 힘든 일은, 결혼 후 얼마 있다가 시아버님이 현준이 아버지 명의로 대출한 돈을 갚지 못하자 그 빚이 고스란히 현준이네 몫이 되어서 여러 번 이혼을 생각했다고 고백했다. 그러나 두 아들을 생각해서 이러지도 저러지도 못하는 상태에서 이제까지 신앙에 의지해서 살아왔다며 눈물을 흘렸다. 그런 폭풍 속에서 현준이와 동생이 성장했으니 결핍된 것이 없었다면 그것이 더 이상할 것이다.

설상가상으로 현준이가 일곱 살 때 교통사고를 당해서 석 달 간 병원에 입원했고 뇌종양으로 장기간 투병 생활을 하느라고 공부할 시기를 많이 놓쳤다. 그 때문인지 현준이는 실업계 고등학교에서도 반 성적이 중하위권에 머물러 있다. 현준이 아버지는 자기 친형제들의 아이들보다 뒤떨어지는 아들 때문에 자존심이 상해서인지, 아니면 자식에 대한 깊은 사랑 때문인지 성적에 관한 질책을 가장 많이 한다고 했다. 현준이가 아팠을 때는 두 분 모두 아들이 살아주는 것만을 간절히 바랐겠지만 건강을 회복한 지금은 현실적인 걱정이 안 들 수 없을 것이다. 하지만 아이들은 조숙한 아이도 있고 만숙하게 성장해가는 아이도 있다. 현준이는 초등학교 시절까지는 가정형편 때문에 부모님이 경황이 없어서 섬세한 돌봄을 받지 못했고, 긴 투병 생활 때문에 그 나이 또래의 아이들과 함께 하는 놀이와 장난, 그리고 부모님께 부리는 어리광 등 애착을 형성할 수 있는 요소가 거의 누락되었다.

그러니까 현준이에게 지금 학교 성적의 결과에 연연해하고 조급해하기보다 회복된 건강을 소중히 하고 쉴 새 없이 읽는 독서량을 기특하게 여기며, 사랑 가득한 시선으로 현준이의 더디지만 서서히 성장하는 모습을 지켜봐야 할 것이다.

현준이와 상담 중에 알게 된 치명적인 사실이 하나 있었다. 부부싸움이 있고 난 뒤면 현준이 엄마는 현준이 방으로 와서 아버지의 못마땅한 점과 자신이 얼마나 피해자인지, 결혼 생활을 지탱하기가 얼마나 어려운지 하소연한다는 것이다. 그때의 기분이 어땠냐고 현준이에게 물었다.

"당황스럽죠, 뭐. 기분이 이상하고…… 제가 어떻게 해줄 수도 없는데…… 제가 무능한 놈같이 느껴져요. 그리고 솔직히 저도 아빠에게 불만이 많지만 그래도 엄마가 욕을 하면 마치 제가 욕을 먹는 것 같아요……."

그렇다. 원래 부모에게서 우리가 태어났기에 부모는 뿌리(근원)와 같은 것이다. 부모가 불화하거나 부모 중 한 사람이라도 인격적으로 결함이 있으면 그런 집의 자녀는 건강하게 자라기 힘들다. 열등감이 심해지고, 언제 부모님이 헤어질지 몰라서 불안정한 심리 상태로 생활하게 된다. 그리고 부모의 행동은 다른 사람들과 관계를 맺는 모델이 되기 때문에 대인관계에 심각한 장애를 가져오기도 한다. 실제로 학교에서 이런 학생들을 보는 것은 어렵지 않다. 자포자기한 모습으로 늘 자고 있거나, 몸이 특별하게 약한 것 같지 않은데도 늘 두통이나 복통을 호소하며 조퇴를 시켜달라고 조른다. 또한 친구들과 자주 격하게 싸우며, 선생님들의 지도에 대해 시니컬하거나 반항해서 생활지도부의 단골손님이 된다.

수잔 포워드 박사는 부모의 한쪽이 자녀를 자기 심복 또는 자기 배우자에 대항하는 동지로 삼는 경우가 흔히 있는데 자녀들은 어쩔 수 없이 어느 한 편을 선택하지 않으면 안 되는 불건전한 삼각관계에 빠지게 된다며 그때 그 자녀는 정서적인 쓰레기통이 되고 부모가 자기네 문제의 근원을 직시하지 않은 채 불만의 일부를 배설한다고 했다.

정신과 의사나 심리치료사에게 치료비를 지불하면서 말할 내용을 자녀에게 그 대역을 시킬 수 있다고 생각하면 오산이다. 자녀는 우리가 돌보고 사랑을 주는 대상이지 내 상처를 치료하고 향유를 발라줄 대상이 아니다. 그런 생각은 애초에 무리한 기대다.

자녀들에게 부모는, 그리스 신전의 두 기둥처럼 튼튼하게 버티고 서서 언제나 너희들을 사랑하고 지켜주겠다는 신뢰를 주어야 한다. 서로 불화하고 반목하는 부모 밑에서 부모 중 한쪽의 하소연과 비난, 자기 연민에 찬 호소를 들으면서 성장한 아이는 자신감이 없고, 심한 경우 자기 자신을 싫어하고 열등감에 빠지게 된다. 그리고 더욱 큰 우려는 삼각관계 속에서 성장한 자녀는 결혼해서 친밀한 관계에 있는 배우자나 자녀에게 자신의 상처를 전이하게 된다.

빚을 어느 정도 갚게 되고 신앙 생활로 피폐해진 마음이 많이 회복되자 현준이 어머니는 그동안 방치해 둔 현준이에 대한 미안함과 죄스러움을 만회하기 위해 학교에서 학부모회 활동을 한다고 하셨지만 그것은 본인이 선택한 사랑의 방법이지 현준이가 원하는 것는 아니었다.

현준이는 엄마가 학교에 오셔서 자모회 활동을 하는 것보다 집에 갔을 때 자신을 반겨주고 맛있는 음식을 만들어주며 하고 싶은 게임을 한 시간이라도 더 허용해주는 것이 좋다고 했다.

하나의 예로, 현준이가 시장에서 값싸고 마음에 드는 청바지를 사달라고 하자 예전보다 경제 사정이 나아진 현준이 어머니는 "그건 싸구려라서 안 돼!" 하며 일축하고 리바이스 청바지를 사와서 입으라고 강요했다. 그러자 현준이는 평소의 행동과 다르게 그 청바지를 갈기갈기 찢어버렸다. 그 이유를 묻는 나에게 "그 청바지만 봐도 속에서 불이 나요. 맨날 자기 마음대로 다 하고…… 내가 원하는 것은 무시하고…… 그래서 찢은 거예요."라고 대답했다.

부모 중 대다수가 자기 방식대로 자기가 좋아하는 일을 하면서 자식들에게 '널 위해 노력했다고, 사랑했다고' 우기는 것은 아닌지 깊이 생각해봐야 할 것이다.

엘레강스 샘, 이제 그만 하시죠

2년 후 나는 초등학교에 입학했다. 엄마는 외갓집에 내 생활비만 보낼 뿐 학교에서 엄마를 오시라고 한 날은 외할머니가 대신 오거나 고모가 와주시곤 했다. 하지만 학교 행사 때마다 친구 엄마들이 예쁘게 꾸미고 오셔서 선생님과 담소를 나눈 후 손 잡고 행복하게 집으로 돌아가는 모습을 볼 때면 내가 로봇이 아니고 뜨거운 심장을 가진 인간으로서 참기 어려운 슬픔이 울컥 하고 올라왔다. 그런 날이면 나는 괜히 심술을 부려서 외할머니께 야단을 맞곤 했다.

〈**나무 그림**〉 좁은 기둥은 자신감의 결여를 나타내고, 수관에 달린 열매로 되고 싶고 갖고 싶은 욕망의 정도를 측정해볼 수 있다. 뿌리 부분의 혼란된 표현을 보면 어린 시절이 내부에 질서를 잡지 못하고 있음을 알 수 있다.

나는 16년 전인 1985년에 태어났다. 태어나서 지각이 생긴 후에 보니 방 한 칸짜리 집에서 살고 있었다. 그때는 큰 집도 있는데 왜 이런 집에서 살까 하고 이상했는데 지금 생각해보면 부모님의 능력이 그것밖에 되지 않았던 것이다. 그래도 나는 철없이 좋았다. 아버지와 엄마와 함께 살았고 내가 하는 일이란 하루 종일 놀기만 해도 되었으니 말이다. 하지만 여섯 살 때 아버지가 돌아가셨다. 노름을 같이 하던 친구와 언쟁을 하다가 싸움 끝에 쓰러지신 게 원인이었다. 평소에도 술과 노름으로 엄마 속을 많이 썩였던 아버지는 바로 엄마를 가장 힘들게 했던 그 이유로 돌아가신 것이다.

그 후 나는 엄마와 떨어져서 외할머니 댁에서 살게 되었다. 엄마는 아버지가 돌아가시자 당장 먹고 살 길이 막막해서 직장에 다니게 되었기 때문이다. 나는 엄마와 떨어져서 사는 것이 싫다는 마음은 있었지만 선택의 여지가 없는 상황이어서 몇 번 훌쩍거리긴 했어도 그냥 현실을 받아들였다. 과일도 상처 난 것이 빨리 익고 사람도 힘든 일을 먼저 겪은 사람이 싫어도 철이 빨리 드는 것 같다. 그래도 지금 생각해보면 나 딴에는 마음고생을 많이 했다. 한참 떼도 부리고 어리광도 부릴 나이에 외갓집 눈치를 보았으니 말이다.

2년 후 나는 초등학교에 입학했다. 엄마는 외갓집에 내 생활비만 보낼 뿐 학교에서 엄마를 오시라고 한 날은 외할머니가 대신 오거나 고모가 와주시곤 했다. 하지만 학교 행사 때마다 친구 엄마들이 예쁘게 꾸미고 오셔서 선생님과 담소를 나눈 후 손 잡고 행복하게 집으로 돌아가는 모습을 볼 때면 내가 로봇이 아니고 뜨거운 심장을 가진 인간으로서 참기 어려운 슬픔이 울컥 하고 올라왔다. 그런 날이면 나는 괜히 심술을 부려서 외할머니께 야단을 맞곤 했다.

그런데 초등학교 5학년 어느 날 엄마가 나를 찾아오셔서 아빠가 필요하지 않냐며 넌지시 물어보았다. 나는 솔직히 하나도 새아빠가 필요하지 않았지만 "싫다."고 대답해도 엄마가 내 의사를 존중해줄 것 같지 않아서 마음속은 싫다고 아우성치는데도 아무 말도 하지 못했다.

〈인물화〉 생략된 눈동자는 정서적인 미성숙과 퇴행의 증후를 알 수 있게 하고 현실을 직면하기보다 회피하려는 성향이 있음을 시사한다. 넓게 벌어진 발은 권위에 대한 도전심리와 불안감과 외부 충격에 대해 대비하려는 심리적인 사인이고 안정감에 대한 욕구다. 발을 그리지 않고 생략한 것은 자신에게 지지대가 되어줄 부모님의 부재로 인한 불안정한 가정환경의 상징적 표현이다.

일 년 후 내가 6학년이 되던 해, 드디어 엄마는 재혼을 했다. 그때 나는 친아버지가 돌아가셨을 때보다 훨씬 큰 충격을 받았다. 내가 세상 밖으로 버려진 느낌, 배신감, 내 운명에 대한 슬픔으로 한동안 정신을 차릴 수 없이 혼란했다. 내가 중학생이 되면 데리러 오겠다고 한 엄마의 약속 때문에 그동안 힘들고 억울한 것도 참을 수 있었는데 이제 나는 그야말로 끈 떨어진 매가 된 것이다. 엄마가 재혼한 후 나에게는 '소년가장'이라는 새로운 수식어가 붙었다. 처음에는 너무 창피했지만 그 수식어 때문에 동사무소에서 쌀 배급도 나오고 학비가 나와서 엄마가 부담을 덜게 되었으니 좋은 일(?)이라고 스스로를 위로하곤 했다.

엄마의 재혼으로 중학교 때도 외할머니, 외할아버지 그늘에서 못 벗어나고 있던 나는 두 분과의 세대 차이 때문에 숨이 막힐 것 같았다. 사람이 말이 통하지 않아도 숨이 막힐 수 있다는 것을 그때 처음 경험했다. 그래도 그 두 분의 보살핌으로 이만큼 자랐으니 고마운 마음도 당연히 든다. 그런데 중학교 과정을 한 학기 남기고 할아버지가 심장마비로 돌아가셨다. 나는 엄마의 재혼 이후로 가장 큰 상실감을 맛보았다. 할아버지가 돌아가신 후 할아버지가 마음에 들어 하지 않던 경기도에 사는 큰외삼촌이 올라와서 지금까지 같이 살고 있다.

큰외삼촌은 할아버지가 돌아가시고 나자 재산의 반은 다 가져가고 외갓집에서도 가장으로 군림한다. 나도 자기 자식하고 비교하면서 사사건건 비난한다. 할아버지가 돌아가셔서 슬프기도 하지만 제일 아쉬운 것은 큰외삼촌으로부터 나를 보호해주시고 역성을 들어주시던 분이 안 계신 것이다.

나는 요즘 빨리 고등학교를 졸업하고 싶다. 그러면 국가에서 소년가장에게 나오는 8평짜리 시영아파트를 분양받아서 독립하고 싶다. 나는 주위 사람에게 이런 대우를 받을 때마다 내 존재가 기추장스럽고 왜 태어났을까 하고 수도 없이 되뇐다. 그래서 나는 중학교 3학년 때까지 살기 싫고 죽고 싶을 때가 더 많았다. 엄마도 내가 없어지면 남의 집에 시집가서도 내 용돈까지 챙기야 하는 수고를 덜 수 있을 텐데 하는 생각을 하면 괜히 눈물이 나고 일찍 돌아가신 아버지가 원망스럽다. 〈후략〉

진호(가명, 17세)를 처음 보았을 때 나는 단번에 심한 거부감을 느꼈다. 열일곱 살의 소년다운 모습은 찾아볼 수 없고 중늙은이같이 축 늘어진 몸놀림과 튀어나온 배 아래 벨트를 걸친 모습이 영락없는 '애 아버지' 같은 모습이었다. 거기다가 수업 중에 삐딱하게 앉아 있는 태도와 시니컬한 표정으로 수업을 듣고 있는 모습에 한 대 갈겨주고 싶을 정도로 반감이 들었다. 그런 데다가 수업이 끝나기 10분 전쯤 되니까 "선생님! 그만 하시죠."라고 초를 치고 나오는 데는 내 인내력이 한계를 넘어버렸다. 결국 첫 수업 시간에 내 트레이드 마크인 '엘레강스 선생님'의 이미지를 잠시 잊고 협박(?)까지 하게 되었다.

"야! 내가 일 년간 너를 예의 주시할 거야! 나는 공부 못하는 학생은 용서가 되어도 예의 없는 학생은 절대로 못 참아. 왜냐하면 예의 없는 사람은 다른 사람들의 자아존중감에 흠집을 내기 때문이지. 앞으로 몸조심하는 게 좋을 거야."

이렇게 선전포고를 하고 그 시간을 마쳤다. 그러던 어느 날 미움이 연민과 애정으로 바뀌는 전환점이 생겼다.

나는 매년 새로운 학생들을 만나면 시범적으로 한 가지씩 교육효과를 측정해보는 습관이 있다. 그래서 올해는 (2001년) 내 교과가 수학이지만 기본 베이스에 문장 이해력이 없으면 고등 수학도 못한다는 나름대로의 신념으로 스토리 텔링 형식의 독서 자료를 본 수업 전 도입 시간에 배부해서 마인드 컨트롤도 시키고 문장 이해력과 함께 감수성 훈련도 할 수 있도록 시도해보았다. 진호가 있는 반에 독서 자료를 처음 주고 난 뒤 이 문제의 요주의(?) 인물에게 관심이 갔다. 그런데 그 순간 나는 진호를 바라보던 이제까지의 부정적인 시각이 연민과 안타까움으로 바뀌게 되었다.

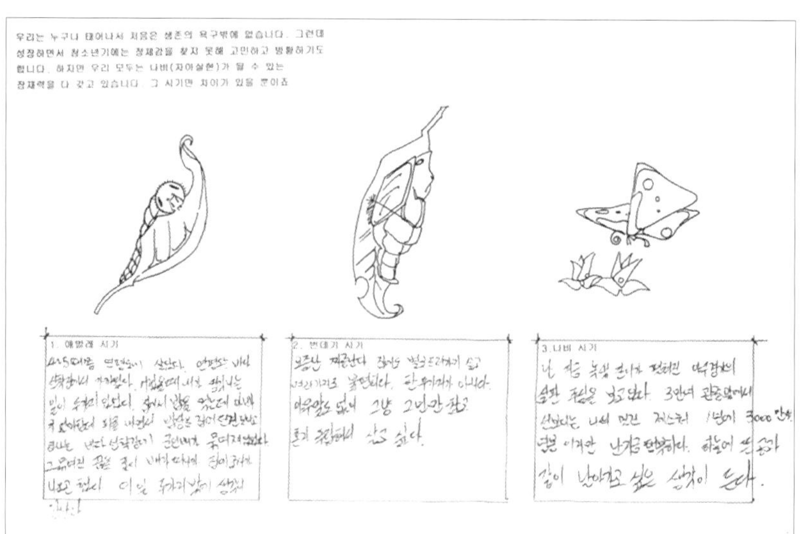

〈애벌레에서 나비가 되기까지〉 이 프로그램은 2001년 소년원에 입소한 청소년들의 성격과 행동을 개선하기 위해 경찰청이 공모한 교육 프로그램에서 전국 우수상을 받은 것이다. 『꽃들에게 희망을』(트리나 포울러스)'에서 모티브를 얻어서 청소년기 긍정적인 자아정체감을 성취하고 자아실현 욕구를 촉진하기 위한 것으로서 애벌레 시기는 7세 이전의 가장 인상 깊은 추억을 쓰게 하고, 번데기 시기는 욕구의 좌절 및 성장의 고통을 표현하도록 했다. 그리고 나비 시기는 정상에 있는 자신의 모습을 상상하게 하고 그때의 상황을 미리 현재완료형으로 써보게 한 후 콜라주로 꾸며서 꿈을 시각화시키게 했다.

〈나비 시기를 콜라주로 꾸민 것〉 진호는 이 프로그램을 제일 좋아한다. 버러지 같다 생각해오던 자신의 처지에서 꿈을 갖게 해주었기 때문이다. 진호는 점심 값을 아껴서 야구장에 갔다. 그러면서 야구 심판만 된다면 아무것도 부러울 게 없다고 말했다. 매슬로가 말한 자아실현 욕구를 자극하기 위해서 만들어진 이 프로그램에서 미래의 자신의 모습을 야구장에서 멋있게 심판으로 활약하고 있는 것으로 표현했다. 그 다음은 돈을 벌어서 개인 야구장을 갖는 것이 꿈이라고 말했다.

독서 자료를 읽고 진호가 쓴 답을 보니까 아버지가 여섯 살 때 돌아가시고 엄마는 초등학교 6학년 때 재혼하셨다는 것, 그리고 자신이 차라리 없었더라면 엄마에게 짐스러운 존재가 되지 않았을 것이라는 솔직하고 슬픈 내용이 적혀 있었다. 나는 그 순간 퍼즐 조각을 다 맞추지 않아서 이상한 형태의 사물로 보이던 그림이 확연하게 연관을 지으며 내 시야로 들어오는 것을 느꼈다. 나는 정중히 진호에게 사과했다. 내 안목이 좁은 것에 대해서, 잘 알지도 못하면서 부정적으로 단정해서…….

그 후 진호는 봇물 터지듯이 자신의 감정을 나에게 털어놓았다. 여섯 살 이후 엄마 없이 외갓집에서 눈치 보고 자란 이야기와 중학생이 되면 꼭 함께 살 수 있다고 했던 엄마의 말을 믿고 모든 것을 참았는데 초등학교 6학년 때 갑자기 개가한 일로 입은 충격, 새아버지 본가에서 자신을 싫어한다는 이야기 등.

나는 그냥 진호의 이야기를 잘 들어주었다. 왜냐하면 그 방법이 나로서는 최선이었기 때문이다. 진호는 일주일에 다섯 시간 들어 있는 수학 시간마다 한 장씩 하는 독서 자료를 참 좋아했다. 특히 솔직한 성품에다가 문장력도 있어서 스펀지가 물을 빨아들이듯 그 내용을 좋아했고 감정이입도 잘 되었다. 처음에는 수학 교과의 기초 교육으로 활용하려던 독서 자료가 진호를 치유시키고 비전을 갖게 해주는 계기가 된 것이다. 이런 것을 보고 '삶의 신비'라고 하나 보다. 내가 새 한 마리를 겨냥한 것이 두 마리, 세 마리의 새를 명중시킨 셈이다.

진호는 작년 10월 자신이 한 독서 자료가 인생의 전환점이 되었고 정체성을 찾게 해주었다는 내용의 '나를 찾아가는 여행'이라는 글로 YWCA에서 주관한 청소년 문화 행사에서 금상(문화관광부장관상)을 수상하게 되었다. 수상식에는 진호 엄마와 다른 가족이 한 명도 참석하지 않아서 내가 가서 꽃다발도 주고 사진도 찍었다. 진호는 무안한지 자꾸만 "선생님! 제가 오시지 말랬어요. 아무도요."라고 몇 번이나 말했는지 모른다. 그 아이의 슬픔이 내 가슴에 전해져 와 콧등이 시큰거렸다.

진호는 학년이 바뀌어 나와 헤어지게 되자 나에게 자신이 현재 해줄 수 있는 큰 선물을 하고 떠났다.

이희경 선생님과, 가족들.
내가 야구 심판이 되면.
야구장 특별석에 앉혀 드릴 것을
약속 합니다
앞으로 10년 후. (2011년 6월 29일)

파라독스 중국 우화

"정현아! 선생님은 사람을 과정적인 존재로 본단다. 그 말이 무엇이냐 하면 사람은 어떤 한 사건으로 평생이 결정되는 것이 아니고 끊임없이 성장하고 변화해가는 존재라고 믿고 있다는 거야. 그래서 현재 네 모습도 고정적이 아니라는 거야. 그리고 너도 지금보다 더 나은 사람이 되고 싶지?"

〈나무 그림〉 그림에서 정현이의 자아상을 보면 가지 끝이 막혀 있는 것은 에너지의 축적을 나타내고, 용지 왼쪽으로 치우친 그림은 어머니와 더 밀착된 관계임을 보여주며 또한 내성적인 성향을 나타낸다. 나무기둥의 휘어진 부분은 삶이 위협받고 있다는 사인이고, 옆으로 불쑥 나온 가지는 충동적인 돌출행동을 시사한다.

	내 마음	아빠 마음	엄마 마음	[illegible] 마음	우리집
동물로 표현 한다면 어떻게...	소	누구보다 강한 동물		이세상에 없는 희귀한 동물	
색으로 표현 한다면 어떻게...	블루 블랙.	색이 선명한 다양색	흐린 주황색	까만 검정색	어둡지만, 밝게 되고싶은 티색.
감촉으로 표현 한다면 어떻게...	약간 꺼칠꺼칠함...	겉은 차갑지만 속은 따뜻한...	부드럽고 따뜻한 촉감	촉감을 느낄수 없는 어떤 느낌이 없는 감촉...	
날씨로 표현 한다면 어떻게...	구슬비가 내리는 우중충한 날씨	비가 억수같이 내리는 날씨	가을 날씨 (선선한 바람이 부는 날씨)	가을 새벽같은 날씨	비가 많이오되 촉촉한 땅이 있는 날씨
꽃으로 표현 한다면 어떻게...	한번도 보지못한 아름다운 꽃.	무성하게 피어있는 장미	누가 보아도 꺾어 가고 싶은 꽃.	아름답지 않을거 같은 묘한꽃.	아직은 피지못한 신비로운꽃
맛으로 표현 한다면 어떻게...	맛을 알수없는 아직 맛도 없다.	짠맛 (그냥 그렇게 생각한다)	맵고, 달고, 쓰고, 짜고, 모든 맛이 다나는 이상한 맛.	고소한 맛.	?

〈가족에 대한 상징적 표현〉 가족에 대한 상징적인 표현에서도 본인의 자아상이 부정적이고 아버지와는 갈등 관계에 있음을 알 수 있다. 그리고 엄마에게 느끼는 감정은 아버지에게보다 우호적임을 알 수 있어서 부모님의 이혼 후에 엄마의 부재로 겪었을 정현이의 마음고생이 전해져 온다. (이 검사를 하면서 가족들의 모습이 노출될까봐 전전긍긍하여 애매한 표현을 많이 했음.)

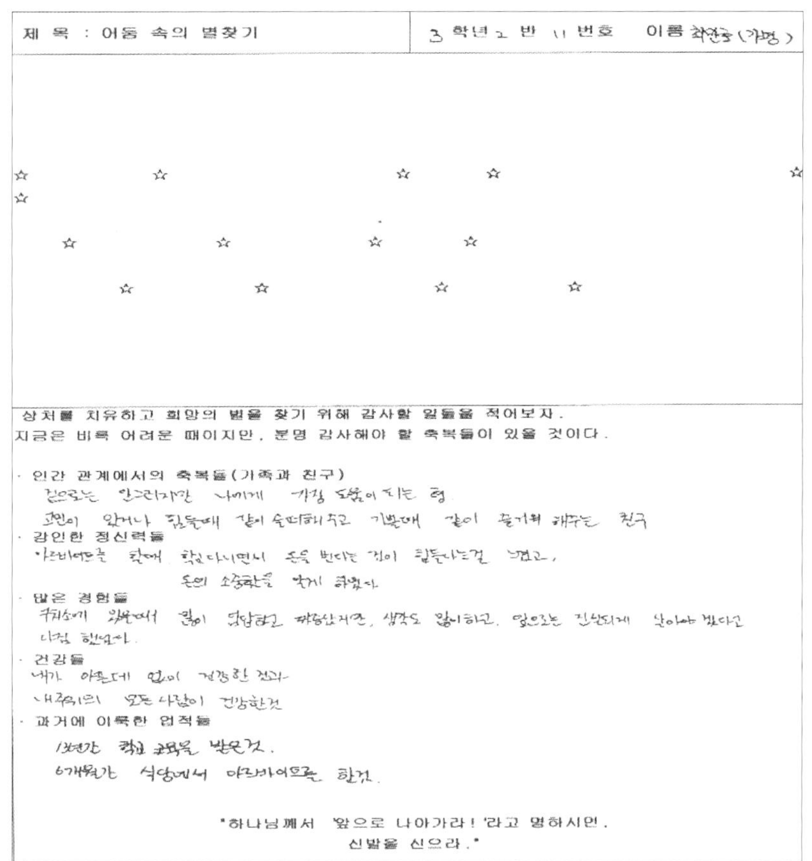

제 목 : 어둠 속의 별찾기 | 3 학년 2 반 11 번호 이름 [illegible](가명)

상처를 치유하고 희망의 별을 찾기 위해 감사할 일들을 적어보자.
지금은 비록 어려운 때이지만, 분명 감사해야 할 축복들이 있을 것이다.

· 인간 관계에서의 축복들(가족과 친구)
겉으로는 안그러지만 나에게 가장 도움이 되는 형
고민이 있거나 힘들때 같이 슬퍼해주고 기쁠때 같이 즐거워 해주는 친구
· 강인한 정신력들
아르바이트할때 학교다니면서 돈을 번다는 것이 힘들다는걸 느꼈고,
돈의 소중함을 알게 되었다
· 많은 경험들
구치소에 있을때 많이 답답하고 짜증났지만, 생각도 많이하고, 앞으로는 진실되게 살아야겠다고 다짐 했었다.
· 건강들
내가 아픈데 없이 건강한 것과
내주위의 모든 사람이 건강한것
· 과거에 이룩한 업적들
13년간 학교 교육을 받은것.
6개월간 식당에서 아르바이트를 한것.

"하나님께서 '앞으로 나아가라!'라고 명하시면,
신발을 신으라."

〈어둠 속의 별 찾기〉 '인간관계에서의 축복들'에는 겉으로는 안 그러지만 나에게 가장 도움이 되는 형과, 고민이 있거나 힘들 때 같이 슬퍼해주고 기쁠 때 같이 즐거워해주는 친구라고 썼다. '강인한 정신력들'에서는 아르바이트할 때 학교 다니면서 돈을 번다는 것이 힘들다는 것을 느꼈고, 돈의 소중함을 알게 되었다고 했다. '많은 경험들'에 쓴 내용은 구치소에 있을 때 많이 답답하고 생각도 많이 하고 앞으로는 진실하게 살아야겠다고 썼다. '건강에 대한 축복'은 내가 아픈 데 없이 건강한 것과 내 주위의 모든 사람이 건강한 것을 축복으로 들었고, '과거에 이룩한 업적들'에서는 13년간 학교 교육을 받은 것과 6개월간 식당에서 아르바이트한 것을 자신의 업적으로 들었다.

이정현(가명)은 경제적인 궁핍과 중학교 2학년 때 거의 매일 싸우다시피 하던 부모님이 이혼하게 되자 방황의 길로 들어서서 속칭 품행 장애아가 된 학생이다.

나쁜 친구들과 어울려서 술 마시고 담배 피우고 고등학교 1학년 때는 무단결석을 40일이나 해서 담임선생님께 자퇴 권유도 받았다. 그뿐만 아니라 반에서 약한 아이들을 괴롭히고 돈도 뺏는 '문제아'였다.

고등학교 2학년 때는 학기 초에 술 먹고 길에서 행인과 시비가 붙어서 폭행으로 구속되었으나 운 좋게(?) 훈방 조치되었다. 그러나 현충일 날 친구와 술 먹고 돈이 모자라자 술집 주인이 돈을 빨리 내라는 독촉에 행패를 부리는 사건이 또다시 생겼다. 급기야는 술집 주인도 참을 수 있는 한계를 넘었는지 미성년자에게 술을 판 약점이 있는데도 불구하고 자신에게 돌아올 불이익을 감수하며 경찰에 신고했다. 그 일로 인해 정현이는 학익동 구치소에 일주일간 있다가 안양감별소에 3주일간 수감되는 원하지 않은 경력을 갖게 되었다. 그 기간 동안 친구 세 명과 함께 안 그래도 경제적으로 어려운 부모님께 변호사비로 천만원, 합의금으로 400만원을 내는 부담을 안겨드렸다. 그러고 나서 재판에서 사회봉사명령 200시간 판결을 받은 후 석방되었다.

석방 후 정현이가 학교에 돌아오자 담임선생님은 벌 주고 때려서라도 고쳐보려 했으나 아무런 행동의 변화가 없어 결국 그곳(교도소)까지 갔다 왔다며 제발 좀 도와달라고 부탁해와서 정현이를 만나게 되었다. 그림을 그리는 것보다는 책을 읽는 것을 좋아하고 독해력도 있어서 나무 그림 검사와 가족에 대한 상징적 표현 그리고 SCT(문장성 검사)를 한 후 독서 자료를 활용하기로 했다.

나는 정현이와 면담을 한 후 '내담자의 자원'이라는 영역에 (1) 어휘 이해력이 있다, (2) 건강하고 잘생겼다, (3) 13년간 학교 교육을 받았다, (4) 양친 부모가 모두 계시다, 라고 정현이 보는 데서 태연하게 썼다.

그러자 정현이는 "저에게 이런 장점이 있었어요? 그리고 13년간 학교 교육 받은 것이 무슨 자원이에

요? 누구나 다 하는 건데요." 하고 물었다.

"네 눈에 보이지 않는 것이라고 없는 것이 아니야. 나는 내가 느끼고 본 대로 썼을 뿐이야. 그리고 누구나 태어나서 일정한 연령이 되면 습관적으로 가는 '학교 다닌 것'을 자원이라고 쓰니까 이상하니? 한 가지 예를 들어볼게. 네가 학교를 다녀서 자원이라는 어려운 단어의 뜻도 아는 거잖아. 그리고 앞으로 갖게 될 직업에 대한 준비도 되니까 당연히 네가 가진 자원이지. 네가 고등학교만 졸업하고 한 달에 받는(또는 버는) 월급이 100만원이라고 하면 20년 동안 버는 돈이 2억 4천만원이 되거든".

그때 정현이가 짓던 표정을 이 글을 읽는 독자들에게 보여드리고 싶다. 내 말에 이제까지 한 번도 알지 못했던 것을 갑자기 깨달은 듯이 '아 - 하'라는 표정으로 나를 쳐다보았다. 정현이의 상담 결과가 희망적일 것으로 예감되었다.

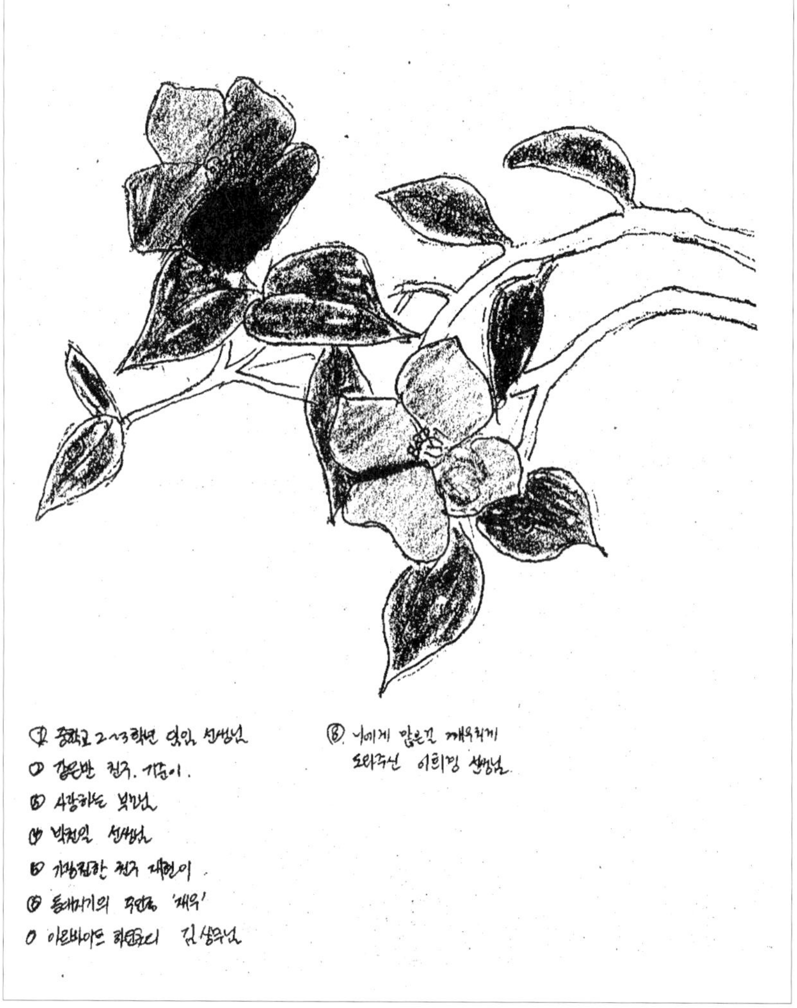

"정현아! 선생님은 사람을 과정적인 존재로 본단다. 그 말이 무엇이냐 하면 사람은 어떤 한 사건으로 평생이 결정되는 것이 아니고 끊임없이 성장하고 변화해가는 존재라고 믿고 있다는 거야. 그래서 현재 네 모습도 고정적이 아니라는 거야. 그리고 너도 지금보다 더 나은 사람이 되고 싶지?"

〈붉은 꽃과 푸른 잎〉 붉은 꽃이 돋보이고 피기 위해서는 푸른 잎의 역할과 헌신이 없으면 안 된다는 것을 비유해서 현재 자신이 있기까지 헌신한 사람들을 푸른 잎에 쓰게 했다. 이 프로그램은 힘들 때 도움을 주었던 인적 네트워크를 상기시켜서 힘들 때도 결코 '혼자'가 아니라는 것, '소중한 존재'라는 것을 깨닫게 해주려고 만든 것이다.

나와 만나면서 성장하고 싶은 것을 말하라고 했더니 (1) 자신감을 기르고 싶다, (2) 끈기를 기르고 싶다, (3) 성실해지고 싶다, 라고 썼다.

자신감, 끈기, 성실이라는 단어는 너무 크고 추상적인 개념이기 때문에 상담 목표로는 부적절하다. 그래서 정현이가 생각하는 자신감, 끈기, 성실성이라는 목표를 구체적이고 실현 가능한 목표로 다시 표현하도록 했다.

- 자신감 : 현재까지 너무 공부를 못해서 나 같은 놈은 대학 문턱에도 못 간다고 생각했는데 대

학에 적을 두고 공부하고 싶다.

－끈기 : 늘 말썽을 피워서 자퇴하고 정학도 당했는데 이번에 무사히 졸업하고 싶다.

－성실성 : 잦은 지각과 결석으로 담임선생님 속을 썩여드렸는데 지각과 무단결석을 하지 않겠다.

정현이는 이후 나와 함께 한 독서 프로그램 중 '어둠 속 별 찾기'라는 프로그램을 좋아했다.

"정현아! 이 프로그램을 하고 난 후 어떤 느낌이 드니?"

"처음에는 하나도 쓸 게 없었어요. 저는 억울한 일이 많고 받은 것은 하나도 없다고 생각했거든요. 그런데 선생님 말씀을 듣고 다시 생각해보니 저에게도 가진 게 있다는 것을 알게 되었어요."

상담 종료 프로그램으로 '붉은 꽃과 푸른 잎'을 하게 했다. 이 프로그램은『파라독스 중국 우화』에 나오는 우화 중에서 푸른 잎의 고마움을 모르고 자기가 더 잘났다고 뻐기는 붉은 꽃의 이야기를 프로그램으로 만든 것이다. 늘 당연하게 생각했거나 나에게 공기와 같은 존재여서 감사함을 느끼지 못한 대상을 자각하게 함으로써 자신이 얼마나 소중한 존재인지 느끼게 해주고 체감하게 하기 위하여 붉은 꽃도 색칠하고 푸른 잎도 색칠해보게 하였다. 그리고 각 잎사귀마다 고마운 분들을 떠올리면서 그분들을 쓰게 하였더니 (1) 중학교 2~3학년 담임선생님, (2) 같은 반 친구 기준이, (3) 사랑하는 부모님 (4) 박천일 선생님, (5) 가장 친한 친구 재현이, (6) 등대지기의 주인공 '재우', (7) 아르바이트하던 곳의 김상무님, (8) 나에게 많은 걸 깨우치게 도와주신 이희경 선생님이라고 썼다.

고3이 된 정현이는 예전보다 많이 안정되고 대학에 가기 위해서 노력하고 있다. 그리고 이혼한 부모님이 재결합하는 행운도 일어났다. 두 분은 떨어져 사는 기간에 아마 많은 것을 생각했을 것이다. 혹시 정현이가 나와 함께 한 프로그램 중 '어떤 폭풍우도 반드시 멎게 마련이다'를 기억하고 있을까?

정현이는 앞으로 살면서 또다른 폭풍우를 만나도 자신의 청소년기를 생각하면서 훨씬 의연하게 견딜 수 있을 것이다.

이 글을 쓰려고 자료를 정리하면서 정현이가 한 '나침반을 잃은 십대'를 보았더니, 내가 '방황했던 시절 이야기를 후배들에게 교훈으로 들려주세요.'라는 항목에 이렇게 써 있었다.

<누군가 나의 후배에게>

나는 예전에 우리 집도 마음에 안 들고 선생님도 싫고 하여튼 모든 것이 다 싫었다. 세상은 나보다 가진 것이 많은 사람들의 편인 것 같았다. 그래서 아버지와 선생님들이 싫어하고 하지 말라고 하는 일만 골라서 했다.

그 결과가 남들은 평생가봐도 못하는 곳까지 가게 되었다. 나는 그 곳에서 인간이라고 느끼기보다 한 마리 짐승이 되었다. 내 의지대로 한 발짝도 가지 못했고 부모님이 면회를 와도 수갑을 차고 죄수복을 입고 온몸을 노끈으로 묶인채 시간제한을 받아가며 만났다.

그래서 나는 그곳에 정말 오래 있고 싶지 않았다. 하지만 그런 어려운 일을 겪고도 내 마음속에 분노가 없어진 것은 아니다. 그냥 그 상황만을 빨리 피하고 싶었을 뿐이다.

나는 항상 억울하다는 생각을 떨쳐버릴 수가 없었다. 그런데 학교와서 학생과에서 교내 봉사를 하고 나자 담임 선생님께서 엘레강스 선생님께 보냈다. 나는 그저 빨리 벌이 끝나고 보통 학생으로 돌아가서 그저 그렇게 학교를 마치려고 했다.

그러다가 엘레강스 선생님과 생전 해 보지 않았던 것을 하면서 내 스스로가 답을 찾게 되었다. 내 상황은 전혀 변한 것이 없는데도 그것을 대하는 내 모습은 과거의 내가 아니고 스스로 생각해도 성숙해진 것이다. 예전에 내 생활이 나침반을 잃어버리고 좌충우돌 한 것이라면 요즘의 나는 내 삶에 나침반을 다시 찾은 느낌이다.

너희들은 나 같지 않고 자기관리를 잘하겠지만 혹시라도 나처럼 방황하고 있다면 큰 상처를 받기 전에 너희들이 존경하는 누군가에게 도움을 받도록 해라. 그것이 너희들 자신을 아끼는 길이다.

다시 돌아온 서동, '아하……'

아빠 생각해서, 친구들 생각해서 열심히 하고 싶은데 그게 마음대로 쉽게 되지가 않는다. 그래서 나 자신에게 너무 화가 난다. 난 지금까지 살면서 늘 나에 대해서 비관적이었다. 한번은 나 자신이 너무 싫어서 날 막 때린 적이 있었다. 머리도 벽에 박아가면서, 물건을 내 몸에 던져가면서, 나무 빗자루로 팔, 다리 부러져라 세게 내리치고…… 하지만 부러지기는커녕 멍만 잔뜩 들 뿐, 찢어져서 피만 날 뿐이었다. 이제 와서 생각해보면 내가 왜 그렇게 어리석은 짓들을 했는지 모르겠다.

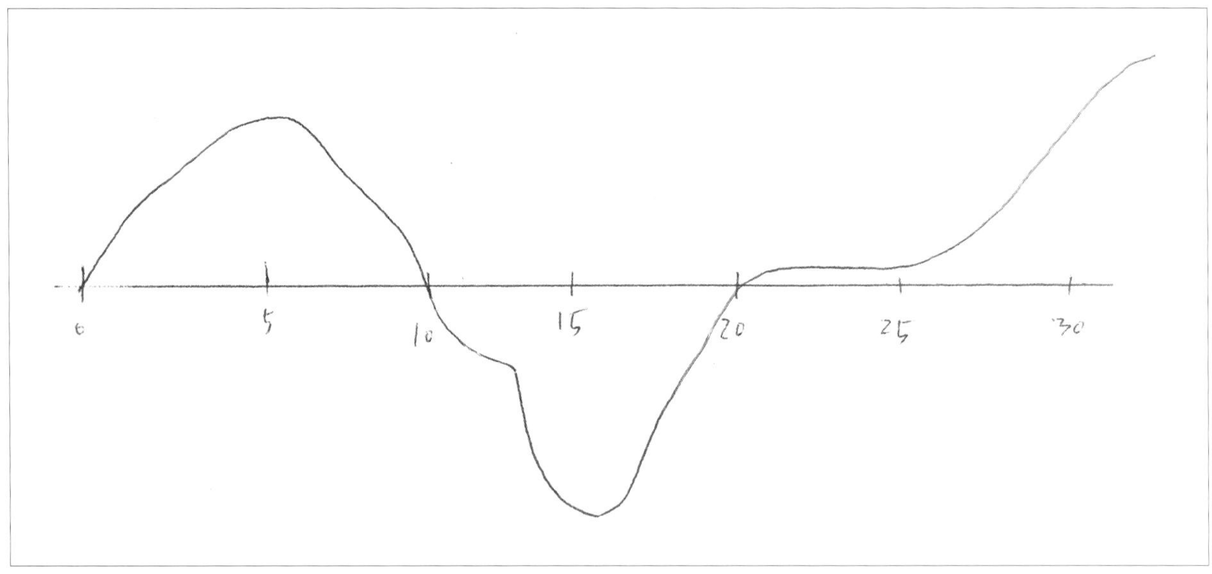

〈인생 곡선〉 인생 곡선을 그리게 했더니 태어나서 아버지가 부채 때문에 감옥에 가기 전까지 네 식구가 행복하게 산 시기를 절정 시기로 표현했고 그 이후부터 현재까지를 슬럼프 시기로 표현했다. 미래는 반드시 긍정적으로 표현하라고 했더니 마지못해 기준선 아래로 그리지 않은 것이다.

내 이름은 민소정(가명). 난 태어나서부터 14년 동안 산동네에 살았다. 산으로 둘러싸인 마을. 자연과 더불어 살기는 참 좋은 곳이었다. 이웃들끼리도 친가족처럼 친하고. 어릴 적 동네에서 개구쟁이로 불렸다. 그 이외에도 말썽꾸러기, 사고뭉치 등. 틈만 나면 애들 때리고 놀이오고, 옆 집에 놀러 갔다 하면 뭐 하나 망가뜨리고…… 그럴 때면 부모님은 늘 고개 숙이기 바빴다. 이렇게 재미있고, 즐거운 생활을 보내고 있는데 나쁜 일이 생겼다. 초등학교 5학년, 내 나이 열두 살 때 아빠가 제일 아끼고 친하게 지내던 동생한테 보증을 서주었다 그만 사기를 당한 것이다. 어린 나이라 사기를 당하면 어떻게 되는지 몰랐다. 며칠 후 아빠가 "아빠 어디 좀 오래 있다가 올게. 건강하게 잘 지내고, 엄마 말씀 잘 듣고, 오빠랑 싸우지 말고, 아빠 올 때까지 잘 있어야 한다."라며 눈물을 닦으셨다. 난 아빠가 출장 가시는 줄 알고 어린 마음에 맛있는 거, 예쁜 옷, 예쁜 신발 잔뜩 사오라며 어리광만 부렸다. 한 달이 지나고 두 달이 지나도 아빠는 오시지 않았다. 그러던 어느 날 엄마랑 오빠랑 다같이 버스를 타고 어딘가에 도착했다. 큰 건물, 많은 사람들, 건물 앞을 지키고 있는 경찰까지……. 엄마는 종이에 부인가를 쓰고, 부인가를 받아오더니 오빠와 내게 말했다. "엄마 말 잘 들어. 아빠가

〈나무 그림〉 둥글고 부드러운 인상을 주는 수관은 조울적 성격의 사람으로 기분은 밝고 사교적이지만 때로는 기분파의 면을 보이는 경우가 있다. 또한 타인에게 동조하며 동시에 평범하고 형식적인 사람임을 나타낸다. 나무 나이는 15세이고 기분은 쓸쓸하며 소원은 빨리 어른이 되는 것이라고 했다.

〈집 그림〉 집 분위기는 외롭다고 했고 2명이 사는데 현재 가족은 아니고 나중에 자신이 이룬 가정이라고 했다(흔히 원가족에게서 실망한 내담자들은 현재 자신이 속한 가정을 그리기보다 미래의 자신의 가정을 그리는 수가 많다). 이 집에서 작은 방이 자기 방인데 어릴 때부터 작은 방에서 살아서 크면 도리어 불안하다고 했다. 더 그리고 싶은 것은 풀, 나무, 구름, 굴뚝이라고 한 것은 현재는 어려운 형편 때문에 위축되어 있지만 원래 아름다운 것을 추구하는 성향이 있어서이다.

서기 안에 있어. 그러니까 놀라지 말고, 울지도 말고, 알았지?"라시며 눈시울을 붉혔다. 이상한 방으로 들어갔다. 아빠는 플라스틱 창문 안에 경찰 한 명과 죄수복을 입고, 많이 야윈 얼굴로 우릴 보며 웃으셨다. 이제야 상황 파악이 된 나. 사기를 당해서 구치소에 잡혀가신 것이다.

그렇게 일 년이 지났다. 그동안 많은 일이 있었다. 난 더 비뚤어지고 사고는 더 치고 다니고, 아빠와의 거리는 상당히 멀어졌다. 일 년이라는 시간이 생각보다 참 길었던 것 같다. 많이 통통했던 아빠가 살이 쏙 빠진 모습으로 내 앞에 나타났는데 뭐라 말을 해야 할지 눈앞이 캄캄했다. 아빠는 내 마음을 다 이해하신 듯 아무 말씀도 안 하셨다. 언제부터인가 혼자 있을 때면 울었다. 그냥 막 울었다. 왜 우는지조차 모른 채. 안 좋은 일의 연속. 친할머니께서 돌아가신 것이다. 병원에서 한 달 동안 기계에 몸을 맡긴 채 그렇게 계셨다. 날 너무나 예뻐해주셨는데 가슴이 아팠다. 이미 차가워진 할머니의 몸. 마음까지 시려왔다.

아빠가 출소하신 뒤로 싸우는 일이 부쩍 늘었다. 끝내 결심을 한 듯 아빠가 오빠랑 나를 불렀다. 엄마, 아빠 법적으로 이혼한 지 꽤 됐다며 이제부터 엄만 따로 나가서 산다고 말하셨다. 나 이제 중학교도 올라가야 되는데…… 고등학교에 올라가야 할 오빠는 어쩌라는 건지……. 더군다나 오빠는 한창 사춘기일 텐데 말이다. 그렇게 엄마는 한마디 말도 없이 짐을 싸들고 나가셨다. 그때부터 난 독해진 것 같다. 이를 악물고 중학교 생활을 했다. 중학교 2학년 때 친구들을 잘못 만나서 나쁜 길로 빠졌다. 여자 7명, 남자 7명이서 몰려다녔다. 공원에 가서 지나가던 학생들 불러서 때리기도 하고, 돈 뺏기도 하고, 술 먹기도 하고, 그러다 보면 새벽 1시, 2시에 들어가기 일쑤였다. 내가 생각해도 참 나빴던 것 같다. 그러다 아빠 생각해서 바르게 마음먹고, 중학교를 졸업해 인천정보산업고등학교에 들어오게 됐다. 초기엔 열심히 잘 다녔다. 아빠도 그런 날 보며 흐뭇해하셨다.

가끔 엄마네 집에 놀러 가면 자고 오는 날도 있었다. 그럴 때면 어떤 아저씨가 아침, 저녁으로 왔다 가신다. 하루는 엄마가 이사를 했다고 해서 어떤가 하고 집엘 가보니, 그때 그 아저씨와 둘이서 이미지 사

〈인물화(남)〉 친구들이 많으며 얼굴은 아이인데 몸은 어른이라고 했다(얼마 전에 헤어진 남자친구를 그린 것임). 성격은 성실하고 순하다고 했으며 소원은 예쁜 여자친구가 생기는 것이라고 했다. 이 그림에서 손을 둥그렇게 표현한 것이나 눈과 귀를 그리지 않은 것 모두 대인관계의 부적절감을 시사한다. 각진 어깨는 방어적인 성격을 나타냄.

진 찍은 걸 액자로 크게 만들어서 걸어놓고 있었다. 어이가 없었다. 배신감마저 들었다. 너무 화가 났다. 엄마가 내게 사실대로 말하셨다. 엄마가 좋아하는 아저씨라고, 만난 지 오래됐다고, 엄마 좀 이해해달라고. 대충 눈치는 챘지만 정말일 줄이야. 충격이 컸다. 어떻게 맘 잡고 다니는 학관데……. 그런 엄마에게 소리 내 화를 낼 순 없었다. 그럼 엄마 완전 바보 되는 거니까. 나쁜 엄마 되는 거니까. 남들이 엄마한테 손가락질하는 건 싫으니까. "엄마가 그 아저씨를 만나든 말든 난 상관없으니까. 신경 쓰지 말고 만나." 라고 말해줬다. 그제야 엄마는 안심했는지 이젠 대놓고 내 앞에서 애정행각이다. 정말 엄마만 아니었다면 때렸을 정도다. 우리 아빠가 너무 불쌍해졌다.

아빠도 어느 정도 엄마의 외도를 아는 것 같다. 오빠는 전혀 모른다. 오빠 성격이 워낙 괴팍하고, 말릴 수 없는 정도라고 알았다면 엄마랑 그 아저씨는 지금쯤 병원에 입원해 있을지도 모른다. 오빠는 엄마를 싫어한다. 어쩜 자식새끼 보러 한 번도 안 올 수 있냐며. 솔직히 이름만 엄마지, 나도 별 감정 없다. 엄마 노릇 해준 건 하나 없으면서 뭐 잘났다고 바람피우며 자기만 행복에 겨워 사는 건지. 이젠 아주 그 아저씨랑 반지까지 낀 상태다.

어느 날은 반지, 팔찌, 목걸이, 귀고리를 꺼내 내게 보여주면서 자랑을 하기 시작했다. "이거 아저씨가 사준 건데 엄청 비싸. 반지는 49만원이고, 팔찌는 50만원, 목걸이는 24만원, 귀고리는 12만원"이라며 좋아서 입을 다물지 못한다. 그러면서 내 굳은 표정을 봤는지 "소정이도 하나 줄까?" 이런다. 정말 어처구니가 없었다. 그 아저씨가 사준 걸 내가 왜 하는지. 내가 미친 것도 아니고 말이다. 그런 엄마를 볼 때

〈인물화(여)〉 길게 풀어헤친 머리는 이성에 대한 호기심을 뜻하며, 가는 목과 둥근 어깨는 열등감 소심함을 시사한다. 귀를 생략한 것은 사회적 상황이나 감정 교류 상황을 회피하고 위축되는 경향이 있음을 반영한다.

면 너무 야속하고 밉다. 그래서 난 사람들이 엄마 있냐고 물어볼 때면 "저 엄마 없는데요."라고 대답한다. 정말 없는 거나 마찬가지니까 말이다. 아마도 살면서 엄마를 용서한다거나 그런 일은 없을 듯하다. 내가 가면 귀찮아서 짜증만 부리니까 말이다.

우리 반에 내가 좋아하는 남자애가 있다. 서로 많이 좋아하면서 지냈다. 정말 행복해서 유하성 얼굴 보러 학교에 다녔다. 유하성은 내게 참 특별한 남자였다. 첫사랑을 3년 반 동안 하다가 겨우 내 눈에 들어온 남자니까 말이다. 처음으로 손도 잡아보고, 포옹도 해보고, 키스도 해봤다. 그래서 내겐 정말 소중했다. 그러다 유하성이 날 차버렸다. 그것도 네 번씩이나 말이다. 등을 보이며 가는 유하성의 뒷모습을 보며 우리 집 대문 앞에서 한 시간 동안 울어버린 나였다. 처음에 헤어졌을 땐 정말 어쩔 줄 몰라서 술 먹고, 담배 피고, 학교에도 안 나가고 거의 매일같이 술에 의지하면서 살았다. 그러다 친구들의 위로와 도움으로 다시 학교에 나가긴 나갔는데 여전히 보기 힘든 유하성 얼굴이다. 이상하게 그 아이 얼굴만 보면 눈에 눈물이 고여서 화장실로 뛰어가 세수를 해야만 했다.

그래서 요즘 학교 다니는 게 더 힘들다. 공부하고자 하는 의욕도 없고, 교실엔 보기 힘든 유하성이 있고, 정말 날 지치게 만든다. '죽고 싶다'라는 생각을 정말 수도 없이 해봤다. 옥상 난간에도 서보고, 차에도 뛰어들어보고, 근데 그럴 때면 가장 친한 친구이자, 내 속까지 다 꿰뚫어보는 친구 보경이가 생각나서 멍하니 서서 울 뿐이었다. 아빠 생각해서, 친구들 생각해서 열심히 하고 싶은데 그게 마음대로 쉽게 되지가 않는다. 그래서 나 자신에게 너무 화가 난다. 난 지금까지 살면서 늘 나에 대해서 비관적이었다. 한번은 나 자신이 너무 싫어서 날 막 때린 적이 있었다. 머리도 벽에 박아가면서, 물건을 내 몸에 던지가면서, 나무 빗자루로 팔, 다리 부러지라 세게 내리치고…… 하지만 부러지기는커녕 멍만 잔뜩 들 뿐, 찢어져서 피만 날 뿐이었다. 이제 와서 생각해보면 내가 왜 그렇게 어리석은 짓들을 했는지 모르겠다.

담임선생님의 소개로 상담이란 걸 처음 해봤다. 처음엔 조금 많이 꺼림칙했는데 속마음을 다 말하고 나니 한결 마음이 가벼워진 것 같다. 상담 선생님으로부터 마음의 위로는 받았지만, 그러기엔 위로되지 않는 상처들이 너무 많은 것 같다. 앞으론 내가 뭘 좋아하고, 뭘 하고 살아야 할지를 찾아야 할 것 같다. 정말 학교 안 가는 내 모습을 거울로 보면 '민소정 너 인생 정말 많이 타락했구나.'라는 생각을 했는데, 이제부턴 거울을 보면 '민소정 지금처럼만 학교 잘 다니자.'라는 생각을 하게 됐으면 좋겠다. 아직 살아갈 날이 많은 만큼 나 자신을 위로하며 용기를 불어주며 그렇게 힘들지 않게, 우는 날보다 웃는 날이 더 많도록 그렇게 살아가는 게 내 바람이자, 마지막 소원이다.

민소정(17세), 만성지각과 무단결석으로 지도하기가 힘들다며 담임선생님이 도움을 요청한 아이다. 선생님은 소정이의 배경을 설명하시면서 아이는 정말 예의바르고 친절해서 나무랄 데가 없는데 학교생활에 의욕이 없다고 설명했다. 그 말대로 소정이는 센스가 있어서 다른 사람을 기분 좋게 하는 특별한 재능을 가진 학생이었다. 표정이 밝고 말도 예의바르게 해서 선생님의 속을 썩인다는 것이 믿어지지 않을 정도였다. 그런데 코 왼쪽 부분에 피어싱을 했고 손가락에는 3개의 반지가 번쩍거려서 외모는 요즘 '논다는' 학생들의 전형적인 모습이었다.

소정이의 현재도 어려운 가정형편과 부모님의 이혼, 성숙하지 못한 엄마의 처신, 그리고 이유도 모른 채 절교를 선언한 남자친구로 인해 아직도 현재 진행형인 아픔을 가지고 있었다. 그걸 풀어내기 위해 '고통의 흔적'이라는 미술치료 프로그램을 적용했다.

먼저 4절 도화지를 8등분으로 나누어 24절 8장을 만든다. 각 장마다 우측 상단에 일련번호를 매긴다. 첫번째 도화지에 수채화 물감 중 자신의 고통을 상징하는 색을 고르게 하고(소정이는 검은색을 골랐다. 이유를 묻는 나에게 "어두워서요. 제가 어렵고 힘들 때 떠오르는 색은 검정색이거든요."라고 한다) 그 물감을 짜서 자유롭게 표현하게 한다. 물감으로 표현을 끝내면 2번, 3번…… 8번 차례로 모노 프린트 형식으로 1번 그림에 포개서 찍어낸 후 탁자에 일렬로 펼쳐놓게 한다.

소정이에게 1번 그림에 대해 물었다. "초등학교 때 엄마와 아버지가 몸까지 밀치면서 매일 싸우면 저와 오빠는 옆방에서 무서움에 떨며 잠들었거든요. 가끔씩 벽에 부딪치는 소리가 '쿵' 하면서 들리고 공포영화가 따로 필요 없었어요. 그래도 학교 가서는 티를 안 내려고 밝은 척 친구들과 잘 어울렸지만, 생각해보면 이유 모를 짜증을 많이 냈던 것 같아요.

제목은 '암흑'이라고 붙이고 싶다고 했다. 힘들 때 온통 앞이 안 보이며 깜깜해진다고 덧붙였다.

현재 감정은 몇 번에 해당되냐고 묻는 질문에 의외로 아직 2번이라고 답했다. 원래는 많이 흐려졌는데 어젯밤 외할아버지가 집에 오셔서 안방에서 아버지와 말씀하시는 걸 잠결에 들었고, 이제까지는 부모

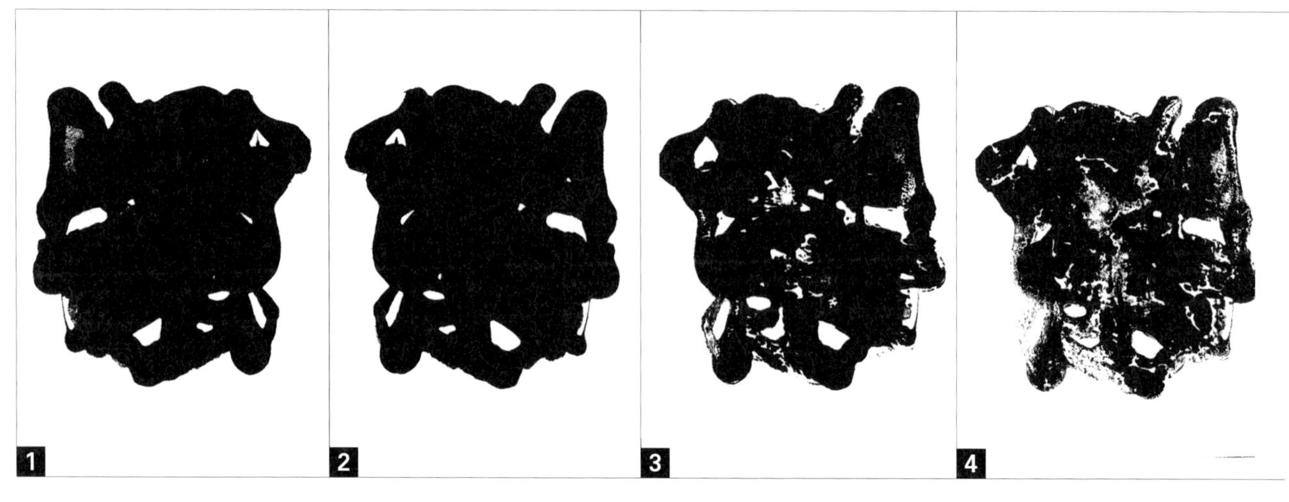

님이 사이가 안 좋으셔서 이혼한 것으로 알았는데 두 분 사이에 오가는 대화를 들으니 엄마가 남자에 미쳐서 자기들을 버린 것을 알게 되었다며 눈물이 나오는 것을 억지로 참았다고 했다. 요즘 아버지는 엄마에 대한 배신감 때문인지 잠을 잘 못 이루시면서 새출발을 하고 싶지만 소정이가 상처받고 흔들릴까봐 안 한다고 하신다며 자기는 아버지를 봐서도 바르게 살아야 하는데 그게 쉽지가 않다고 말했다.

외과 수술을 해도 시간이 지나면 아무는 것처럼 10년 후면 어느 정도에 가 있을 것 같냐는 나의 질문에 "6번이요. 그것도 굉장히 힘들게 노력해야만 그렇게 되겠죠."라고 자신 없이 말했다.

"선생님이 어제 '서동요'라는 드라마를 보니까 부여선(백제 왕족)의 모략으로 신라로 피신한 백제 태학사 식구들이 신라 산속 깊은 곳에서 다시 '하늘재'를 세우고 백제에 있을 때와 같이 엄격한 수련 생활을 하는데 엄마의 죽음을 어린 나이에 목격한 서동은 반항적이고 기질상 모험심도 강해서 하늘재의 규율을 번번이 어겼어. 그러다가 여러 가지 우여곡절을 겪은 끝에 다시 하늘재로 돌아와 목라수 박사 앞에 무릎을 꿇고 이제야 자신이 할 일을 찾았다며 "이제 저는 상황에 나를 맡기지 않고 제가 상황을 주도할 겁니다."라는 멋진 말을 해서 감동을 받았거든."

소정이의 눈이 빛나며 내가 왜 그런 비유를 하는지 아는 듯이 고개를 끄덕였다.

"선생님은 너의 엄마나 아버지를 변화시킬 수 있는 영향력은 없어. 하지만 너에게 이런 말은 하고 싶다. 이제는 부모님의 행동에 실망해서 방황하고 학교에 오지 않고 네 처지를 비관해서 죽고 싶은 그런 생각과 행동을 멈췄으면 한다는 거야. 그렇게 상황에 휘둘려서 여기까지 온 것이 약오르지도 않아?"

여기까지 말했을 때 소정이는 '아하- 하는 표정을 지으며 깊이 깨달은 것 같았다.

"왜 그분들의 어른답지 않은 행동에 네가 찢기고 상처받고 너를 파괴하는 행동을 하니? 엄마가 밉니? (고개를 끄덕인다.) 미운 사람에게 주는 가장 알맞은 선물은 보란 듯이 멋지게 사는 거야. 반듯하게 자라서 그런 행동을 한 엄마에게 자신을 돌아보게 하는 것이 삶에서 이뤄낸 아름다운 승리라고 생각하는데……."

소정이는 기분이 매우 맑아져서 아름다운 승리를 위해서 학교에 잘 나오겠다며 씩씩하게 상담실 문을 나섰다.

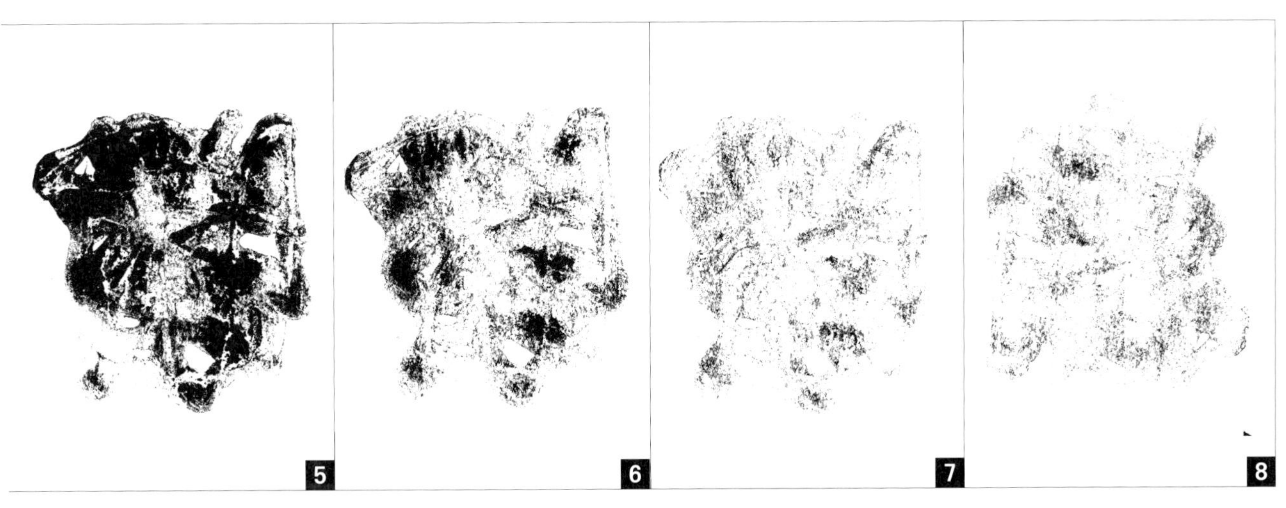

이런 빠르고 웅변적인 직면이 소정이에게 드라마틱한 변화를 가져온다고 생각하지 않는다. 하지만 오늘 내가 이런 어려움을 겪었으니까 이런 행동을 할 수밖에 없다는 자동적인 사고를 '모든 상황에서 선택은 너의 자유며 그러므로 상황의 주인이 되라.'는 쪽으로 돌려놓은 나의 말이 적지 않게 소정이의 스키마를 흔들어놓았을 것이다.

오빠가 내 위에 막 올라와요

순간 부성이 얼굴이 붉어지면서 많이 당황해하는 것 같았다. '아차!'했으나 이미 엎질러진 물이었다. 큰아버지의 입도 강조되고 말하는 상태로 그려진 것은 '언어폭력이나 강한 통제'에 대한 의미 있는 사인이다. 하지만 그 멘트까지는 꺼내지도 못했다. 그만큼 부성이 마음에서 셔터를 내리는 소리가 나에게 전달되어왔기 때문이다.

김부성(가명)은 인문계 고등학교 1학년 학생이다. 부성이 엄마는 역마살이 끼었는지 집 밖으로 돌고 급기야 돌아오지 않는 남편을 참고 인내하는 것이 너무 견디기 힘들어서 부성이가 세 살 때 시댁에 부성이를 맡기고 집을 나왔다. 그때 마침 부성이 큰아버지 내외에게 아이가 없었던 관계로 양자를 삼은 셈이다.

부성이는 14년간 큰아버지 슬하에서 자랐는데, 중3 때 더 이상 큰아버지 집에 있으면 미쳐버릴 것 같다고 난동을 피우는 사건이 생겼다. 그래서 부성이 엄마와 이모 내외가 부성이 친가에 호출되다시피 내려가게 되었다. 그때 부성이 이모는 큰아버지를 뵈면서 '완고하고 고지식한 사람' 이라는 이미지가 떠오를 만큼 숨이 막힐 것 같은 느낌을 받았다고 한다. 그런 여건 속에서 십수 년을 참고 견딘 부성이가 측은해서 "그러면 부족하지만 저희 집에서 데리고 있겠습니다."라고 자원해서 데려오게 되었다.

신촌 근처 대학가에서 호프집을 하며 인천 동생 집에서 사는 언니는 집에 안 들어올 때가 다반사이기도 하고, 자녀 교육이나 사람의 감정을 읽고 이해하려는 능력이 평소에도 부족했다. 그런 언니에게 부성이를 키우는 어려움을 하소연이라도 하면 "그러면 어쩌니? 네가 어떻게 좀 해봐라."라고 하는 것이 다였다고 한다.

친척이라고 해도 자기 가족 외에 다른 사람이 집에 있으면 그 안에서 일어나는 역동성이 상상 외일 경우가 많다. 하물며 부성이는 내가 한 초기 검사에서도 '마음이 아픈 환자'였다. 그런 조카를 데려다가 몇 번의 훈계와 관심으로 상식적이고 건강하고 따뜻한 사람이 되려니 기대한다는 것 자체가 무리인 것이다. 몸이 아픈 사람이 자기를 관리하고 다른 사람까지 배려할 여유가 없는 것처럼 마음의 상처(trauma)가 있는 사람도 마찬가지다. 내 상처를 보듬는 방법도 익히지 못한 상태에서 힘들고 불편한 상황에 대한 참을성과 다른 사람에 대한 배려를 기대한다는 것은 기초공사가 안 된 상태에서 고층 아파트를 지으려는 우(愚)를 범하는 것과 같다.

'동그라미 가족화'를 주고 그리라고 했더니 동그라미 가운데에 큰아버지를 그리고 주변에 대나무와 붓을 그려 넣었다.

"대나무는 무엇을 뜻하지?"

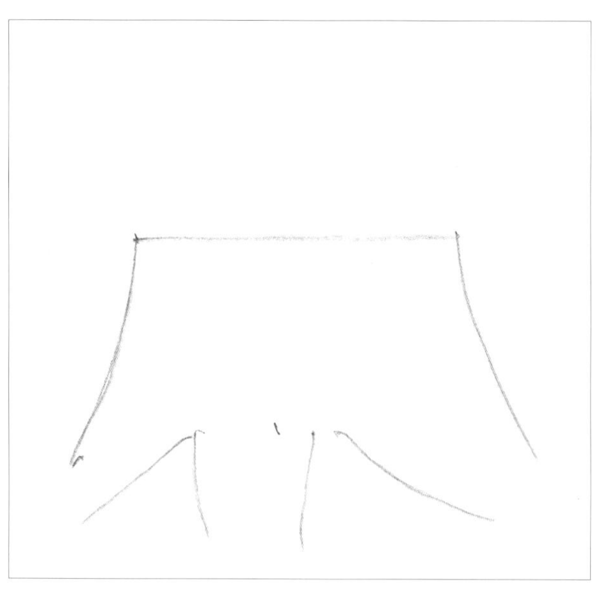

〈나무 그림〉 그루터기만 남게 흐린 필압으로 그려진 나무에서, 처음에는 부모에게 버려지고 큰아버지 슬하에서도 있는 그대로를 수용받지 못해 괴로워한 부성이의 고단한 세월을 느낄 수 있다.

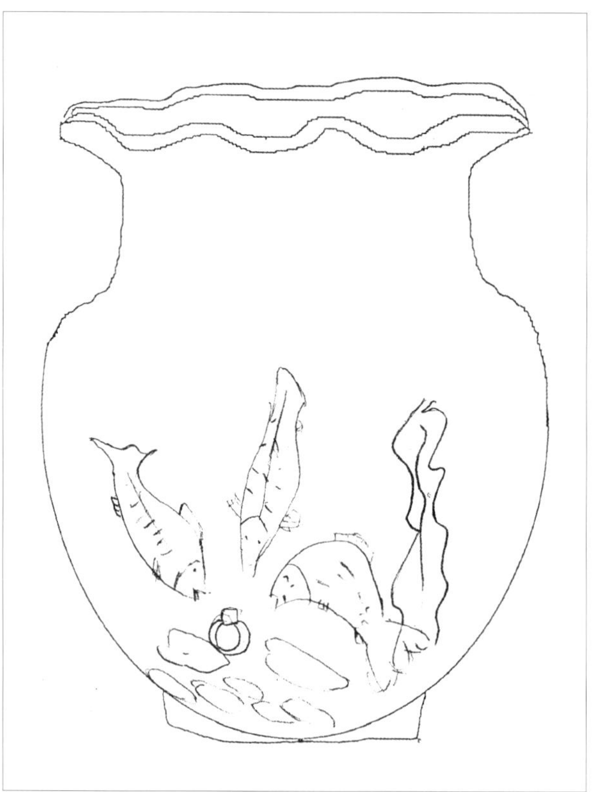

〈물고기 가족화〉 흩어진 가족들이 모두 모여서 '반지'를 보고 있는 모습을 그렸다. 반지는 약속에 대한 상징이며 서로를 감정적으로 결속시키는 것에 대한 상징이다. 부성이는 한 번이라도 가족이 모여서 집안 문제를 함께 의논하는 것을 경험하고 싶다고 했다.

〈인물화〉 60° 정도 벌어진 다리가 불안정한 부성이의 심경을 말해주고 있으며, 내려온 머리카락에서도 우울한 심정이 나타난다. 또한 강조되고 있는 끝이 날카로운 손가락은 자기 내부의 분노로 인한 공격성을 나타낸다.

"부러질지언정 휘어지지는 않는 거요."

"그렇구나. 지조가 높은 사람의 상징이지. 하지만 다른 관점에서 보면 사람들과 어울리기 어렵고 다른 사람들의 마음이나 생각을 이해하려는 노력이 부족한 점도 있으시겠구나."

"(놀란 표정으로) 어떻게 아셨어요?"

"선생님이 너희들 마음을 좀더 잘 이해하려고 공부를 했으니까 아는 거지? 그런데 붓은 왜 그렸어?"

"큰아버지가 붓글씨를 잘 쓰시거든요."

나는 그때 내가 본 것을 부성이가 마음의 준비가 되었을 때 직면하게 해주지 못한 것을 요즘도 가끔 후회한다. 나는 부성이가 너무 쉽게 자기 마음을 그림에 나타내는 것이 신기해서 그만 평정심을 잃어버렸다. 아직 마음의 준비가 안 된 부성이에게…….

"부성이는 큰아버지에게 부성이 마음에 들지 않은 방법으로 야단을 많이 맞은 것 같구나. 큰아버지를 너를 이해해주고 사랑해주는 사람으로 느끼지 않고 무섭고 훈계만 하는 사람으로 생각하고 있는 것으로 선생님은 해석이 되는데……."

순간 부성이 얼굴이 붉어지면서 많이 당황해하는 것 같았다. '아차!'했으나 이미 엎질러진 물이었다. 큰아버지의 입도 강조되고 말하는 상태로 그려진 것은 '언어폭력이나 강한 통제'에 대한 의미 있는 사인이다. 하지만 그 멘트까지는 꺼내지도 못했다. 그만큼 부성이 마음에서 셔터를 내리는 소리가 나에게 전달되어왔기 때문이다. 상담에서 '직면하게 해주는 것도 수용이다'라는 단계가 있긴 해도 내가 너무 성급했다는 자괴감을 지금도 떨칠 수 없다.

사실 부성이가 나에게 의뢰된 결정적인 이유는 이렇다. 부성이가 이모 집에서 살게 되면서 자연스럽게 두 조카와 같은 공간에서 부대끼게 되었는데, 어느 날 부성이 이모의 딸(올해 아홉 살이다)이 얼굴을 붉히면서 어렵게 털어놓는 내용이 부성이 이모를 경악하게 했기 때문이다.

"엄마 나 오빠가 싫어. 우리끼리 있을 때 내 위에 올라가서 숨 막혀서 죽을 뻔했어. 오빠 얼굴이 빨개졌는데 내가 막 싫다고 소리치니까 그만두긴 했거든……."

그 이후에 둘만 집에 있는 것을 피하도록 세심하게 신경을 썼지만 여간 불쾌하고 신경 쓰이는 것이 아니어서 고민 끝에 나에게 보낸 것이다. 아직 준비 안 된 부성이에게 직면을 성급하게 시도해서 두 번밖에 만나지 못했지만 '가면 그리기'에서도 뒷면에 "난 너무 바보 같다. 나 자신을 숨긴 채 다른 사람을 위해 웃고 있는 나…… 그런 나를 바라보며 한없이 움츠러드는 것뿐……" 이라는 짧은 문장들 속에서도 어렸을 때 충분하게 케어받지 못해서 자아가 한없이 약한데도, 주위 사람들에게 그 나이에 걸맞는 행동을 하기를 요구받으면서 내적 갈등을 겪고 있는 자신의 상황을 볼 수 있다.

두 번의 만남을 끝으로 연락도 없이 오지 않는 부성이에게 그래도 실낱같은 희망을 안고 전화를 했더니 "……저…… 아직 제 마음을 누구에게도 내보이기 싫거든요."라고 말했다. 처음부터 상담실에 자신이 변화해야겠다는 동기가 있어서 상남실을 찾은 것이 아니고 부성이 이모가 먼저 부성이가 갖고 있는 문제를 느끼고 의뢰한 것이어서 치료 동기도 없었지만 치료자의 성급한 직면이(나는 부성이가 신기해하면서 더 빨리 마음을 열게 되리라고 믿었다) 딱딱한 자신의 껍질 속으로 더 움츠러들게 만들었던 것이다.

심리학의 한 장르인 대상관계이론에서는 양육자(일반적으로 어머니)와의 경험에서 느꼈던 이미지가 무의식 속에 남겨져 아이의 의식 세계를 관리하고 행동 규범과 느낌을 만들어내는 것은 물론 그 사람의 총체적인 인간 됨됨이를 결정해준다고 한다. 어머니의 이미지와 어머니가 만들어준 아이의 이미지가 무의식의 세계에서 상호작용을 함으로써 아이가 다른 사람과의 관계를 결정하는 기능, 어떠한 사건이 있을 때마다 사건을 이해하고 해석하고 반응하는 기능이 결정된다는 주장이다. 즉 어렸을 때 엄마와의 경험으로 인해 생긴 이미지가 대인관계나 사건 해석, 그리고 스트레스에 대한 탄력성 정도에 영향을 미친다는 것이다.

이 이론에 근거해서 부성이의 이상 행동을 이해한다면 애착 관계가 형성될 유아기에는 엄마가 부성이를 돌봤다고 해도 남편의 외박과 이유 모를 가출, 거기다가 새로운 환경(시댁에서 결혼 생활을 시작함)에 적응하느라고 심신이 지칠 대로 지친 상태에서 아이와 양질의 애착을 형성하기에는 역부족이었을 것이다. 그런데 세 살 때 자식을 버리고 자기 길을 홀연히 선택해서 나간 엄마 대신 아이를 낳지 못해서 주눅이 들어 있는 큰엄마는 시어머니에게 싫다는 소리도 못 하고 졸지에 부성이를 맡게 되었으니 아이가 생긴 그 자체를 기뻐하는 사람이 아니라면 부성이를 받아들이기 힘들었을 것이다. 자기 마음도 추스르기 힘든 상황에서 부성이와 '애착의 질이니 주도성을 키워야 하느니' 하는 형이상학적 문제를 고려할 여유나 마음이 없었을 것이다.

그런데 부성이가 초등학교 3학년일 때 그동안 갖은 노력을 해도 아이가 생기지 않아서 시름이 많던 큰아버지 내외가 딸을 낳게 되었다. 친자식이 생긴 후에 부성이는 더욱 짐으로 업보로 십자가로 큰어머니

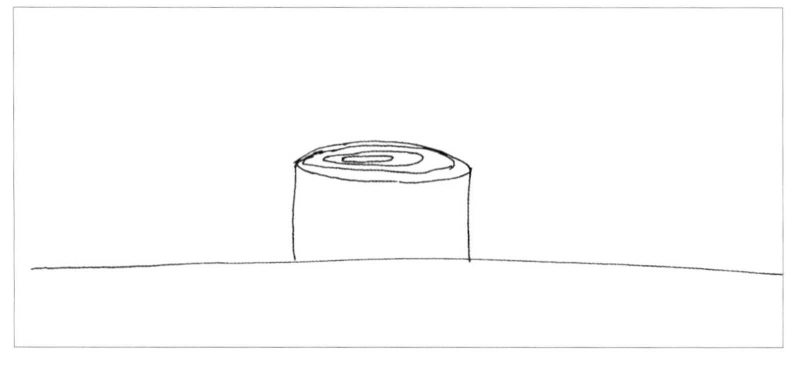

〈그루터기 그림 1〉 새 엄마를 친 엄마로 알고 자랐으나 동생과 차별을 받는다고 느낌과 친척들이 수군대는 소리를 듣고 친엄마가 아니라는 것을 알게 된 내담자의 나무 그림이다. 존재에 대한 부정을 경험한 내담자들이 주로 그린다.

〈그루터기 그림 2〉 폭력을 행사하고 알코올 중독인 아버지 밑에서 성장한 내담자의 나무그림이다. 결국 이혼한 후 엄마와 따로 살게 된 후에는 아버지와 사는 형이 찾아와서 고등학교 1학년 때까지 괴롭힘을 당했다. 그루터기 옆에 비죽 나온 새순은 형이 올해 취직해서 지방으로 내려간 후에 생긴 마음의 안정에 대한 사인이다.

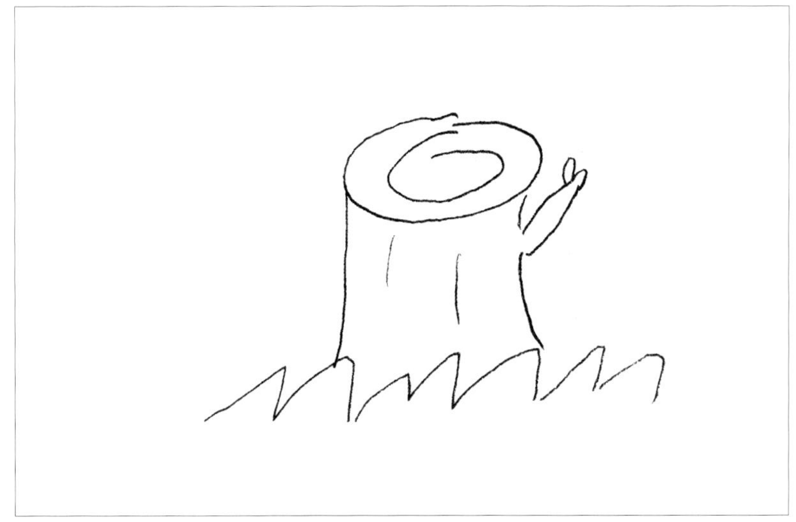

에게 와 닿았을 것이다. 말로 표현되지 않아도 가정 내에서 자신의 입지나 정체감이 흔들리면 아이는 많은 혼란을 겪고 급기야는 위축되어 열등감이 많은 사람이 되거나, 그런 자신의 불안한 상황을 과잉행동이나 금지된 영역에 대한 일탈로 나타나게 된다. 부성이가 어린 이종사촌 동생에게 보인 성적인 행동도 그런 맥락에서 이해할 수 있다.

그 후 내가 만난 내담자들을 대상으로 한 나무 그림 검사에서 '그루터기'만 있는 사례를 더 접해보게 되었다.

〈그루터기 그림 1〉은 여섯 살 때 새엄마가 동생을 데리고 들어오셨는데 그전까지는 친할머니가 키워주신 아이의 그림이다. 어린 나이에 새엄마를 친엄마로 알고 자랐는데 동생과 차별받는다는 느낌을 자주 받았으나 중학생이 되어서야 친척들이 이야기하는 것을 듣고 새엄마라는 것을 알았다고 한다.

〈그루터기 그림 2〉는 중학교 2학년 때 부모가 이혼하고 엄마와 따로 나와서 사는 고등학교 3학년 학생의 나무 그림이다. 가족이 모두 함께 살 때에도 알코올 중독자인 아버지가 술만 먹으면 가족들을 때리고 행패를 부려서 지옥 같은 생활이었다고 했다. 고통은 부모님이 이혼한 후에도 계속되었다. 아버지와 같이 살기로 한 형이 다시 엄마와 살겠다고 와서는 내담자를 때리고 괴롭혔다. 그래도 어렵게 그루터기에 솟은 새순은 올해 형이 대전으로 취직해서 갔기 때문에 좋아하는 엄마와 평화롭게 살면서 마음의 안정을 찾아 새로운 희망이 생긴 것으로 보여진다.

위의 그루터기만 그린 세 명의 내담자의 경우 공통점은 외적인 상황은 모두 다르더라도 나무가 톱질을 당해서 잘린 상태가 된 것을 자신의 '자아상(self image)'으로 표현했다는 것으로 보아 자라면서 있는 그대로 자신으로 수용되지 못했다고 느꼈거나, 생명의 위협을 느꼈을 만큼 자신의 토양(가정, 부모님, 형제, 학교 생활 등)이 열악했다는 것을 알 수 있다. 그들은 아마 오랫동안 자신의 고통을 감싸는 법을 배워야 하며, 자신이 다른 사람의 평가에 관계없이 소중하며 있는 그대로 사랑하는 법을 익혀야 할 것이다.

나는 이런 그림을 볼 때마다 가슴이 아프다. 태어나서 가족들의 기쁨이기보다 짐이 된 아이, 미성숙한 부모 밑에서 기본적인 생존 권리도 누리지 못한 아이, 부모들의 이혼과 별거로 정서적으로 방치된 아이…….

그래서 이 글을 쓰는 순간에도 마음속에 이런 그림을 그리고 있을 '삶이 힘겨운' 아이들에게 힘내라고, 그래도 죽는 날까지 자신을 사랑하라고 힘껏 외치고 싶다.

임마, 창피해 설교 못하겠다

"그래! 믿음이라면 기꺼이 해주지." (내가 상담 공부를 하면서 가장 크게 변한 것이 있다면 일상생활 속에서의 언어 사용이다. 늘 상대방의 자존감을 높일 수 있는 언어, 성장 동기를 자극하는 언어를 의식적으로 사용하려고 노력한다.)

평소 수업 시간에 자고 있는 걸 깨우면 마지못해서 일어나고, 내가 가르치는 교과에 열의가 없는 학생이 결코 곱게 보일리 없지만 나는 이미 '왜 배우려는 의욕이 없을까? 어떤 심리적 문제가 있어서일까?'라고, 한 사람이 보이는 행동보다, 그 이면을 탐구하는 시스템으로 변환되었기 때문에 선선히 허락을 한 것이다.

"선생님, 그거 제가 한번 해보면 안 될까요?"
내가 학교에서 올해 새롭게 추진 중이던 '학습상담 클리닉'을 교실에서 홍보하고 있었는데, 늘 자고 있거나 고개를 숙인 채 의욕 없이 눈만 치켜뜨고 앉아 있던 믿음(가명, 18세)이가 평소와 달리 손을 번쩍 들면서 이렇게 묻는 것이었다.
"그래! 믿음이라면 기꺼이 해주지." (내가 상담 공부를 하면서 가장 크게 변한 것이 있다면 일상생활 속에서의 언어 사용이다. 늘 상대방의 자존감을 높일 수 있는 언어, 성장 동기를 자극하는 언어를 의식적으로 사용하려고 노력한다.)
평소 수업 시간에 자고 있는 걸 깨우면 마지못해서 일어나고, 내가 가르치는 교과에 열의가 없는 학생이 결코 곱게 보일리 없지만 나는 이미 '왜 배우려는 의욕이 없을까? 어떤 심리적 문제가 있어서일까?' 라고, 한 사람이 보이는 행동보다, 그 이면을 탐구하는 시스템으로 변환되었기 때문에 선선히 허락을 한 것이다. 안 그래도 1학기 초반에 열심히 공부하던 믿음이의 눈빛이 점차 초점이 흐려지고 수업 시간에도 엎드려 자는 일이 많아지자 한번 불러서 깊은 이야기를 해야지 하던 차라 '마침 잘됐다'고도 생각했다. 이렇게 해서 믿음이는 자기 내면을 여행하게 되었고, 이제까지 살아오면서 겪은 고통과 정면으로 만났다. 힘든 과정이지만 예전에는 혼자였고, 어렸지만 지금은 옆에서 '얼마나 힘들었니?' '얼마나 외로웠니?' 하며 다독여줄 내 앞에서 그 시기를 회상할 것이고 그 당시보다는 큰아이라는 것이 다른 점이다.

믿음이의 학습 유형은 '이상형'이었다. 이런 사람들은 지적인 능력 개발과 자아실현에 관심이 많으며, 인간적이고 상호이해가 이루어지는 관계를 선호한다. 자신은 물론 타인의 감정에 민감하며, 눈앞의 현실보다는 미래의 가치를 위해 헌신하는 이상주의적인 성향을 지니고 있었다. 평소에도 상상을 많이 하고 책 속의 인물과 동일시를 잘하며 진정한 인간관계를 원한다. 그러나 자신의 감정 표현에 상당한 어려움을 겪어서, 화가 나도 제대로 표현하지 못하고, 자기가 아무리 피해를 보아도 참고 기다리면서 상대방을 용서하려고 할 때가 많다. 부모가 바깥일 때문에 바쁘거나 경제적인 어려움 때문에 자기를 제대

〈학습 성격 유형(U&I 학습 유형 검사 결과)〉 다른 척도에 비해 '이상' 점수가 제일 높아서 자신은 물론 타인의 감정에 민감하며 인간적이고 상호이해가 이루어지는 관계를 선호한다는 것을 알 수 있다. 칭찬이나 인정을 받을 때 더 성장하며, 다른 사람들에게 필요한 일을 할 때와 성장을 도울 때 기쁨을 느끼기 때문에 직업도 '사회복지사, 교사, 상담심리사 등'이 적성에 맞는다.

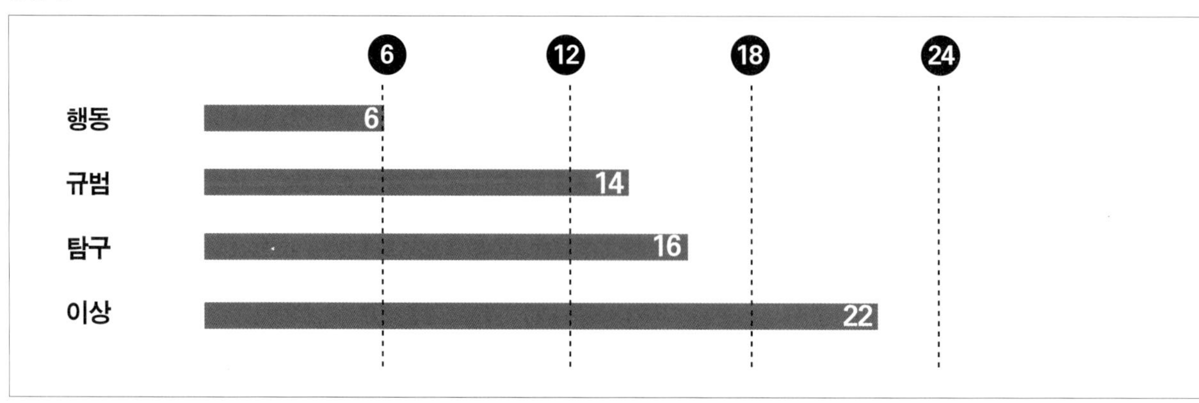

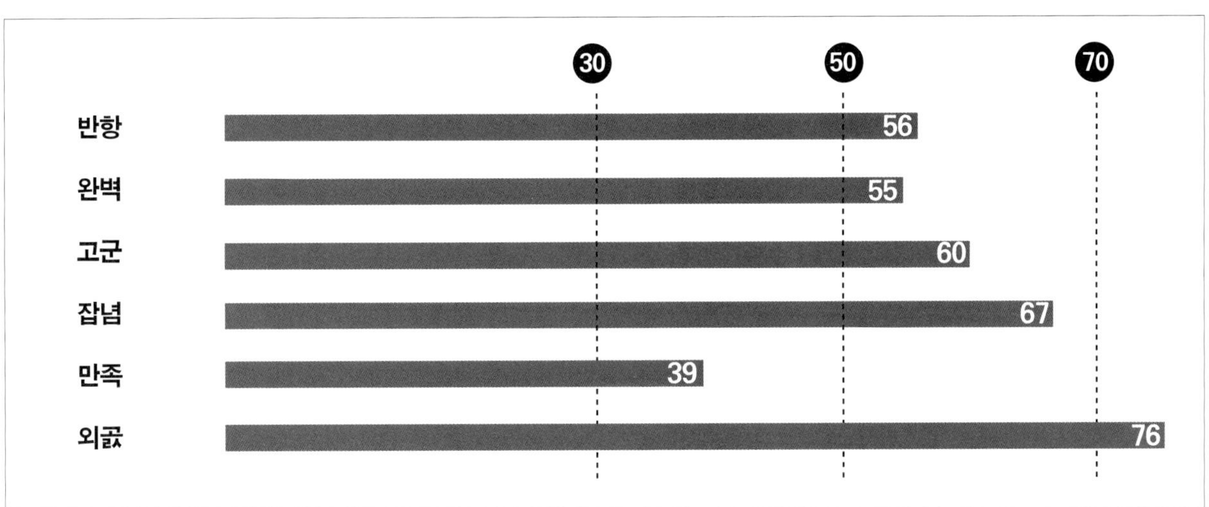

〈학습 행동과 심리 상태(U&I 학습 유형 검사 결과)〉 내외적으로 어려움이 있어 심리적으로 불안정하고 학교 공부에 집중하지 못해 성적이 떨어지고 있는 심리 상태이다. '고군'은 고군분투의 줄인 말로 공부 방법을 몰라서 노력에 비해 효율을 내지 못하는 것을 측정하는 척도다. 또한 '잡념'은 가정환경이나 경제적인 여건, 스트레스나 불안 우울 등의 정서적인 문제를 측정하는 척도인데 모두 심각할 정도로 높아서 시급히 심리 치료를 해야 할 상황이다.

로 보살펴주지 못하더라도 부모를 미워하기보다는 오히려 걱정할 때가 많다. 그러다 보니 가슴속에 다지고 다져놓은 상처들이 무척 많을 수 있다. 그런데 믿음이는 의욕이 없고 마지못해서 학교에 온다. 학습 유형 검사를 하겠다는 날도 전공 교과 수행평가를 백지로 제출해서 교무실에서 벌을 서다가 10분 정도 상담실에 늦게 들어왔다. 그리고 1학기 후반부터 믿음이는 행복한 얼굴이 아니었다. 늘 무표정하고 한참 역동적일 청소년기에 생기가 다 빠져나간 모습으로 무거운 몸을 질질 끌듯이 걸어다녔다. 실제로 믿음이는 186센티미터에 70킬로그램의 날씬한 몸인데 말이다. 그렇다면 문제는 이 학생의 타고난 기질이나 학습유형 때문이 아니다. 이 아이에 맞게 대해주지 않았거나, 배우는 교과가 적성에 맞지 않아 무기력에 빠졌거나, 불안정한 가정환경 때문일 수 있다고 추론해볼 수 있다. 그래서 믿음이의 학습 행동에 따른 심리상태를 분석(완벽주의형 척도는 학습에서 보이는 꼼꼼성과 완벽성, 학습에 대한 관심과 집착, 학업성과에 대한 기대 등을 알아볼 수 있는 내용들로 구성되어 있다.'고군'은 고군분투의 줄인 말로 고군분투형 척도는 학업에 대한 열의와 노력과 그것의 효율성을 알아보는 척도이다. '잡념형 척도'는 가정환경, 경제적인 여건, 스트레스나 불안 우울 등의 정서적인 문제 등을 알아보기 위한 척도다) 한 결과 고군이 60점, 잡념이 67점, 외곬이 76점이었다.

이것은 내·외적으로 여러 가지 문제가 있어서 심리적으로 불안정하고 학교 공부에 집중하지 못해 성적이 떨어지는 경우일 때의 프로파일이다. 이러니 믿음이는 나름대로 노력도 해보았겠지만 노력한 만큼 성과가 나지 않았을 것이다. 그리고 외곬 점수가 높은 것은, 자신이 하고 싶어하는 과목만 공부하거나 학교 공부와 상관없는 학문이나 다른 활동에 전념하고 있는 경우고 설상가상으로 자신의 불편을 겉으로 표현해서 해결하지 못한 채 속으로 삭이고 있어 문제를 제대로 해결할 수도 없는 경우였다.

믿음이는 내가 출력해준 자신의 U&I 학습 유형 보고서를 심각하게 천천히 읽더니 "신기해요."라고 말했다.

"믿음아 너는 강의식 교육이 잘 안 맞지? 그룹 멤버들과 협력학습을 해야 더 효율이 오르는 형이지. 그리고 이런 유형은 부모님의 세심한 배려가 필요한데 그 이유는 칭찬받고 인정받아야만 성장하거든. 그런데 보통 일반적인 부모님들께서 자신의 기준에 맞지 않는 성적을 보고 인내심을 갖고 격려하기란 힘들었을 텐데……."

내 말이 끝나자 믿음이 얼굴이 심하게 일그러지며 평소의 무표정으로 변했다. 이 비언어적 메시지를 보는 순간, 믿음이의 힘든 시간, 좌절, 무방비 상태로 들었을 억울한 비난들이 영화 스크린의 한 장면처럼 휙 하고 지나갔다.

"믿음아! 선생님이 보기에 믿음이 요즘의 학습태도가, 단지 공부가 싫거나 나태해서가 아니라 다른 원인이 있는 것 같거든. 그래서 너만 괜찮다면 다음주 월요일 2교시에 다시 만나서 네 프로파일에 대한 것도 더 이야기하고 그 검사에서는 알 수 없는 너에 관해서도 더 듣고 싶은데 괜찮니?"

거절할지도 모른다는 내 예상과는 달리 믿음이는 "네!" 하고 대답해서 내가 더 당황했다.

하지만 막상 약속했던 날에는 지난 시간에 선선하게 대답한 것과는 달리 기분이 많이 가라앉아서 검사조차 귀찮아하는 듯했다. 하얀 종이만 한참 들여다보다가 그린 나무에는 잎이 하나도 없고 기분은 '괴롭다'라고 내뱉듯이 말했다.

믿음이는 자기 이야기를 평소에는 잘 하지 않는데 학습 유형 검사 프로파일을 보고 망치로 맞은 듯이 놀랍고 신기해서 상담에 응하게 되었고 '정말 나 자신에 대해서 알고 싶다'는 소원이 생겼다고 한다.

〈나무 그림〉 정서적으로 많이 피폐한 내담자들은 잎을 그리지 못한다. 통통한 가지는 숨 막힐 듯한 긴장과 불안한 심리상태를 시사한다. 나무 기둥에 여러 번 덧칠한 것은 타인에 대해 방어적 자세를 나타낸 것이다.

〈집 그림〉 도심 속의 집인데 1명만 살고 다른 가족은 없다고 해서 현재 가족인 부모님과 동생에 대해 심한 거부감을 나타내었다. 기분은 울적하며 생각이 많다고 했다. 문과 문 손잡이 모두 그리지 않은 것은 대인관계에 부적절한 심리상태를 반영한다.

믿음이 아버지는 성도가 10명인 개척교회의 목사님이다. 개척교회가 경제적으로 얼마나 어려운지는 교회에 나가지 않더라도 그 사정을 아는 사람들이 많다. 그래서 개척교회 하면 '가난과 고단함'의 이미지가 떠오른다. 거기에다 자기틀이 경직된 직업군을 꼽으라면 법조계에 종사하는 분들, 군인, 경찰, 성직자 등일 것이다. 그만큼 자기세계가 확실하고 신념도 강해서 주로 '하면 된다', '불가능은 없다', '안 되는 것도 되게 하라', '내가 가면 길이 된다'라는 언어 표현의 주인공들이 많다.

"제가 초등학교 때 처음으로 학력고사를 보았는데 전교 석

〈인물화(남)〉(왼쪽) 〈인물화(여)〉(오른쪽) 남자를 먼저 그렸는데 18세 학생이고 고민은 '성적'이라고 했으며 장래 희망은 '모르겠다'고 표현했다. 본인을 그린 것이고 성적으로 인한 스트레스가 심했던 것을 알 수 있다. 여자는 열 살인데 알고 있는 사람 중에 누구냐고 했더니 '모르겠다'고 했다. 하지만 나무가 힘들었던 시기를 물었을 때 '열 살'이라고 한 것을 보면 이 여자아이를 자신과 동일시한 것이다.

	내 마음	아빠 마음	엄마 마음	동생 마음	우리 집
동물로 표현한다면	치타	사자	호랑이	얼룩말	하이에나
색으로 표현한다면	검은색	주황색	빨간색	파란색	검은 색
감촉으로 표현한다면	껄끄러운	메스꺼운	부드러운	부드러운	우중충… 어두운… 밝은…
날씨로 표현한다면	먹구름 낀 날씨	바람 쌩쌩 부는 날씨	흐림	맑음	흐림
꽃으로 표현한다면	장미	장미	백합	튤립	국화
맛으로 표현한다면	쓰다.	맵다.	달다.	달다.	쓰다.

〈가족에 대한 상징적 표현〉 아빠를 동물로는 '사자', 감촉은 '메스꺼운', 날씨는 '바람 쌩쌩 부는 날씨', 꽃은 '장미(가시의 아픔을 상징)', 맛은 '맵다'라고 해서 야단도 많이 맞고 자신의 존재를 부정하는 표현을 하도 듣다 보니 아버지를 연상만 해도 메스꺼운 상황까지 간 것이다.

차가 200등을 넘었어요. 아버지는 노골적으로 실망하면서 이렇게 말씀하셨어요. '눈을 감고 풀어도 이것보다는 낫겠다. 내가 왜 너 같은 아들을 낳았을까? 성도들 앞에서 창피해서 설교를 할 수가 없겠다.'라구요. 저는 아무런 변명도 못하고 마음은 갈가리 찢어져 어디서 피가 나는지 얼마나 아픈지 감각이 없을 만큼 듣고 있어야 했어요. 한마디 말대꾸라도 할라치면 바로 손이 날아와서 마음이 약한 저는 어쩔 수가 없었어요."

나는 믿음이의 어깨를 말없이 토닥여주었다. 그런데 믿음이가 그런 곤경에 처했을 때 어머니마저 믿음이를 감싸줄 수 있는 성향이 아니었다. 엄마를 '호랑이, 빨간색'으로 표현한 것은 화를 잘 내는 것을 시사하기 때문이다. 특히 자신도 '먹구름이 낀 날씨'라고 표현했는데, 있는 그대로의 자신을 사랑해주는 대상이 없고 늘 한심하다거나 공부 못한다는 소릴 오랫동안 듣고 성장했다면 원래 명랑한 기질의 사람도 기가 죽었을 것이다.

자기 집을 '하이에나, 검은색(가족간 의사소통이 어려울 때), 쓰다'라고 표현한 것을 보면, 내가 더 뛰어나기 위해서는 남을 물리쳐야 하는 경쟁적인 분위기가 충만한 가정임을 알 수 있다. 그런 까닭에 남보다 나은 사람이 되어야 사랑받을 수 있는데 그런 조건을 못 갖춘 자신이 너무 싫고, 평생 가도 도저히 그 사랑을 받을 수 없을 만큼 높은 조건을 내세우는 부모도 싫은 것이다.

믿음이가 그린 물고기 가족화에도 가족간의 경쟁적인 구도가 고스란히 재현되어 있다.

경쟁심을 갖고 세상을 살면 느슨해지려는 마음에 채찍질이 되어서 좋은 점도 있지만 매사에 그런 상태로 살다 보면 긴장과 과도한 불안, 스트레스로 얻는 것보다 잃는 것이 더 많다. 그리고 믿음이 성향은 따뜻한 인간관계와 협력적인 분위기일 때 더 성과를 내는 기질인데 항상 경쟁적인 가정 분위기는 믿음이에게 가장 좋지 않은 여건이었던 것이다.

"그럼 선생님이 믿음이 부모님을 뵙고 믿음이 성향에 맞게 대해달라고 부탁드려야겠다."

"왜요?"

"문제가 너에게 있다면 굳이 부모님을 만날 필요가 없지만

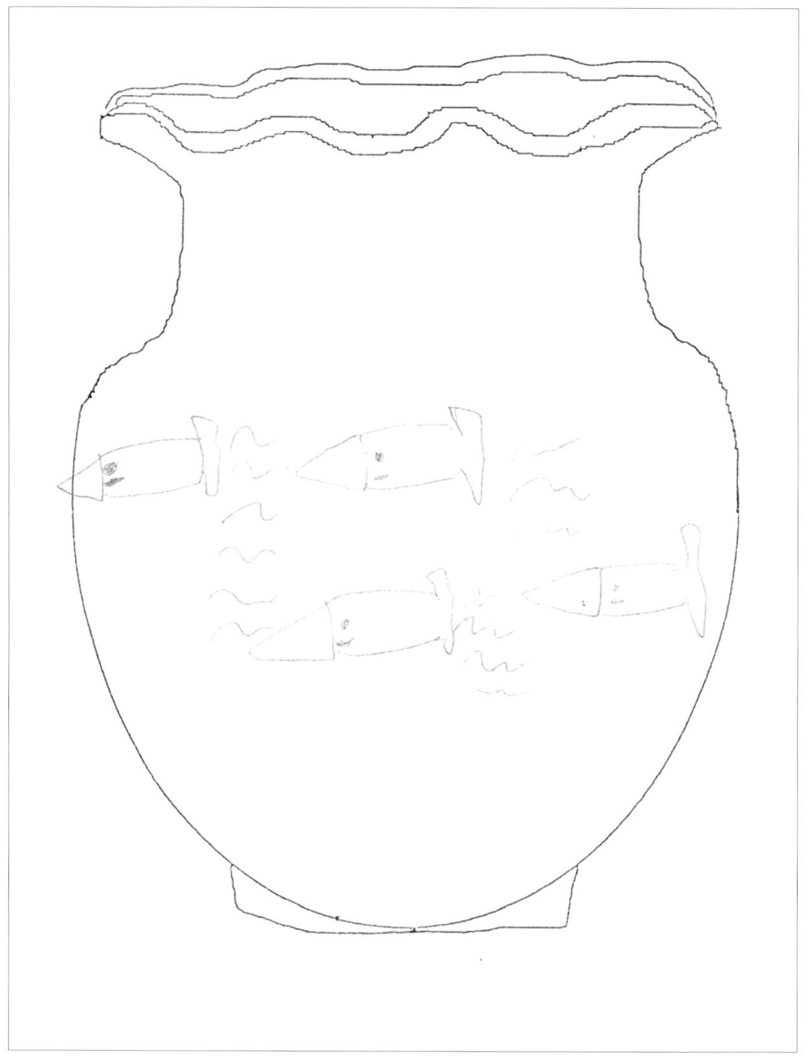

〈물고기 가족화〉 가족 모두 경기(무슨 경기냐고 물었더니 그냥 경기라고 했다)에 이기려고 열심히 헤엄치고 있으며 어항 밖으로 조금 나간 것이 믿음이 물고기라고 한다. 그 뒤를 아버지 물고기가 바짝 따라오고 있다.

선생님이 볼 때, 믿음이 부모님께서 믿음이 고유의 성향에 대해서 공부를 하셔야 할 것 같고, 너는 대기만성형이니까 좀 인내심을 갖고 너를 지켜봐 달라고 부탁드리려는 거야."

"아, 네-. 그런데 아버지가 일 년 전에 간암 진단을 받으시고 간 이식 수술을 해야 한다고 했어요. 백방으로 간 제공자를 찾아도 한국에는 없어서 내일 중국으로 엄마와 함께 떠나시는데요."

나는 갑자기 형이상학적인 문제를 다루다가 인간의 실존적인 문제 중에서 가장 중요한 생명에 관계된 문제를 듣자 믿음이에게 무슨 말을 해주어야 할지 몰라서 가만히 믿음이를 쳐다보기만 했다.

"일 년 동안 아버지는 물론이고 엄마와 네가 무척 힘들었겠구나. 환자가 제일 힘들겠지만 뭔가 해줄 수도 없으면서 고통스러워하는 사람을 쳐다보고 있는 것만큼 힘든 게 없거든. 그리고 너도 지금 고등학교 2학년인데 얼마나 힘든 시기니? 가족들의 전폭적인 지지가 있어도 통과하기 힘든 코스인데 말이야."

이렇게 말하고 나서 믿음이 손을 살며시 끌어다가 꼭 쥐었다. 마치 그러면 내 온기가 조금이라도 믿음이에게 전달될 것 같아서…….

부모님께 지원도 받을 수 없고 이제 당분간 가사일도 하면서 자신의 진로도 정해야 하고 그동안 받은 정신적인 상처도 치유해야 하는 믿음이. 이 아이에게 해줄 수 있는 것이 없을까 고심하다가, 다음 상담 회기에 만든 것이 '위안을 주는 책'이었다. 비록 인스턴트식 위로지만 여성잡지와 신문을 주고 위로가 되는 향기, 맛, 감촉, 시각, 소리 등을 잡지에서 골라 오려서 수첩에 붙이게 했다.

영화 「인생은 아름다워」에서 주인공 귀도는 아들 조슈아와 함께 독일의 유대인 말살 정책에 따라 수용소에 강제로 끌려간다. 귀도는 수용소에 도착한 순간부터, 조슈아에게 지금 우리는 하나의 신나는 놀

1 비행기를 타고 바다로 나가는 그림(혼자서 타고 가면 가슴이 탁 트일 것 같아서) 2 레이싱하는 광경(우승 특히 최우수 하면 좋으니까) 3 저녁 놀(나중에 여유 있는 삶을 살고 싶어서) 4 몰디브 해안(쳐다보면 해방감이 느껴져서) 5 기관총(총알을 난사하는 것을 생각만 해도 스트레스가 날아가기 때문에 군대에 가면 저격수가 되고 싶다고 했음) 6 탱크(탱크에서 나온 총알은 한 번에 "펑!" 하고 날아가니까) 7 등산하는 모습(어려운 일이 생길 때 힘든 일이 있을 때 산을 정복하고 싶다. 그러면 기분이 좋아질 것이다)

이이자 게임을 하고 있다고 속인다. 귀도는 자신들이 특별히 선발된 사람이라며 천점을 제일 먼저 따는 사람이 1등상으로 진짜 탱크를 상품으로 받게 된다고 어린 아들에게 설명한다. 장난감 탱크를 좋아했던 조슈아는 귀가 솔깃하여 아빠의 이야기를 사실로 믿었고 아슬아슬한 위기를 수도 없이 넘기며 끝까지 살아남는다. 물론 귀도는 마지막에 독일군에게 발각되어 죽는다.

조슈아가 자라서 어른이 되면, 비참한 현실에서 눈을 돌려 창의적인 발상으로 희망을 갖게 하려 했던 부성애를 분명 알게 될 것이다. 비록 "너는 소중한 존재다. 그리고 사랑한다."는 말을 해주지 않았어도 자신이 아버지에게 어떤 존재였던가를 충분히 알게 될 것이다.

귀도가 조슈아에게 수용소 상황을 신나는 놀이로 여기도록 해서 아들에게 위안을 준 것처럼, 나도 잎 하나 없는 겨울나무로 자신의 자아상을 표현한 믿음이에게 한 조각의 위안을 주고 싶었다. 위안을 주는 책을 늘 가방에 갖고 다니면서 울적하거나 기분이 저조할 때 꺼내서 보라고 했다. 그리고 마음에 드는 그림이나 글귀가 있으면 남은 여백을 계속 채워가도록 격려했다.

나는 믿음이 아버지의 건강이 회복되어서 나와 마주 앉아 얘기를 나눌 상황이 된다면 반드시 묻고 싶은 것이 있다. 'like'와 'love'의 차이점이 무엇인지, 믿음이를 대할 때 둘 중 어느 것이었는지 묻고 싶다.

그리고 혹시 예수님께서도 우리에게 조건을 붙여서 사랑하시는지도 물을 것이다. 성경 어디에 "전교 10등 안에 들어야만 사랑해주마, 내 명예를 드높여줘야만 사랑해주마, 이상형의 학습 유형은 싫다. 괜히 마음만 여려서……. 세상에서 승리자가 될 확률이 많은 행동 규범 탐구형만 사랑해주마, 이런저런 조건을 갖춰야만 사랑해주마."라는 구절이 있는지 말이다.

만약 전 세계의 많은 인구가 존경하고 매일 소원을 말하며 사랑을 고백하고 용서를 청하는 그분이 속물처럼 "~해야만 사랑해주지, 안 그러면 어림도 없다."라고 조건을 다는 분이라면 나는 미련 없이 그런 분과 결별을 선언할 것이다. 우리가 그분을 존경하고 따르는 것은 그분은 항상 우리에게 "~임에도 불구하고 너를 사랑하마."라고 그분 삶을 통해서, 그리고 말씀을 통해서 보여주셨기 때문이다.

내 마음의 보색

나는 석찬이가 갖고 있는 생각과 기분, 현재의 마음상태를 색연필의 색에 투사해서 자연스럽게 표현하도록 돕기 위해 '내 마음의 보색'을 하게 했다. 그랬더니 석찬이는 좋아하는 색으로 파란색(바다색이어서), 하늘색(밝아서), 보라색(포근해서), 청록색(깨끗하고 숲이 연상됨)을 선택해서 칠했다.

싫어하는 색은 주황색(위험하다는 표시라서), 빨간색(피가 연상되어서), 검은색(어두워서), 고동색(칙칙해서)을 칠했다.

내가 좋아하는 색 4가지만 사용해서 자유롭게 그림을 그리라고 A4용지를 주었더니 하늘과 바다가 맞닿아 있는 그림을 그렸다.

"왜 두 가지 색만 사용했니?"

"바다와 하늘이 너무 깨끗하잖아요."

"바다를 가본 적이 있니?"

"아니요, 한 번도 없어요."

'17년 동안 살면서 부모라는 사람들이 석찬이가 그렇게 좋아하는 바다 구경을 한 번도 시켜주지 않았다니…….'

〈사건요약서〉

1. 12월 14일 이상수(가명) 학생은 아버지를 모시고 담임선생님과 함께 학생부에 찾아와서 사건 내용을 신고함.
신고 내용: 2005년 3월부터 12월에 이르기까지 수차례에 걸쳐 같은 반 김석찬(가명) 학생에게 현금 150만원 및 시가 60만원 상당의 핸드폰을 빌려주었는데 받지 못한 상태라고 진술하면서 금품 갈취로 신고함.
2. 이상수의 진술을 믿은 학생부 선생님은 두 학생의 부모님들께 단시간 내에 합의 볼 것을 권유했고, 12월 15일 김석찬의 아버지와 이상수의 할아버지가 법적 대리인 자격으로 합의를 봄.
합의 내용 : 김석찬의 아버지는 현금 150만원과 시가 60만원의 핸드폰을 합한 210만원을 이상수 통장으로 세 차례에 걸쳐서 입금하기로 함.
3. 12월 20일 김석찬은 이상수의 진술 중 일부분은 인정하겠으나 전부는 인정하지 못하겠다고 억울함을 호소함.
합의 당시 부당함을 호소하지 않은 이유 : 합의 당시 어머니와 이혼하고 다른 여자와 살고 있는 아버지가 석찬이 말을 전혀 믿지 않았고, 부당하다고 이야기를 했으나 어느 누구도 믿어주지 않았음.
4. 12월 20일 오전 10시경 이상수를 학생부에 불러 진술서를 작성하게 함. 요약하면, 이상수가 '석찬이에게 돈 50만원을 빌린 적이 있고 2005년 10월경 그 돈을 다 갚았으나, 11월에는 석찬이가 자기에게 41만원을 빌렸다고 처음 신고한 내용과 다르게 번복함.
5. 12월 20일 저녁 김석찬과 이상수가 만남. 석찬이는 "합의 내용이 부당하다고 하더라도 그 합의 내용에는 변동이 없을 것이고 너희 집에 아무런 전화 연락도 하지 않겠다. 다만 우리 어머니에게 제발 내가 그런 것이 아니라는 진실만 이야기해달라."고 이상수에게 부탁함. 그날 저녁 이상수는 김석찬 어머니에게 전화해서 자신의 잘못을 시인하고 용서해주시기를 간절하게 부탁드림.
6. 12월 21일 아침 김석찬은 이상수가 본인의 어머니에게 전화한 내용을 학생부에 와서 진술함.
7. 12월 22일 오전 김석찬의 어머니가 학교에 방문하여 1차로 담임선생님을 만나 뵙고 학생부로 오셔서 이상수에 대해서 무고죄 및 명예 훼손죄가 형성된다고 분노하시면서 재합의를 요구했고, 정상적인 재합의가 이루어지지 않거나 이상수의 아버지가 진심으로 사과하지 않을 경우 경찰에 신고하겠다는 의사를 밝히고 돌아가심.
8. 사건 요약
처음에 이상수는 김석찬에게 '금품 갈취'를 당한 것처럼 학생부에 신고함. 그러나 오히려 이상수가 김석찬에게 50만원의 돈을 빌렸고 그 돈을 다 갚을 즈음에 김석찬이 이상수에게 현금 41만원을 빌렸으며 아직 갚지 않은 상태임. 김석찬은 겨울방학 때 아르바이트해서 갚으려고 했다고 진술함. 결과적으로 이상수는 이제까지 허위진술을 하였고 모든 것이 자신의 잘못이라고 시인하였음.

허위진술한 이유 : 12월 13일 저녁에 이상수의 아버지가 그동안 아르바이트한 돈을 어디에 썼는지 물었음. 평소에도 무서운 아버지의 성격을 누구보다 잘 아는 이상수는 야단맞을 것이 두려워 김석찬에게 지속적으로 빌려주고 받지 못했다고 거짓말을 했음.

12월 26일 초췌해진 얼굴을 한 상수와 석찬이 담임선생님이 잠깐 할 말이 있다며 나에게 면담을 요청해왔다.

"아이구! 말도 마세요. 보름이나 그 부모들에게 시달리느라고 제가 너무 힘이 들었어요. 이래서야 담임하겠습니까? 내일 그동안 조사한 사건 요약서를 드릴 테니 석찬이 상담 좀 해주세요. 그놈이 이번에 상처를 많이 받았을 거예요."

"저에게 보내시면서 어떤 것을 기대하세요? 상담 목표라고 해도 되고 기대효과라고 해도 되고요."

대부분 상담에 대해서 잘 모르는 선생님들 중에 상담실에 보내면 단번에 바로 인간 개조가 되고 개과천선될 것으로 생각하시는 분이 있다. 상담실에 다녀왔는데도 변화가 없다며 비난조의 말을 해서 선생님의 기대가 너무 비합리적이면 현실적이고 합리적인 목표를 제안하려고 질문한 것이다.

"아! 큰 것 바라지 않습니다. 그래서도 안 되고요. 그냥 그 녀석이 살아온 것과 이번에 마음고생한 것 위로해주시고 바람직한 친구관계 맺기에 대해서 지도해주시면 돼요. 저번에 우리 반 은정이도 상담 받고 많이 좋아져서 제가 염치없이 또 부탁드리는 겁니다."

〈나무 그림〉 나무 가지 끝이 뾰족한 것은 대인관계에서 신경질적이고 예민한 대응 방법을 시사하고, 나무기둥에 그려진 결과 옹이는 정신적인 외상의 흔적이다. 목화송이 같은 수관은 수용적이고 따뜻한 성품의 소유자임을 시사하고, 다른 것보다 크게 그려진 수관은 사색적이고 생각이 많은 유형에 대한 상징이다.

그래서 위의 '사건요약서'가 다음날 내 책상에 놓이게 되었다. 그날 오후 허우대가 큰 학생 하나가 약간은 겸연쩍은 표정으로 쭈뼛거리며 상담실에 들어와서 내 눈치를 살폈다. 이름을 묻자 김석찬이라고 했다. 그러면 사건요약서에 써 있는 대로라면 '가해 학생'일 텐데(아직 뒷장을 읽지 않은 상태였다) 얼굴에 악의랄까 공격성은 찾아볼 수가 없고 오히려 겁먹고 지쳐 있었다.

교사 생활을 많이 하면 속칭 '반무당'이 된다고 한다. 학생들을 많이 만나고 이런저런 우여곡절을 겪다 보니 학생을 보는 통찰력이 많이 생겨서일 것이다. 그런데 석찬이는 그런 틀에 맞지 않았다. 그래서 따뜻한 차 한 잔을 권하고 읽다만 사건요약서를 마저 읽었다. 아니나 다를까 석찬이가 41만원을 빌린 것은 맞지만 같은 반 상수는 무서운 아버지의 질책과 매를 피하려고 석찬이가 갈취해 간 것으로 둘러댄 것이 일이 이 지경까지 오게 만들었다.

이 사건을 통해 상수의 가족사를 자연스럽게 듣게 되었는데 상수 아버지는 폭행으로 사람을 죽여서 10년간 감옥에 갔다가 얼마 전에 출소했다고 한다. 그 긴 옥살이 동안 상수 어머니는 상수가 초등학교 때 집을 나갔고, 할머니가 상수를 기르다가 아버지가 출소한 후에 아버지와 함께 살고 있다고 했다.

이야기를 듣다 보니 아버지가 무서워서 거짓말을 하게 된

상수나, 자신도 별로 형편이 안 좋으면서 친구의 여자 낙태 비용을 대주려고 돈을 빌렸다가 '금품 갈취의 악질 학교 폭력배'로 몰린 석찬이나 모두 불쌍해서 마음이 아려왔다.

나무 그림에서 석찬이는 나무가 힘든 시기를 11세라고 했는데 상담 결과 초등학교 4학년 때 부모님의 이혼이 큰 충격이고 아픔이었다고 말했다.

자아 모습을 그리라고 했을 때도 자신이 가장 힘들었던 초등학교 4학년 때 자신이 닮고 싶었던 자아상을 그렸다는 점은, 많은 것을 말해주며 석찬이 치료에 중요한 단서가 되었다.

'8세' 하면 떠오르는 것을 말해보라는 나의 권유에 한참을

〈집 그림〉 집의 지붕에 그려진 일련의 선들은 강박적인 사고를 가진 사람에게서 나타나는데 나무 그림과 연결해서 해석하면 고민이나 생각이 많은 것을 시사한다. 특히 집의 외곽을 한 번 더 선으로 둘러싼 것은 방어적인 사람의 특성이고 자궁회귀 욕구로 볼 수도 있다. 특히 문은 그려져 있지만 문 손잡이가 그려지지 않은 것이나 창문이 없는 것은 대인관계에서의 부적절감을 시사한다.

〈인물화(남)〉 중2의 남학생이라고 했고 성격은 활발하다고 했다. 장래 희망은 축구선수, 4학년 때 가장 친한 같은 반 친구라고 했다. 선생님 아들이었는데 자신과 달리 성격도 밝고 활발해서 여러모로 부러웠다고 했다.

〈인물화(여)〉8세의 어린 소녀라고 했고 성격은 소심하고 혼자 논다고 했다. 소원은 '편안한 가정을 갖는 것'이고 장래 희망은 '의사'인데 8세 때 자신의 모습인 것 같다고 말했다.

〈내 마음의 보색〉 좋아하는 색을 한 칸에 먼저 칠하고 마주보는 칸에는 싫어하는 색을 차례로 칠하게 하면 좋아하는 색 4가지와 싫어하는 색 4가지가 칠해진다. 그런 후 각 칸 위에 좋아하거나 싫어하는 이유를 쓰게 했다. 먼저 좋아하는 색만 이용해서 자유화를 그리게 했더니 하늘색과 파란색만 사용해서 하늘과 바다가 맞닿아 있는 그림을 그렸다. 그 다음 싫어하는 색을 사용해서 자유화를 그리라고 했더니 이것도 빨간색으로 용지 전체를 색칠하고 제일 싫어하는 고동색으로 '시련'이라고 쓰고, 검은색으로 '절망'이라고 썼다.

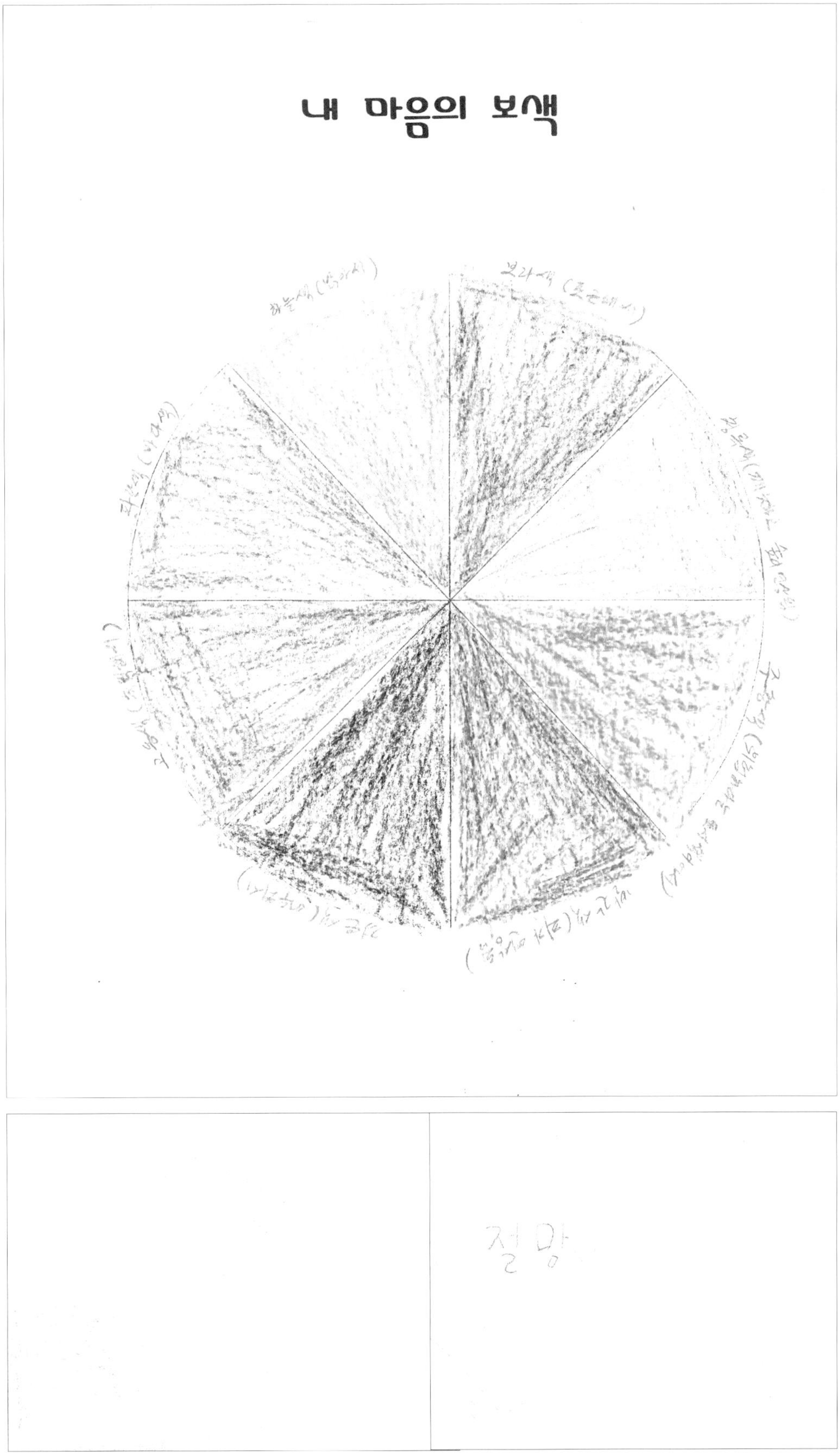

내 마음의 보색

생각하더니 눈시울이 붉어졌다. 그러고 나서 "아버지가 동남아 같은 해외를 다녀온 것 같은데 엄마와 싸우는 소리가 나서 안방에 가보니 아버지가 엄마를 마구 때린 기억이 나요." 하고 감정을 억누르면서 말했다.

"많이 힘들고 속상했구나! 너무 어려서 아버지를 말릴 수도 없었으니 얼마나 안타까웠겠니?"라고 하자 그때의 고통이 떠오르는지 메마르고 건조한 표정이다가 미간을 찌푸렸다.

남자와 여자 인물화 모두 어깨가 좁고 각 없이 바로 흘러내리듯 그린 것은 열등감이 많은 것을 시사하고 팔을 뒤로 해서 손이 보이지 않는 것 모두 대인관계 맺는 데 자신이 없거나 아니면 부적절한 관계를 맺을 확률이 큰 것을 시사한다.

나는 석찬이가 가지고 있는 생각과 기분, 현재의 마음상태를 색연필의 색에 투사해서 자연스럽게 표현하도록 돕기 위해 '내 마음의 보색'을 하게 했다. 그랬더니 석찬이는 좋아하는 색으로 파란색(바다색이어서), 하늘색(밝아서), 보라색(포근해서), 청록색(깨끗하고 숲이 연상됨)을 선택해서 칠했다. 싫어하는 색은 주황색(위험하다는 표시라서), 빨간색(피가 연상되어서), 검은색(어두워서), 고동색(칙칙해서)을 칠했다.

내가 좋아하는 색 4가지만 사용해서 자유롭게 그림을 그리라고 A4용지를 주었더니 하늘과 바다가 맞닿아 있는 그림을 그렸다.

"왜 두 가지 색만 사용했니?"

"바다와 하늘이 너무 깨끗하잖아요."

"바다를 가본 적이 있니?"

"아니요, 한 번도 없어요."

'17년 동안 살면서 부모라는 사람들이 석찬이가 그렇게 좋아하는 바다 구경을 한 번도 시켜주지 않았다니…….'

이런 생각을 하고 있는 사이 석찬이는 말을 이었다.

"그래서 이번 방학에는 아르바이트해서 동해바다 구경을 꼭 할 거예요."

"아주 좋은 생각이구나. 동해에 가서 사진도 찍고, 개학하면 선생님한테 꼭 보여줘. 그리고 얼마나 좋았는지도 얘기해주고……."

존 그레이 박사는 자연물(바다, 숲, 나무, 꽃 등)은 부정적인 에너지를 흡수하는 치유력이 있기 때문에 고민이 있거나 화를 진정시키기 위해서는 호흡을 고르고 자연을 많이 감상하라고 했는데 나도 그 생각을 지지한다. 그래서 석찬이가 바다를 보면서, 그동안 살면서 억울했던 것, 화났던 것, 미움의 감정을

〈아버지와 나의 관계〉 아버지를 '쇠로 만든 줄'로, 자신을 '검은 실'로 선택하고 어긋나게 붙였다. 제목을 '어긋남'이라고 했으며 아버지하면 떠오르는 이미지가 '딱딱하고, 단단하고 냉정하다'라고 했다. 자신은 그 앞에서 말도 제대로 못 하고 아버지에게 자신이라는 존재는 아무것도 아니어서 쉽게 끊어지는 실을 선택했다고 한다. 한 번도 그런 아버지에게 반항한 적이 없느냐는 질문에 조그맣게 "중3 때요."라고 했다.

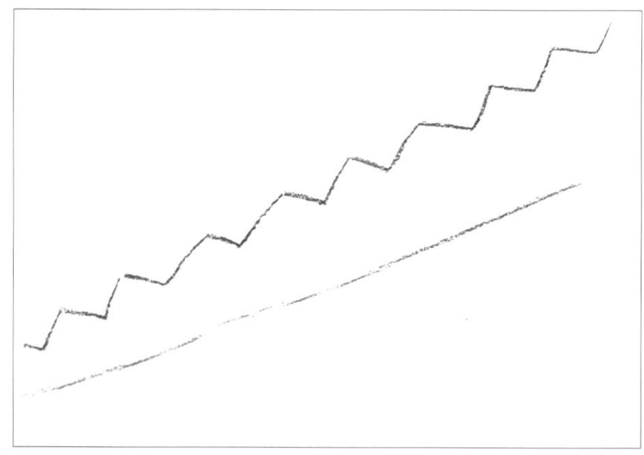

〈새엄마와 나의 관계〉 새엄마를 '불규칙한 선'으로, 자신을 아버지와의 관계에서처럼 약하고 검은 실을 찾았으나 끈 샘플에 검은 실이 더 이상 없자 비슷한 것으로 골랐다. 제목을 '대립'이라고 했다. 새엄마를 불규칙한 선으로 고른 이유는 자신을 대하는 것이 너무 일관성이 없고 이복형제들과 차별해서라고 했다.

바다에 털어버리고 오길 바랐다.

또 싫어하는 색 4가지를 사용해서 자유화를 그리라고 했더니 빨간색으로 전체 용지를 색칠하고 제일 싫어하는 색으로 '시련'이라고 쓰고, 검은색으로 '절망'이라고 썼다.

"절망이라고 쓴 것은 어떤 사건이 떠올라서 쓴 건지 말해 줄래?"

"초등학교 4학년 때 부모님이 이혼하시고 엄마와 살고 싶었는데 자식은 아버지가 키워야 한다며 싫은데도 아버지를 따라 새엄마와 살게 된 거요."

"아- 그렇구나! 그런데 싫다고 의사표현 해봤니? 나는 엄마와 살고 싶다고."

"그럴 상황이 아니었어요."

석찬이는 침통하게 입을 다물었다. 나는 조금 성급하지만 석찬이 가슴에 맺힌 멍울을 풀어주기 위해서, 지금 그때 상황으로 돌아가 나를 아버지라 여기고 "나는 엄마와 살고 싶단 말이에요!"라고 소리쳐보라고 했다. 그랬더니 석찬이는 한참을 입 속에서 말을 정리하는 듯 머뭇대다가 진땀을 흘리며 도저히 못하겠다고 했다.

"시련이라고 쓴 것은 어떤 생각이 떠올라서니?"라고 하자 그동안 아버지와 어머니 사이를 오고 간 경위를 털어놓았다.

"부모님이 이혼하고 나서 초등학교 4학년 때부터 중학교 1학년 말까지는 아버지와 살았어요. 그 다음 세 달은 엄마 집에서 살았는데요, 그때 아버지에게 말도 없이 엄마 집에 갔기 때문에 아버지가 경찰에 가출 신고까지 냈었어요."

"그럼 학교는 어떻게 했니?"

"겨울방학쯤이어서 결석은 며칠밖에 안 했어요."

"아버지에게 말도 없이 그냥 나온 이유가 분명히 있을 것 같은데 선생님에게 설명해줄 수 있겠니?"

"중학교 때 유도를 했는데 너무 무리하게 고된 훈련을 하다 보니 소변에서 피가 나올 정도로 신장이 안 좋아졌고 병원에서도 운동을 그만두어야 한다고 했어요. 그런데 유도부 코치가 재능이 있으니 계속 시켜야 한다고 하니까 아버지가 계속 운동을 하라고 했어요. 그래서 견디다 못해 그냥 엄마 집으로 갔어요."

세 달 후에는 아버지가 찾아내어 아버지 집에서 올해 10월 중순까지 살다가 아버지도 새어머니와 갈등이 심하자 자신의 입지가 곤란해지기도 했고 석찬이까지 데리고 있을 형편이 아니었는지 엄마와 사는 것을 허락해서 그때 이후로 엄마와 살게 되었다고 한다. 그런데 엄마와 살게 된 지 두 달 만에 이런 험한 일을 겪게 해서 너무 죄송하다며 고개를 푹 숙였다.

"그래도 네 잘못이 아닌 것이 밝혀졌잖니? 그리고 선생님이 석찬이와 만나면서 느낀 건데 다른 사람의 입장을 많이 생각하는구나. 상수가 밉지 않느냐는 내 질문에도 오죽하면 그랬겠냐고 이해하고 지금도 네 마음 다친 것보다 엄마 마음 상하게 한 것을 더 마음 쓰고 있구나."

석찬이는 칭찬으로 들었는지 '씩-' 하고 웃었다.

HTP 검사에서 대인관계 맺는 데 부적절하다는 사인이 계속 나타났기 때문에 그런 점을 통찰시키고 사회성을 증진시키기 위해서 여러 종류의 끈이 그려진 샘플을 주고 첫번째는 아버지와 나를 상징하는 끈을 골라 관계를 상징하는 형태를 만들어 붙이게 하고, 두 번째는 새엄마와 나, 그리고 마지막에는 친엄마와 나에 관한 관계를 오려 붙이게 했다.

차례로 각 '관계'에 대해 구체적으로 설명을 하라고 했더니, 중3 때 심한 몸살이 나서 학교에도 못 가고 누워 있을 때 이복동생에게 심부름을 시켰는데 안 간다고 우기니까 아픈 석찬이에게 갔다 오라고 한 것이 지금도 생각하면 서럽다고 했다. 그리고 중2 때 초등학생인 동생이 장난을 쳤는데 새엄마가 방으로 들어와서 석찬이를 나무라자 처음으로 내가 그런 것이 아니라고 소리를 쳤다. 그랬더니 저녁에 아버지가 들어와서 "한 번만 더 새엄마에게 개기면 죽을 줄 알아."라고 했던 일을 이야기했다.

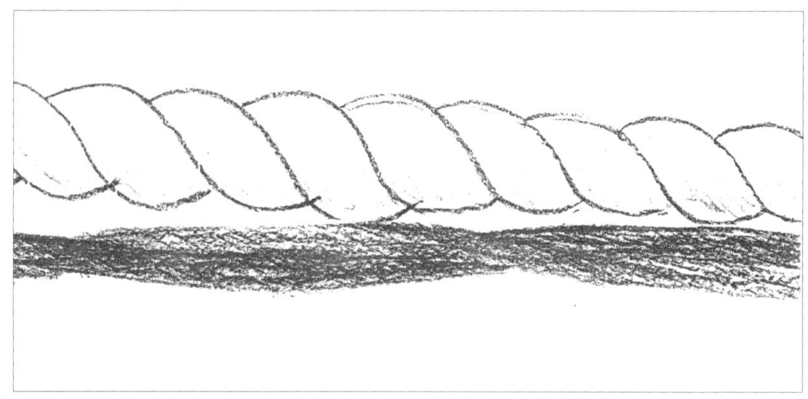

〈친엄마와 나의 관계〉친엄마는 자기에게 든든한 지원자여서 굵은 밧줄로 골랐고 엄마에게는 자기도 더 이상 미약한 존재가 아니라 힘이 되는 존재이므로 굵은 끈을 골랐다. 제목을 '애정'이라고 해서 오랜 세월 그리워하고 함께 살고 싶었던 마음과 맛있는 음식도 해주고 다정하게 대해주는 엄마와의 관계를 '애정'이라는 단어에 담았다.

이번 사건에도 아버지가 달려왔지만 자신의 말을 믿어주지 않고 상수 아버지 말만 듣고 불리한 합의를 했다.

반면 엄마는 자기 때문에 병까지 나고 상수가 사과를 해서 자기 아들이 잘못이 없다는 것을 알자마자 학교에 와서 자기를 위해 화를 내셨다며 내심 흐뭇해했다. 그리고 끝까지 자신의 생각을 철회하지 않는 상수 아버지 때문에 학교에서 극약 처방으로 이렇게 합의가 되지 않으면 두 학생 모두 퇴학시킬 수밖에 없다고 하자, 분하지만 아들의 장래를 위해서 참은 엄마의 마음을 이 밧줄로 표현했다(상수 아버지는 아들이 진실을 털어놓았는데도 석찬이 엄마에게 사과는커녕 입에 담지 못할 욕설과 협박을 했다고 한다).

"석찬아! 친엄마 앞에서의 너처럼, 아버지와 새엄마 앞에서도 굵은 끈이 되려면 어떤 노력을 해야 할까?"

"전문적인 직업을 갖고 당당해지는 거요."

"어떤 직업을 가지려고 하니?"

"이모가 컴퓨터 그래픽 디자이너인데 돈도 잘 벌고 회사에서 대우도 좋다고 했어요. 그래서 저도 그 일을 하고 싶어요."

그래서 나는 겨울방학 때 동해바다에 꼭 가보고 소감을 말할 것과 이모에게 컴퓨터 그래픽 디자이너가 되는 자격 조건을 알아보고 학원에 등록해서 배울 것을 숙제로 내주었다.

석찬이와 개학 후에 만날 약속을 하고 나서 이런 질문을 했다.

"석찬아! 네가 이제껏 살아온 인생을 영화로 만든다고 하자. 제목을 뭐라고 하고 싶니?"

"시련이요."

나는 그런 석찬이를 가만히 안아주며 등을 두드려주었다.

심장이 쪼그라들었어요

그래서 그 이름도 무시무시한 학교폭력의 당사자인 성진이를 만나게 되었다. 그런데 남자치고는 하얀 피부에 평소에도 자기주장이라고는 생전 해보지 않았을 것 같은 온순하고 겁먹은 표정으로 상담실을 조심스럽게 들어왔다. 상담실 입구에서 걸어 들어오는 성진이를 향해 "얘, 나는 조직폭력배 같은 학생이 나타날 줄 알고 가스총이라도 준비하려고 했는데 맥 빠지네. 지금 네 모습을 보니 개미가 지나가도 다칠까봐 피할 것 같구나." 하고 농담을 던졌는데 성진이는 웃지 않고 얼굴이 더 하얗게 되면서 쭈뼛거리고 서 있었다.

요즘 학교폭력이 이슈화되어 교직원 회의 시간에 학교폭력에 대한 내용이 귀에 익을 정도다. 항상 사회적인 이슈가 되고 특별 강조 기간에 걸리면 처벌도 훨씬 가중되는 것이 현실이다. 이런 사회적인 분위기와 학생부장님의 법적 처벌 규정에 대한 살벌한 목소리의 여운이 가시기도 전에 어떤 간 큰 놈이 친구와 한판 붙어서 상대편 아이의 무릎뼈를 으스러뜨렸다는 소식을 듣게 되었다.

내가 이 사건을 위탁받았을 때의 상황은 현재 피해 학생은 무릎 수술을 받았지만 예후가 좋지 않아 재수술을 받아야 한다는 의사의 진단을 받고 병원에 누워 있는 상태였다. 싸움을 먼저 걸었던 성진이(가명)의 부모님은 다친 학생 어머니에게 자꾸 전화해서 "우리 아이가 가만히 있는데 그럴 리가 없어요. 그 애가 먼저 우리 성진이를 자극했겠죠."라고 말하는가 하면, 심지어는 "우리 아이가 어릴 때부터 하도 맞고 오는 것이 속상해서 차라리 때리라고 가르쳤어요."라며 감정적인 대응만 하신다는 것이다. 어찌 되었든 자기 아이 때문에 다쳐서 입원해 있는 상황이면 우선 죄송하다고 사과하고 정황을 들으려고 하는 게 상식인데, 다친 학생의 흠잡기에 열을 올리며 공격적으로 나오니, 담임선생님께서는 두 학생 다 자기 반 학생인 상황에서 어떻게 처신해야 좋을지 모르겠다며 나에게 의뢰를 해왔다.

그래서 그 이름도 무시무시한 학교폭력의 당사자인 성진이를 만나게 되었다. 그런데 남자치고는 하얀 피부에 평소에도 자기주장이라고는 생전 해보지 않았을 것 같은 온순하고 겁먹은 표정으로 상담실을 조심스럽게 들어왔다. 상담실 입구에서 걸어 들어오는 성진이를 향해 "얘, 나는 조직폭력배 같은 학생이 나타날 줄 알고 가스총이라도 준비하려고 했는데 맥 빠지네. 지금 네 모습을 보니 개미가 지나가도 다칠까봐 피할 것 같구나." 하고 농담을 던졌는데 성진이는 웃지 않고 얼굴이 더 하얗게 되면서 쭈뼛거리고 서 있었다.

소파에 일단 앉으라고 하고 "지금 네 기분이 어떠니?"라고 차분하게 물었다.

"너무 나빠요. 사실은 점심도 못 먹었어요. 밥이 넘어가질 않아요. 너무 걱정이 돼서……. 하도 무시하고 욕하고 그래서 참다 못해 싸우자고 한 건데…… 이렇게 될 줄 몰랐어요."

"후회하고 있구나!"

고개를 끄덕인다.

"그래도 제 욕을 했으면 참았을 거예요. 엄마 욕을 해서…… 그래서 참을 수가 없었어요."

"그랬구나! 선생님이 보기에도 너는 착하고 예의바르게 보이는구나. 담임선생님께서도 네가 그랬다는 것이 많이 의외셨나봐. 너를 많이 좋아했다고 하시더구나. '성진이가 우리 반이어서 참 좋았어요.'라고 하셨거든. 뭐 그래서 지금은 싫어졌다는 것이 아니고 좀 당황하셨나봐. 그러지 않을 학생이 그랬으니까."

나의 말을 듣고 있던 성진이는 눈이 빨개져서 곧 눈물이 나오려는 것을 꾹 참고 있었다.

"아까 엄마 욕을 해서 도저히 참을 수 없다고 했는데 어떤 욕을 했는지 구체적으로 말해줄 수 있겠니?"

"(얼굴이 빨개지고 당황한 빛이 역력해서)그건…… 말하기가…… 너무 심한 욕이라서요."

"그래 네 입으로 말하기도 민망할 정도구나. 그런 욕을 듣기까지 했으니 얼마나 속이 상했겠니. 그래도 말하기 힘들면 이 종이에라도 써줄래. 그래야 네가 어떤 강도로 화가 났을지 추측할 수도 있고 균형감각을 갖고 이 사건을 볼 수 있지."

그러자 마지못해 종이에 썼다.

"니미 ××를 쑤셔버린다."

나는 성진이가 쓴 욕을 보고 순간 당황하고 민망했다. 그 욕을 다시 쓴 성진이도 민망한지 알지 못할 미소를 지었다.

"욕을 한 것이 이번이 처음이었니?"

"아니에요. 저는 친하게 지내려고 말을 걸면 '이 ○○ 재밌다, 이 && 맛있다, 이 ×× 엉덩이 네 대 맞았다.' 라며 말끝마다 이 ××, 저 ××라고 했어요. 솔직히 기분이 안 좋았어요. 그래도 어떻게 해서든 친구 하나 사귀어보려고 이래도 참고 저래도 참고 했지만 엄마 욕을 하는 데는 저도 참지 못하겠더라구요. 그래서 하루는 곰곰이 생각했어요. 어떻게 해야 할까 하고……. 친한 친구에게 하소연을 했더니 그걸 가만 두냐며 흥분하기에 저도 참으면 바보 될 것 같고 그래서 한판 붙자고 했어요."

"아- 그러니까 성진이는 많이 참았구나. 선생님이라도 참기 어려웠을 거야. 그러다가 큰 용기를 내서

〈나무 그림〉 나무 나이는 20세. 비 올 거 같은 날씨에 우울한 기분이라고 했다. 힘든 시기는 14세라고 했고 지금 필요한 것은 '옆에 같이 있어주는 것'이라고 했다. 혼란스럽게 얽힌 가지는 대인관계에서의 혼란을 시사하고 용지 하단에 그려진 것은 우울한 심경을 나타낸다.

〈집 그림〉 가족은 모두 세 명이고 화목한 분위기라고 했다. 이 집에 더 필요한 것은 나무와 꽃이라고 했고 자기 집이 아니고 외숙모 집이라고 했다. 자기 집과 다르게 외삼촌이 공무원이어서 생활이 안정된 것이 늘 부러워서 그린 것 같다고 했다.

〈인물화(남)〉(왼쪽) 6세이고 엄마에게 혼이 나서 삐쳐 있다고 했다. 고민은 엄마와 다시 좋게 지낼 수 있을까 하는 것이고 우울한 기분, 지금이 가장 힘든 시기. 다리를 전체 신체에 비해 크게 그린 것은 불안한 마음을 과잉 보상하려는 사인이고 이 그림도 용지 아래 왼쪽에 그렸다. 하단 왼쪽 구석은 과거와 관련된 우울감을 나타내며 경험적 연구에 의하면 충동적으로 행동하려는 경향성, 욕구와 충동의 즉각적인 만족을 추구하려는 경향성을 나타낸다.

〈인물화(여)〉(오른쪽) 9세이고 남과 잘 어울리는 성격에 현재 기분이 좋다고 했다. 여자의 인물상을 남자의 인물상보다 크게 그린 것은 6세 때보다 9세 때 자아 강도가 더 큰 것을 무의식적으로 표현한 것이다. 그러고 나서 "이 그림은 주변에 아는 사람 중 누구와 닮았니?"라는 질문에 "둘 다 저를 그린 것 같아요."라고 대답했다.

자기표현을 한 것이 이런 결과를 가져왔구나."

"(고개를 푹 숙이며) 지금은, 참을 걸 괜히 그랬다고 후회하고 있어요."

나는 분노를 통제하고 적절하게 표현하는 기술을 훈련시키기 전에, 이런 양순한 아이가 분노를 해결하는 방법이 아귀가 맞지 않는 것 같아서 눈에 보이지 않는 성진이의 자아 개념을 알아보기 위해서 HTP 검사를 실시하기로 했다.

그리고 학기 초에 학생 이해 자료의 하나로 문장 완성 검사(SCT/청소년용)를 각 반 담임선생님께 드렸더니 성진이를 의뢰하시면서 섬세하게도 복사본을 보내셨다. 그중 몇 문장을 살펴보면 이렇다.

우리 아빠는 엄격하시다.

내가 가장 무서워하는 것은 아버지의 호출.

내가 행복한 때는 잠을 잘 때다.

우리 엄마는 __________

잠을 잘 때만 행복하다면, 정도는 측정할 수 없지만 우울한 상태라는 것을 시사한다. 그리고 아빠는 엄격하시다, 아버지의 호출을 무서워한다는 것이 아버지에게 받았던 부적절한 양육 경험을 나타내주고 있다. 또한 엄마에 대해 노코멘트를 한 것은 엄마에 대한 심리적인 거부감의 무의식적 표현이거나 정서적 유대가 없고 피상적인 관계라는 것을 시사한다.

HTP 검사 결과 현재 매우 우울하고 자아강도가 취약하며 의존적인 심리상태였다. 첫번째 면담에서 성진이의 의외의 행동이 폭력적인 기질적 성향 때문이라기보다 누적된 스트레스에 의한 충동적인 행동이라는 진단을 했기에 분노나 그간에 막힌 정서의 근원을 알아내고 성진이의 자기통찰을 촉진하기 위해서 '나의 성장 나이테' 만들기를 했다. 색찰흙을 주고 빈 CD 케이스에 자기 나이테를 빚어서 담도록 했다.

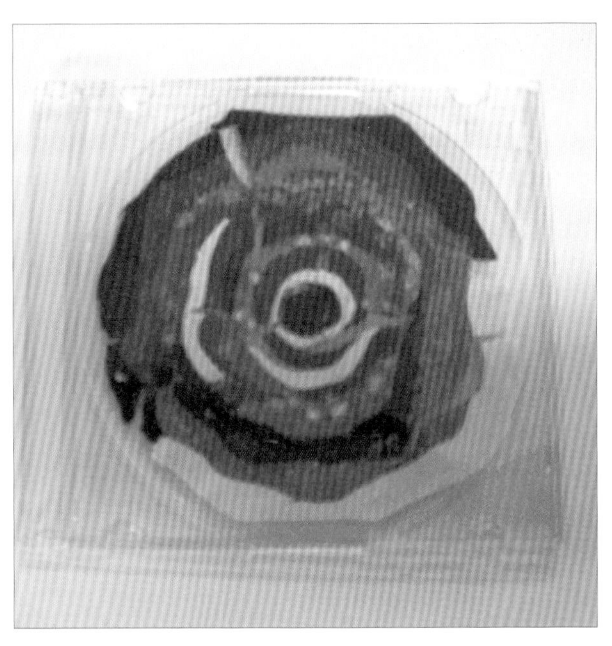

■ 안쪽의 검은색 : 6세 때 아버지가 버스에 치여 허리에 심한 부상을 입어서 집안 분위기 암울.

■ 흰색 : 7세 때 아버지가 여러 번의 수술 끝에 많이 완쾌되셔서 다시 직장에 다니자 안정을 찾았다.

■ 보라색/ 갈색 : 초등학교 들어가서 새 친구, 선생님 등을 만나 설렘. 그런데 어느 날 도시락을 싸오라고 했는데 자기 혼자만 도시락통을 가져와서 친구들도 웃고 선생님에게도 야단을 맞았다. 왜 도시락통만 가져왔냐는 질문에 건들거리며 대답해서 야단을 많이 맞고 시무룩했었다.

■ 흰색/연두색 : 초등학교 3학년 때 조를 짜서 소방서 견학을 가는데 친구들과 가위, 바위, 보를 하며 진 사람이 이긴 사람을 업어주는 게임을 하며 걸어갔다 온 것이 너무 즐거웠다. 그리고 아버지가 차로 소방서에 데리러 오셔서 친구들 앞에서 으쓱했는데 함께 탔던 여자 친구가 그 다음날 "너네 아버지 차에 담배와 방향제 냄새가 섞여서 머리 아팠어." 라는 말에 너무 창피했다(흰색). 3학년 겨울방학하기 전에 이사를 갔는데 3년 동안 애써 사귄 친구들을 뒤로 하고 떠나야 하고 다시 새 친구를 사귀어야 해서 답답했다(녹색).

■ 보라색/하늘색 : 초등학교 4학년 때 전학 간 새 학교에서 친구를 우연히 만나게 되어서 반가웠다(보라색). 그러나 친구들을 사귀기는 했지만 정말 마음을 주고받을 친구는 없어서 쓸쓸했고 집도 친한 친구들이 사는 곳과 반대 방향이어서 동생하고만 하교를 했다. 등하교 길에 심심했고 쓸쓸했다(하늘색).

■ 빨간색 : 5학년 때 수업 시간에 조용히 하라고 했는데 뒤에서 떠들다가 엉덩이에 피멍이 들 정도로 맞았다. 억울했다. 나만 떠든 것 같지 않은데 나만 지적해서 때렸다. 그날이 반 단합대회여서 아이들은 웃고 난리가 났는데 나만 시무룩해서 쭈그려 있었다. 그리고 외삼촌이 이혼을 해서 조카를 집에 데려와서 키웠는데 엄마가 조카만 신경 쓰고 살피니까 질투심이 생겨서 동생과 합세해서 때리고 괴롭혔다.

■ 연두색 : 6학년 끝날 때쯤 갑자기 이사를 하게 되어 새 학교에서 적응하기 어려웠다. 이미 친구들은 초등학교 6년 동안 쌓은 우정을 바탕으로 견고하게 뭉쳐 있어서 내가 끼어들 틈이 없었다. 그런데 한 친구와 싸울 뻔하다가 그 친구가 다음날 미안하다고 사과해서 그때부터 친하게 지내게 되어 그나마 위안이 되었다. 그 후로 반 장기대회를 하면 같이 개그도 하고 그해 겨울방학식 날 스케이트장에도 갔다.

■ 검은색/주황색 : 중학교 진학해서 6학년 때 같은 반 아이가 한 명밖에 없었다. 그러던 중 앞에 앉은 아이와 친해졌는데 친구들과 말뚝박기 놀이를 하다가 뒷목의 가운데 뼈를 다치게 되었다. 다쳐서 울고 있는 친구에게 "남자가 그거 가지고 우냐?"라고 말해서 그 친구에게 절교를 당했다. 위로하려고 하다가 도리어 친구의 감정을 상하게 해서 괴로웠다. (그 당시 상황으로 돌아간다면 친구한테 어떻게 할 거냐고 물었더니 "지금 같으면 '야! 아프겠다. 다친 데는 없어?'라고 하죠."라며 답했다. 이 일을 통해 깨달은 것이 있다면 어떤 것이냐는 나의 질문에 성진이는 마음을 잘 표현하는 것이 중요한 것을 느꼈다고 대답했다.)

중학교 때 어쩐 일인지 친구들이 뽑아줘서 부반장에 당선되었다. 그런 내가 자랑스러웠다. (나는 이 말을 놓칠세라 "야! 대단한데, 그러니까 친구들이 성진이를 자신들의 리더로서 적격이라고 생각했구나!"하고 지지해주었다. 성진이는 얼굴이 빨개졌다). 정말 나름대로 열심히 했는데 선생님께서 아무런 인정도 해주시지 않아서 섭섭했다. 공부는 여전히 신통치 않았으나 부반장 노릇을 잘해낸 것에 마음이 뿌듯했다(주황색).

■ 빨간색/하늘색 : 중학교 2학년 때 중학교 1학년 때부터 친하게 지냈던 친구랑 한 반이 되었는데 어느 날 갑자기 태도가 돌변해서 나를 무시하고 마주쳐도 마치 안 보이는 사람처럼 스치고 지나갔다. 괴로워하다가 이유를 물었더니 "너랑 있으면 매일 싸우게 된다."고 말해서 마음이 괴로웠다. 그 와중에 새 친구가 생겼다. 그 친구와 동인천 지하상가에 옷과 신발을 사러 다녔다.

■ 하얀색 : 중학교 3학년 때 처음으로 얼떨결에 반장이 되었다. 반장에 걸맞은 행동을 하려고 장난도 치지 않고 아무리 지겨운 수업 시간도 졸지 않으려고 뺨을 때리면서까지 잠을 쫓았다. 그리고 공부도 학창시절 중 가장 열심히 해서 성적이 많이 올랐다. 그리고 초등학교 6학년 말에 인천으로 전학 가서 힘들 때 위안이 되었던 친구가 같은 반에 있었던 것도 좋았다.

■ 검정색 : 고등학교 진학. 이번에 싸웠던 아이와 친하게 지내려고 말이라도 걸라치면 그 친구 입에서 나오는 말이 주로 "씨×, 병신, 이 ××, 저 ××……."였다. 마음이 많이 상했지만 언젠가는 마음을 열고 자기를 받아줄 것이라는 희망으로 계속 친한 척 말을(야! 너 오늘 머리 잘랐구나!) 걸다가 입에 담기도 민망한 쌍욕을 듣고 참지 못해 "야! 한판 붙자"라고 한 것이 이런 엄청난 결과를 가져와서 마음이 많이 괴롭다. 조금만 더 참았으면 이런 일이 없었을 텐데 하며 후회한다.

성진이는 이 나이테의 제목을 '회오리'라고 말했다. 이유를 묻는 나에게 "회오리가 불 때 여러 가지 물건을 빨아들이듯이 이제까지 살아온 제 삶을 나이테로 만들어놓고 보니 좋은 일 싫은 일을 다 가지고 산 것 같아서요."라고 대답했다.

성진이에게 '성장 나이테'를 만들어서 이런 이야기를 하도록 촉진하는 데는 이유가 있다. 내가 만나는 '폭력, 학교폭력, 성폭력 등'의 가해자들은, 만난 지 10분만 경과해도 이 아이들이 한때는 피해자(신체적 · 언어적 폭력, 방임, 가정 내 폭력을 목격하고 자라는 등)였음을 알 수 있다. 그런 아이들의 내면은 사실 두려움에 떨고 있다. 사랑받지 못해서 사랑할 줄도 사랑받을 줄도 모르는 한 마리 상처 입은 짐승처럼 으르렁거리는 것이다.

그래서 성진에게 자신이 경험했던 현장을 다시 객관적으로 말하도록 촉진해서 자랑스러웠던 일, 수치스러웠던 일, 괴로웠던 경험들 모두가 자기(self)라는 것을 수용할 수 있도록 했다. 한편, 치료자로서의 나는 성진이가 자기 삶을 어떻게 해석하는지 알아야 성진이 행동에 결정적인 영향을 주는 게 뭔지 분석할 수 있기 때문이다.

나는 사람들의 잘못을 징치하고 형을 언도하는 판검사가 아니다. 나는 어떤 상황 속에서도 학생들을 안전하게 보호해야 하고, 그들의 성장을 돕는 교사다. 피해자도 가해자도 내 학생이며 내가 돌봐야 하는, 아직은 어리고 그래서 변화할 가능성도 많은 그런 존재다. 그래서 어떤 경로로 내 앞에 있든 나는 그 내담자를 성장시켜주어야 할 소명을 느낀다. 아무도 나에게 그래야 한다고 강요한 사람은 없다. 그저 내 마음 저 깊은 곳에서 누군가 나에게 그런 삶을 살라고 끊임없이 부추기는 소리가 있을 뿐이다. 그 소리를 무시하고 살면 가슴이 답답하고 계속 마음에 걸려서 "아이고 내 팔자야!"라고 구시렁거리면서도 나를 몰아치는 것이다.

"마지막으로 현재 기분이 어떠니?"

"너무 시원해요. 마치 돌이 놓여 있다가 없어진 것 같아요."

며칠 후 담임선생님께 성진이 근황을 물었다.

"애가 너무 밝아졌어요. 그리고 뭐라고 할까…… 마치 어린아이가 된 것처럼 어리광도 피워요."

"아주 전형적인 진행 과정을 보이는군요. 제가 용해서가 아니라 그냥 구멍 난 양은냄비에 껌을 붙여놓

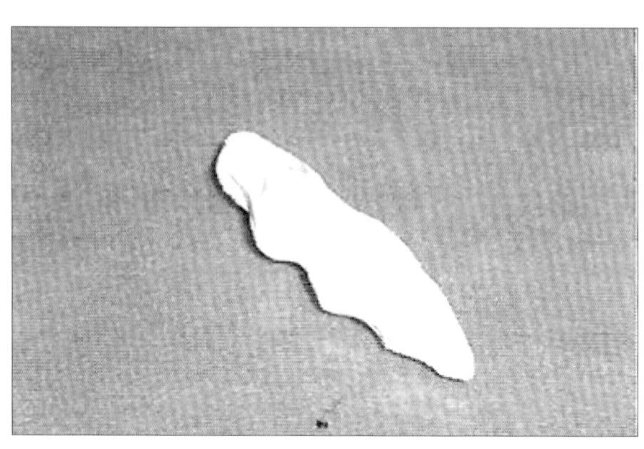

〈심장 조각-이리 차이고 저리 차이고〉 성장 과정에서 잦은 부모님의 싸움을 목격하면서 그때마다 자기 심장이 오그라드는 것 같다며 불안이 극에 달했을 때의 자기 심장을 표현했다.

은 것입니다. 그리고 심리 치료를 하는 중에는 내담자가 일시적으로 퇴행해서 어린아이처럼 행동하곤 하거든요. 관찰을 섬세하게 잘하셨네요."

나는 이쯤에서 여기는 학교지 심리치료센터가 아니라고 자위하며 애써 무시하려고 했다. 그런데 성진이와 만난 회기를 녹음한 것을 다시 듣는 과정에서 성진이는 심리적으로 힘들지 않은 안전한 것(학교 이야기, 친구 이야기 등)만을 말하고 있었다. 갑자기 피부 속은 썩고 있는데 피부 표면에 연고만 발라 준 것 같아서 성진이를 한 번 더 불렀다. 그리고 빈 CD 케이스에 담긴 성장 나이테를 보여주며 "기억하니?"라고 물었더니 쑥스러워하며 고개를 끄덕였다.

"이 회오리를 보면서 마음이 아팠을 때를 이것으로 자유롭게 만들어볼래?"

준비했던 지점토를 앞에 내밀자, 지점토가 모자라면 어떡하나 했던 내 걱정이 무색하리만치 귀퉁이만 조금 떼어내어 몇 번을 손 안에서 주물럭거리더니, 마치 밀가루 반죽으로 빚다 만 만두 모양처럼 만들었다.

"무엇을 표현한 것이니?"

"……제 심장이요. 이리 차이고 저리 차여서 이렇게 쪼그라들었어요."

"누가 네 심장을 이리 차고 저리 찼니?"

"(눈에 눈물이 고인다) 저번에 나이테 만들면서는 말씀 안 드렸는데요, 부모님이 너무 싸우셔서…… 그것을 보는 제 마음이 어땠는지 아세요? 아버지가 물건을 부수고 엄마를 때릴 땐 엄마가 죽으면 어떡하나 걱정하고, 자다가 두 사람이 소리소리 지르고 싸우면 그 다음에 벌어질 일을 마음 졸이며 기다리다가 두 분이 이제 조용해져서 잠들어도 저는 자지 않고 새벽까지 깨어 있어요."

"그때 무슨 생각을 하니?"

"(눈물이 죽 흘러내린다) 왜 이런 집에 태어났을까? 왜 이렇게 살아야 하나? 언제까지 이럴 건가? 이혼하면 우리는, 나는 어떻게 되나? 이런 거죠 뭐."

나는 해줄 말이 갑자기 생각나지 않았다. 부모가 서로를 죽일 듯이 싸우다가 잠든 밤, 어린 소년이 홀로 깨어서 여명이 밝을 때까지 쭈그리고 앉아 불행한 자기 신세를 생각하는 실루엣이 떠올라서였다.

성진이 부모님은 성진이가 어릴 때부터 사흘이 멀다 하고 싸우고, 싸우면 일주일 넘게 냉전의 시간을 보냈으며, 싸울 때마다 '이혼'이라는 단어가 안 나올 때가 없었다고 한다. 지금도 생생한 기억은 초등학교 4학년 때 부모님이 조그마한 슈퍼를 했는데 싸움이 진행되자 영업용 아이스크림 통 안에 있던 더운 공기 차단용 두꺼운 유리를 던져서 슈퍼가 아수라장이 되고 성질을 못 이긴 아버지는 그 유리를 손으로 으깨서 피가 흐르고…… 너무 공포스러웠다고 한다. 동생들은 그 자리에 없었냐는 질문에 엄마가 그럴 줄 알고 미리 이웃에 피신시켰다고 했다. "너는?" 하고 묻자 "아버지가 흥분할 때 그래도 말을 듣게 하는 사람은 저밖에 없다며 엄마가 옆에 있게 했어요." 참으로 기가 막혔다. 몇 살 더 먹었을 뿐이지 성진이도 어린아이이고 안 좋은 것에서 보호해주어야 할 '돌봄'의 대상인 것을 모르고 자기들 부부싸움에 방패 노릇을 하게 한 것이다.

두 번째 생각하기도 싫은 기억은 중학교 3학년 때 무슨 일로 냉전 중인지 며칠째 큰 소리가 나던 때였는데 이웃사람이 차를 빼달라고 했다. 그 당시 성진이 아버지는 다리 하나를 깁스한 상태이고 술을 먹은 상황이어서 엄마와 성진이가 극구 말렸는데도 불구하고 차를 빼러 나갔다. 술에 취해서인지 후진 기어를 넣어야 하는데 전진 기어를 넣고 속력을 내서 앞 집 담벼락을 뚫고 나가 성진이네 차도 엄청나게 부서지고 앞집 차 두 대가 박살이 나는 바람에 손실이 컸다. 앞집 차는 보험으로 보상해주려고 했는데 이웃사람이 성진이 아버지가 술을 먹고 운전했다고 경찰에 신고해서 경찰관이 아버지를 연행하고 성진이네 차 수리비만 400만원이 나왔다. 그때 성진이는 '우리 집이 이제는 끝나는구나!'라고 생각하며 하염없이 눈물을 흘렸다고 한다. 그 후 친척 집 여기저기에서 돈을 빌려 보상금을 주었지만 그 빚이 아직 고스란히 남아 있다며 "그때 그렇게만 안 했어도 지금처럼 집이 어렵지 않을 텐데……."라고 힘없이 말했다. 그런 사고뭉치 아버지가 밉지 않느냐는 내 질문에 눈물을 참으며 얼굴이 빨개졌다.

성진이와 회기를 마무리하며 "기분이 어떠니? 현재 기분을 솔직하게 말해줄래?"라고 했더니 "너무 우울해요……."라고 대답했다.

나는 성진이 손을 꼭 잡으며 "성진아, 부모님이 싸우신 것은 네 탓이 아니야. 그런 집에 태어난 것도 네 탓이 아니야. 선생님이 볼 때 성진이는 그 힘든 여건 속에서도 열심히 살고 좀더 나아지려고 노력했고 현재 여기까지 왔어. 그런 네가 자랑스럽다. 보통은 그 긴장, 괴로움을 이기지 못하고 뛰쳐나오거든. 너는 그 자리에서 네 일을 다 해내고, 엄마를 위로하고, 가족과 함께 했잖니? 그러니 힘들 때 마음이 터질 듯이 아플 때 오른손을 들고 왼쪽 가슴을 다독거리며 이렇게 말해봐."

'괜찮아, 괜찮아, 내 잘못이 아니냐. 잘하고 있어. 힘내, 성진아! 맞는 엄마를 보호하지 못한 것도 내 책임이 아니야. 나는 어렸고 엄마 아버지가 나를 돌봐주었어야 하는 거야. 그러니까 내 잘못이 아니야. 그리고 나는 문제보다 훨씬 크고 강해. 앞으로 더 잘 해낼 수 있어.'

성진이가 외울 수 있도록 몇 번을 그렇게 했는지 모른다. 가정이 불행한 원인이 성진이에게 있는 것이 아니라는 재보증(reassurance)과 격려를 해준 것이다.

부부간 폭력의 목격은 아동의 기능과 발달에 결정적인 영향을 미친다(Kolbo, Blakel& Engleman, 1996). 조사에 따르면 부부간 폭력을 목격한 자녀는 공격성, 과다행동을 하는 것으로 나타났으며 학업 성취도가 낮고, 낮은 자긍심과 불안, 철회, 정신 신체적 증상을 호소하였다. 또한 이들은 개인 내적인 문제 해결 기술이 부족하고(Rosenberg, 1987) 성장하면서 정신질환을 가질 위험이 높다. 또한 그린치(Grynch)와 핀첨(Fincham, 1990)은 부부간의 공격성 수준은 아동의 행동장애를 갑절 이상 늘어나게 한다는 것을 발견하고 이를 지지하였다.

학교폭력 가해 학생이 갈등을 해결하기 위한 방법을 상담실에서 습득하더라도 부모가 변하지 않으면 상담 효과가 없다. 왜냐하면 청소년들은 매 맞는 어머니(또는 아버지)를 보호하지 못했다는 죄의식을 가진 상태에서 늘 불안정한 가정환경에 노출되어 있으면 균형 잡히고 건강한 대처 능력을 발휘할 수 없기 때문이다. 가정폭력 희생자인 청소년을 치료하는 임상가들은 또다른 피해자요 희생자인 부모(대부분 어머니임)에 대해서도 그들의 스트레스를 조절할 수 있도록 심리 치료를 실시해야 한다고 주장한다. 같은 피해자인 어머니를 도와주는 방법이 청소년들의 자긍심 향상에 많은 도움이 되고 동시에 가족구성원 중에 자신을 지원할 수 있는 지지체계를 가지는 방법이 된다. 그래서 학부모와 상담하는 것은 필수과목이다. 그래서 나도 성진이 어머니와 상담을 했다.

좀더 내 시간이 허락된다면 성진이에게 조금이라도 구축된 자긍심을 통하여 자신의 가치를 높이고 자신의 인생을 사랑할 수 있는 역량을 길러주어야 한다는 생각을 했다. 설사 그런 시간이 허락되지 않는다 하더라도 성진이를 도울 수 있는 네트워크를 결성해주려고 한다. 성진이에게 호의적인 반 친구들, 담임선생님, 본인이 지식을 가르치는 것뿐 아니라 마음의 치료사도 되어야 한다는 신념을 가진 선생님, 그리고 성진이 아픈 마음에 공감해줄 수 있는 가족 등이 성진이의 치료 네트워크다. 문제를 발견했다고 하는 것은 벌써 문제를 해결하고 있는 것이다. 아자!

제3장
그림으로 보내는 SOS

- 왜 내 돈, 니들이 갖고 지랄이야!
- 쑥갓 감자전
- 못, 가시, 구멍, 맨바닥
- 엄마, 그렇게 그놈이 좋았어?
- 미륵, 절에 맡겨지다
- 기억에서 지우고 싶은 '짐승'
- 에티켓 매니저 경훈과 지훈

그러더니 수줍은 듯이 "그거 얼마나 받는 거예요?" 했다.

"1기분 수업료가 33만원 정도 하니까 33만원 4번 하면 전체 금액이 나오지."

"그거 부모님 통장으로 보내는 거죠?"

그래서 그럴 거라고 했더니 "선생님! 저에게 직접 주시면 안 될까요?" 하는 것이 아닌가. 그래서 안 되는 이유를 설명하자 낙심한 표정이 얼굴에 역력히 나타났다.

2학기 때 장기결석(집에서도 가출한 상태)으로 정균이 어머니는 자주 학교에 나오셔서 하소연을 하였다. 그런데 정균이가 집을 나가면서 아버지에게 "그 돈 돌려주지 않으면 내가 가만 있지 않을 거야. 왜 내 돈을 니들이 갖고 지랄이야." 라고 했다고 한다. 청소년의 심리에 대해 이해하기는커녕 사는 것 자체가 고해(苦海)인 정균이 어머니는 말씀하시는 것이었다. "갸가 점점 왜 그러는지…… 어릴 때는 우리 말 잘 들었거든요. 갸가 지 동생들 다 길렀어요…….

효행 체험 수기

나는 5남매 중 둘째다. 형은 나보다 한 살 위인데 어렸을 때 심장병 수술을 받아서 지금은 완쾌되었다고는 하지만 50m 달리기도 힘들어할 정도로 체력이 약하다. 형이 아파서 부모님이 병원에 살다시피 하다 보니 어린 동생들을 돌보는 건 모두 내 몫이었다. 형이 병원에 입원해 있을 당시 바로 밑에 동생은 갓난아이였고 나 또한 초등학교 2학년이었다. 엄마가 아버지와 형의 병수발로 꼼짝 못하고 병원에 매여 있는 동안 동생들을 씻기고, 밥을 차려주는 일을 하다 보니 조금씩 부모님께 원망이 쌓여갔다. '내가 다른 집에서 태어났으면 좋았을 텐데…….' 라는 생각을 수시로 할 정도로 힘들고 괴로웠다. 내 또래 친구들은 마음껏 뛰어놀며 부모님께 어리광을 피울 때, 나는 엄마와 아버지를 대신해 가사와 육아를 맡아서 동생을 씻기고, 먹이고, 기저귀 갈고, 재우고…… 젊은 엄마가 해도 벅찬 일을 했다. 나는 본의 아니게 어린 시절이 생략된 채 바로 어른의 삶을 살아내기 시작한 것이다.

나는 그 당시로는 최선을 다한다고 했지만 부모님의 관심과 사랑에서 멀어져 어린 내 손에 맡겨진 동생은 그런 여건에서 키워져서인지 선천적인 장애였는지는 몰라도 청각장애인이 되었다. 형이 퇴원을 하면 상황이 나아지길 간절하게 바랐으나 여전히 힘든 일, 궂은 일은 모두 다 내가 해야 했다. 형은 퇴원 후에도 절대 요양을 해야 할 만큼 늘 환자였고, 아버지에게도 집안의 병력인 폐질환(천식)이 발병하여 남동공단에서 하던 일을 그만두고 현재까지 그 병마와 투쟁 중이다. 그러다 보니 생계를 위해 어머니가 남의 집 파출부, 식당 종업원 등 닥치는 대로 일을 하게 되었고, 뒤이어 태어난 넷째, 다섯째 동생도 내 몫으로 돌아와 내가 다 키우다시피 했다. 본의 아니게 성인이 되어서 해야 할 아버지 예행연습을 지겹도록 해서 내 아이는 낳고 싶지 않을 정도다.

이런 생활이 반복되면 반복될수록 나는 점점 지쳐갔다.

이런 가정형편 속에서 크다 보니 나는 살면서 부모님께 서운한 것이 너무 많아서 일일이 말을 다 할 수 없을 정도였다. 상처받은 마음이 위로를 받지 못하자 그에 대한 반항으로 중학교 2학년에 나쁜 길로 서서히 빠져들었다. 그때는 집이 너무 싫었다. 술도 마시고 담배도 피우고 싸움도 많이 했다. 세상이 싫고 내 처지는 엉망진창인데 그것도 모르고 학생의 신분이니 교칙이니 행복한 삶을 위한 준비니 그런 뜬구름 잡고 배부른 놈들에게나 해당되는 설교만 하는 선생님들도 미웠다. 하지만 내 현실이 너무 기막히고 힘이 들어서 도피하려고 한 내 행동이 나를 더 망가지게 했다. 이러면 안 된다는 후회와 깨달음이 생겼어도 어떤 방법으로 삶을 살아야 하는지 막막하기만 하여 궤도를 수정하지 않고 있었다. 〈후략〉

〈**나무 그림**〉 기둥을 지나치게 넓고 크게 그린 것은 실제 내적 성격구조가 약하고 자아강도가 부족하면서도 이로 인한 불안감을 과잉 보상하고자 시도하고 있음을 의미한다. 사과열매는 애정 욕구와 의존 욕구가 매우 높고 다른 사람의 사랑에 목말라 있는 상태를 나타낸 것이라 볼 수 있다. 이 나무가 130세로 살아 있다고 한 것은 고목(枯木)을 그린 것인데 나이에 비해 험한 일을 많이 겪은 피검자가 보이는 반응이다. 힘든 일을 겪은 시기를 "이 나무가 반쯤 살았을 때"라고 답했고 지금 필요한 것은 '물'이라고 한 반응으로 보아 과거에 이어 지금도 힘든 과정에 있음을 시사한다.

언제나 삶은 영화나 문학보다 훨씬 처절하고 지난(至難)한 과정이다. 정균(가명, 17세)이가 내 강요에 못 이겨 마지못해 이 글을 쓴 6개월 후에 이젠 더 이상 공교육의 보호를 받지 못하고 더 이상 나를 선생님이라고 부를 수 없는 거리의 아이가 되었다. 그리고 한 달 뒤쯤 정균이와 한때 어울려 다니던 한 아이가 "선생님! 정균이 감옥 간 거 아세요? 걔 고렇게 뺀질거리고 다니더니 깜빵에 갔대요." (나는 이 대목을 쓰면서 이유 없는 눈물이 나서 닦고 있다.)

정균이는 반에서 눈에도 띄지 않을 정도로 작다 못해 누가 봐도 영양실조에 얼굴에는 마른버짐까지 핀 조용한 아이였다. 3월 하순경에 정균이는 체육시간에 그 작은 몸으로 혼신을 다해서 축구를 하다가 발을 헛디뎌 넘어지면서 큰 부상을 입었다. 병원에 일단 접수를 시키고 정균이 집에 연락을 하자 정균이 어머니가 5분도 안 돼서 달려오셨다. 예상했던 대로 쇄골뼈에 금이 갔다면서 원장님께서 엑스레이 사진을 보며 말씀하셨다. 어머니에게 치료비를 가져오셨냐고 물었더니(차림새를 보고 사람 형편을 다 알 수는 없지만 그런 것을 걱정할 만큼 남루해 보였기에) 무덤덤한 표정으로 "우리는 기초수급 1급이어서 병원비는 안 내도 돼요."라고 하는 것이 아닌가! 상황 봐서 정 형편이 안 되면 대신 내주려고 했던 나는 안도의 한숨을 내쉬었다.

그것도 한순간. 원장님께서 "그런데 이 쇄골뼈가 붙을 동안 지지해주는 보호대를 해야 하는데 2만원입니다. 어떻게 하시겠어요. 이것은 보험이 안 되는 품목이어서 돈을 내셔야 합니다." 했다. 나는 자연스럽게 정균이 어머니 쪽으로 눈을 돌렸다. 정균이 어머니는 약간 짜증나는 듯한 표정으로 무덤덤하게 "돈을 내야 한다고요?" 하고 미간을 찡그리셨다. 아들이 쇄골뼈 다친 것보다 돈을 내야 한다는 것에 더 충격을 받은 표정이었다.

나는 어려운 집에 태어나서 다친 몸보다 치료비 걱정을 해야 하는 정균이와 그 어머니 처지가 너무 참담해서 생각할 겨를도 없이 (돈을 지갑에서 꺼내며) "여기 있어요. 제가 내드릴게요."라고 했다.

나는 이 무겁고 숨막히는 상황에서 어서 벗어나고 싶었다. 그런데 정균이 어머니 반응이 내가 상식적으로 알고 있는 학부모가 보이는 반응이 아니었다. 마치 늘 도움을 받는 게 일상이 되어버린 듯 민망하기보다 너무 당연한 것처럼 편안하게 받아들이며 말하는 것이었다. "이젠 가자! 그래 내가 뭐랬어! 까불락거리지 말라고 했어? 안 했어?" 그러자 평소에 순진무구하게 웃던 정균이 표정이 살벌하게 변하며 욕을 할 기세로 엄마를 째려보았다.

처음으로 가출을 해 이틀간 결석했을 때 같이 나간 아이의 반 담임이 함께 가정방문을 가자고 해서 집을 아는 학생 두 명과 정균이 집을 찾아갔다. 나는 번화한 빌딩 뒤편에 6 · 25전쟁을 다룬 영화에서나 봄직한 집이 있다는 것에 또 한번 놀랐다. 집은 지붕이 아주 낮고 낮에도 침침한 굴 속 같았다. 정균이 엄마는 헝클어진 머리에 언제 세수한지도 확실하지 않은 부스스한 모습으로 나와서 들어오라고 하셨다. 문 입구에서부터 퀴퀴한 냄새가 나는데 들어오라는 말에 깜짝 놀라서 "아니 밖도 춥지 않은데요 뭘. 금방 갈 겁니다."라며 거절하고 나서 정균이 어머니와 대화를 나눴다. 하지만 도움이 될 정보를 얻기보다 횡설수설 신세한탄만 들었다. 정균이 동생들은 학교에서 선생님이 왔다고 하니까 문간 옆에 있는 한 평 정도의 방문을 벌컥 열어젖혔다. 다리 뻗기도 작은 그곳 방에서 심장병으로 고등학교 진학을 하지 않은 형과 청각 장애인 동생과 또다른 여동생 한 명이 호기심 어린 시선으로 우리들을 쳐다봤다. 그곳을 나와서 차 세워둔 곳까지 걸어가는데 30대 중반에 초임교사로 발령받은 함께 간 선생님은 울고 있었다.

〈집 그림〉 교외에 있는 집으로서 분위기는 따뜻한데 사는 사람은 세 명의 친구들(가출할 때마다 같이 어울려 다니는 친구 수)이 산다고 했다. 흔히 현재 가족에게 실망했거나 그 집의 구성원인 것이 부끄럽고 싫을 때 현재 가족이 아닌 사람과 같이 살고 있다고 응답하는 것이 일반적이다. 이 집의 다락방에 살고 싶다는 것은 가족간에 정서적 유대감이 없이 심리적인 거리가 멀 때 혼자만의 세계를 갖고자 하는 피검자에게서 보이는 반응이다. 특히 지붕에 위치한 창문은 내적인 고립감과 위축감을 시사한다.

"선생님! 저는…… 목이 메어요. 여기 올 때는 우리 반 학생 만나면 따끔하게 혼내주려고 했는데 이런 지역에 살면서 우리 반 아이는 부모도 없이 병

〈인물화(남)〉 15세이고 학생이라고 함. 건강하고 친구들이 많다고 했고 모두 착한 친구라고 했으며, 성질은 조용하고 장점은 '착하다', 단점은 '기다리는 것을 싫어한다'라고 했다. 자신을 그린 것으로 신체에 비해 작은 머리는 지적인 표현과 관련하여 수동적이고 억제되고 위축된 태도를 보일 수 있음을 시사하며, 아주 작은 귀는 정서적 자극을 피하고 싶어하고 위축되어 있음을 드러낸다. 입을 아주 작게 그린 것은 내적인 상처를 받지 않으려고 정서적 상호작용을 회피하거나 타인의 애정 어린 태도를 거절하려는 마음의 표현이다. 손가락을 그려 넣지 않고 손을 원 모양으로만 그리는 경우는 이러한 교류나 통제, 대처와 관련된 부적절감과 무력감을 시사한다. 신발을 가장 정교하게 그린 것은 의존과 독립 사이에서의 갈등, 자율성 문제에 강박적으로 집착하고 있다(실제로 가출해서 돌아오면 절대 집에 들어가지 않고 친구 집에서 살겠다고 해서 "친구 어머니가 허락하실까?"라고 물으면 "그럼 혼자 자취방 구해서 나갈 거예요."라며 늘 독립해서 집을 나오고 싶어한다)는 것을 시사한다.

든 할머니와 함께 살거든요. 이런 학생을 어떻게 지도해야 할지 혼란스러워요."

정균이는 이틀 후 학교에 나왔다. 담임교사이기보다 상담교사답게 "정균이가 학급에 없으니까 반이 텅 빈 것 같잖아. 와줘서 고맙다. 그런데 네가 결석해서 무결석 반 목표가 무너졌으니 어떡하지? 친구들에게 사과할 수 있지?"라고 하자 약간의 미안함과 쑥스러움으로 복잡한 표정을 짓는 정균이는 학급 친구들에게 미안하다고 사과하고 교실 안으로 들어갔다. 나도 '이제 잘하겠지.' 하며 불안한 마음을 스스로 위로했다.

그런데 4월에 와서 6일간이나 무단결석을 했다. 정균이 어머니는 집에 들어오지 않는 정균이를 찾아 학교에 와서 학교에 나왔냐고 물었다.

가출 원인을 묻는 나에게 "걔가 왜 그렇게 변했는지 모르겠어요. 옛날에는 지 애비에게 그렇게 맞아도 집을 안 나가더니……. 이제는 조금만 지껄여도 길길이 날뛰고 집 나가던 날도 친구들과 그만 어울려 다니라는 지 아버지 말에 뭐라고 지껄였거든요. 그랬더니 지 아버지는 재떨이를 정균이에게 던지고, 그러자 눈에 살기가 등등해서 천식으로 다 죽어가는 지 아버지 멱살을 잡고 죽여버리겠다고 목을 누르고……. 제가 그걸 뜯어말리느라고 얼마나 고생했는지 말도 마세요. 그래도 자식이 그러면 안 되잖아요?" 하며 내 동의를 구한다. 나는 아무 말도 할 수가 없었다. 정균이가 왜 그러는지 너무도 잘 알기에, 그리고 정균이 어머니에게 말해봤자 어차피 이해시키기 어려울 것 같아서였다.

친구들에게 수소문해서 PC방에서 정신없이 게임을 하고 있는 정균이를 데려왔다. 학기 초에 순진하고 해맑던 모습은 어디 가고 눈은 충혈되고 머리는 헤어젤을 발라 사자 머리처럼 하고 있었다. 그리고 입고 있는 교복은 탈수기에 탈수를 막 해서 그냥 입은 옷처럼 주름투성이였다. 영락없는 폐인이었다. 나는 정균이를 일주일간 수업에 들여보내지 않고 상담실에 있게 했다. 상담실에 있는 동안 심리검사도 하고 좋은 글도 읽힐 셈이었다.

정균이는 일주일간 상담실에 있으면서 하는 미술 치료나 독서 치료 프로그램을 제시하면 무표정하고 성의 없게 해치우고는 엎드려 자기 일쑤였다. 마치 이런 것으로는 끄떡없다고 시위하는 듯, 이 세상에 더 이상 기대할 것이 없다는 듯……. 정균이에게 어떻게 하면 그런 환경 속에서도 삶을 포기하지 말고 살아야 할 어떤 의미를 줄 수 있을까가 시급한 과제였다. 그래서 상담 과정에서 했던 라이프 스토리를 효행 체험 수기로 각색해서 제출하기로 결심했다. 물론 정균이가 유독 효행심이 있어서는 아니지만 상황에 밀려서 했어도 보통 학생이 감당하기 어려운 일을 해내었으니 그 자체가 부모님 역할을 도운 '효행'이 아닌가 해서였다. 내가 틀린 생각이어도 좋았다. 정균이가 이 수기로 상을 받고 자존감이 일퍼센트라도 올라가서 삶의 끈을 놓지만 않는다면 나는 그것으로 족하다고 생각하고 효행 체험 수기 담당 선생님께 제출했다. 정균이는 우수상을 받게 되었다.

나는 큰일이나 되는 듯 "정균아! 기쁘지? 너 이런 상 타면 학교생활기록부에도 올라가고 대학에 진학할 때도 가산점이 있을 거야."라고 했더니 무표정한 얼굴에 시들한 미소를 띠며 "선생님께서 하도 내자고 하셔서 냈지만 저는 별로 내고 싶지 않았어요. 이젠 별로 예전처럼 병신같이 살고 싶지도 않고……. 그리고 글보다 더 힘들었는데 그 힘든 것을 글로 다 표현할 수도 없어서 답답하고……." 라고 대답했다.

그러고 나서 삶의 의미를 느끼게 할 두 번째 기회가 다시 왔다. 실업계 고등학교는 입학성적이 우수하면 순차적으로 공고 장학금을 주는 제도가 있는데, 2학기에 정균이가 그 장학금을 받게 되었다. 나는 너무 기뻤다. '아- 이제는 정균이가 힘이 나겠구나! 학교에 다닐 맛이 나겠구나!' 생각하며 선정 회의가 끝나자마자 쏜살같이 정균이에게 가서 알려주었다. 그랬더니 효행상 받을 때와는 다르게 얼굴에 주름이 생기게 활짝 웃었다. 그러더니 수줍은 듯이 "그거 얼마나 받는 거예요?" 했다.

"1기분 수업료가 33만원 정도 하니까 33만원 4번 하면 전체 금액이 나오지."

"그거 부모님 통장으로 보내는 거죠?"

그래서 그럴 거라고 했더니 "선생님! 저에게 직접 주시면 안 될까요?" 하는 것이 아닌가. 그래서 안 되는 이유를 설명하자 얼굴에 낙심한 표정이 역력히 나타났다.

2학기 때 장기결석(집에서도 가출한 상태)으로 정균이 어머니는 자주 학교에 나오셔서 하소연을 하였다. 그런데 정균이가 집을 나가면서 아버지에게 "그 돈 돌려주지 않으면 내가 가만 있지 않을 거야. 왜 내 돈을 니들이 갖고 지랄이야." 라고 했다고 한다. 청소년의 심리에 대해 이해하기는커녕 사는 것 자체가 고해(苦海)인 정균이 어머니는 말씀하시는 것이었다. "갸가 점점 왜 그러는지…… 어릴 때는 우리 말 잘 들었거든요. 갸가 지 동생들 다 길렀어요……."

나는 아무 말도 하지 않으려던 다짐을 잊고 "그래서 지금 정균이가 그러는 거예요. 정균이는 유년기와 아동기가 없이 어른 노릇을 해야 했기 때문에 지친 거예요. 제가 볼 때는 또래 애들보다 신체적으로도 왜소해서 보고 있으면 안쓰러운데 집에서 가장 건강하다고 그 무거운 짐을 다 졌으니 소진된 거죠."라고 했다. 그러자 정균이 어머니는 말도 안 되는 소리를 한다는 표정으로 "선생님! 정균이는 힘 안 들어요. 갸가 그래도 공부도 지그 형이나 동생보다 잘해서 사회복지사도 엄청 귀여워하고 지원도 많이 나와요. 교회에서도 정균이 보고 지원해주는 것도 있고…… 불만이 생길 게 없어요." 나는 '아차 괜히 말을 했다.' 하고 후회했다.

상담도 내담자에게 자원(資源)이 있을 때 성공할 가능성이 크다. 정균이는 가정적 자원이 너무 열악한 가운데 그나마 자원이라곤, 실업계에서 성적이 잘 나온다는 것과 담임이 상담 공부 좀 해서 야단치고

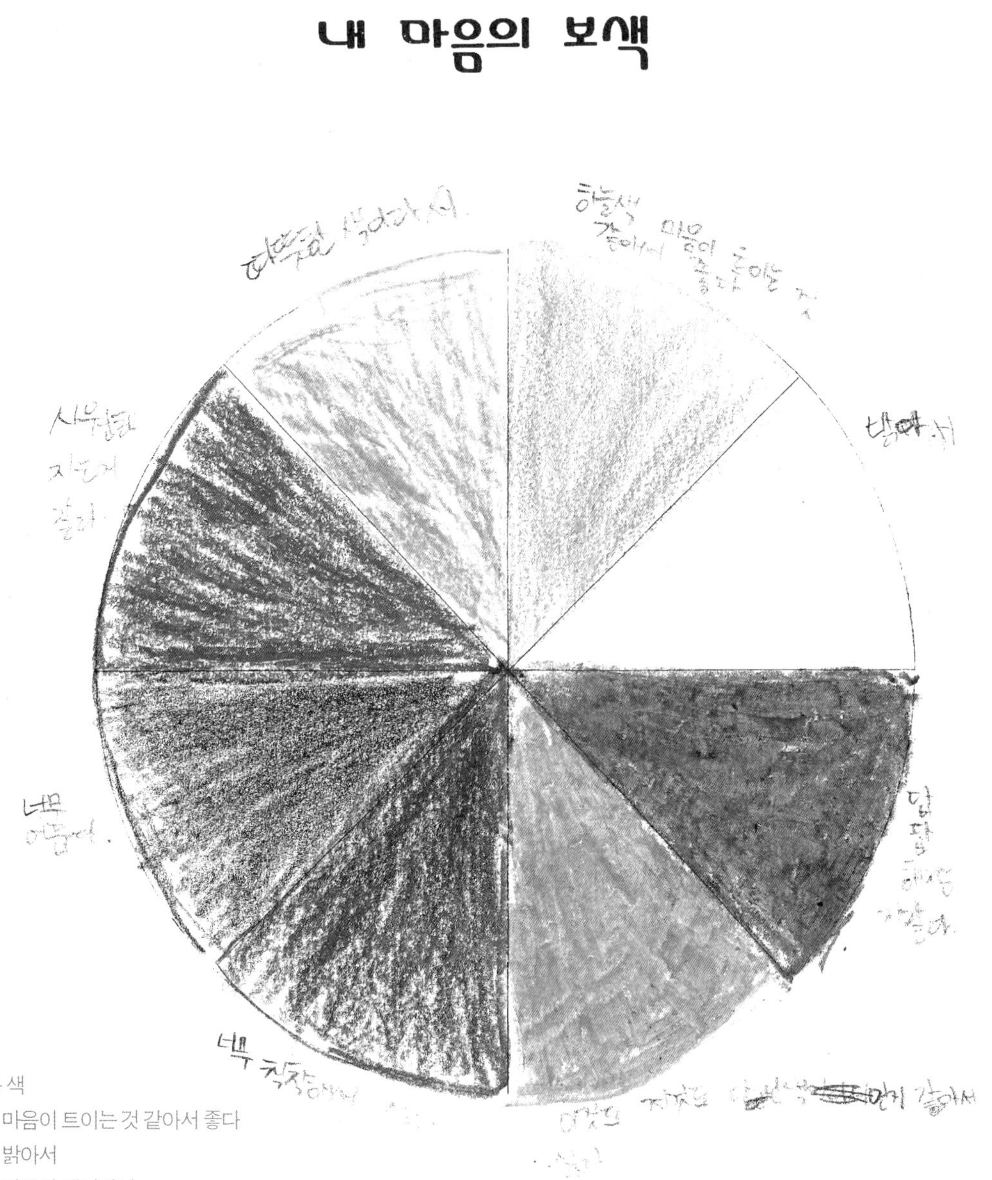

내 마음의 보색

1. 좋아하는 색
1) 하늘색 : 마음이 트이는 것 같아서 좋다
2) 노란색 : 밝아서
3) 분홍색 : 따뜻한 색이라서
4) 파란색 : 시원해지는 것 같아서

2. 싫어하는 색
1) 검은색 : 너무 어둡다
2) 고동색 : 너무 칙칙해서 싫다
3) 회색 : 이것도 저것도 아닌 색 같아서 싫다
4) 녹색 : 답답해지는 것 같다

〈내 마음의 보색〉 좋아하는 색을 한 칸에 먼저 칠하고 마주보는 칸에는 싫어하는 색을 차례로 칠하게 하면 좋아하는 색 4가지와 싫어하는 색 4가지가 모두 칠해진다. 그런 후 각 칸 위에 좋아하거나 싫어하는 이유를 쓰게 했다. 이 프로그램은 치료사가 내담자의 무의식에 내재된 '좋고 싫음'에 대한 경험을 공감해 줄 수 있고, 그로 인해 자연스럽게 감정 표출을 돕게 된다.

〈좋아하는 색으로만 그린 그림〉 노란 태양이 왼쪽 상단에서 따뜻하게 빛을 내뿜고 하늘에 뭉게구름 두 개와 넘실거리는 파도가 있는 '바다'를 그렸다. 이것을 그린 이유는 "시원하고 편안해서"라고 했다.

질책하기보다 수용적이고 늘 칭찬거리를 찾아서 격려하는 것 정도였다. 그래도 잠깐씩 학교에 나오면(여러 번 가출해서 PC방에 있는 것을 특공대(?)를 시켜 데려오게 해서 강제로 교실에 앉혔었다) 그냥 말없이 안아주고 등도 두드려주면서 "힘들지? 선생님이 어떻게 해야 정균이가 자신의 길을 힘차게 갈까?"라고 격려했다.

그런데 원인이 무엇이든 현재 생활은 학교에 다니지 않거나 부모들 눈에 불성실해 보이는 친구들과 늦게까지 어울려 술 마시고, 담배 피우는 게 일상이었다. 그래서 부모가 야단이라도 칠라치면 '학교 안 오고, 그래서 공부 안 하기를 노력'하는 아이에게 지쳤다. 이제 그만큼 했으면 됐다는 생각이 문득문득 들었다. 내게는 정균이 말고 33명의 학생이 있고 그들도 내 관심과 지지를 받아야 한다는 합리적인 생각(?)이 들자 그동안 나를 힘들게 한 정균이에게 화까지 났다. "나 같은 담임 만난 것을 감사하게 생각해야지 니가 복 받을 그릇이 못 되니 어쩔 수 없구나!" 이런 소리까지 혼자 있을 때 중얼거렸다. 마치 누가 내 무능을 눈치챌까봐 전전긍긍하면서.

겨우 1학기를 정균이에게 매달리다시피 끌탕을 하며 보냈다. 그런데 여름방학식 날 대청소를 하지 않고 도망간 학생 중에 정균이가 있었다. 그리고 개학식 날 우리 반에는 오직 유일하게 정균이만 오지 않았다. 나는 이제 더 이상 조바심치지 않았다. 다음날 그것도 1교시가 끝난 뒤 "선생님 정균이 왔어요!"라고 해서 뒤를 돌아다보니 수세미 같은 교복을 아무렇게나 걸치고 머리는 폭탄이 맞은 자리처럼 어수선한 게 영락없는 노숙자 차림으로 머쓱하게 서 있는 정균이 모습이 들어왔다. 나는 아무런 감정의 동

〈싫어하는 색으로만 그린 그림〉 검은색으로 용지의 3분의 1을 덮은 검은 하늘과 녹색 풀, 그리고 나무기둥은 고동색으로, 수관은 초록색, 열매는 검은색으로 표현했다. 그리고는 "이제 어두운 것은 생각만 해도 지긋지긋해요."라고 했다. 융은 나무를 '자아상(self image)'이라고 했는데 싫은 색을 이용해서 그린 나무와 똑같은 나무를 그렸다. 이것은 역기능 가정에서 자란 사람에게서 보이는 특성 '낮은 자아 존중감'과 '자신의 존재를 수치스럽게 생각한다', '자신에게 하는 내면의 소리가 부정적이다' '자신을 돌볼 줄 모른다'가 나타난 것으로, 무의식중에 자신을 거부하고 싫어하는 것을 시사한다.

요 없이 정균이를 다른 학생들이 보지 않는 화단으로 데리고 가서 준비했던 말을 했다.

"정균아! 선생님과 함께 생활하면서 네 변화를 보는 것이 어려울 것 같구나. 시간이 필요한 것 같아. 너는 어떠니?(정균이는 아무 말도 하지 않았다.) 그래서 선생님이 생각해봤는데 이렇게 억지춘향으로 학교에 다니느니 한 일 년 정도 쉬면서 마음도 추스르고 재충전도 하는 것이 어떨까?"

금방 대답하려는 정균이에게 "이렇게 중요한 결정을 생각도 하지 않고 말하지 말고 며칠 곰곰이 생각해서 결론을 말해줘. 지금부터라도 열심히 다닐 거면 1학기 때처럼 하면 이제는 허용하지 않을 거야."라고 이야기했다.

그리고 2교시 수업 시간에 들여보냈는데 종례 시간에 정균이 모습이 보이지 않았다. 내가 정균이를 찾는다는 것을 눈치 챈 우리 반 아이들이 "선생님! 정균이 2교시 마치고 그냥 갔어요."라고 했고 나는 마치 그 소리를 못 들은 척했다. 내 결심은 더욱 굳어졌다.

어차피 유년기와 아동기가 결손된 사람들은 그 시기를 다시 살아야 치유되는데 정균이에게는 지금이 그때인 것 같았다. 그리고 교사로서, 아니, 내 역량으로서 할 수 있는 것들을 다 한 것 같은데도 변화가 없자 내가 두 손을 든 것이다. 그 대가는 결코 가벼운 것이 아니었다. 그 이후 정균이는 한 번도 학교에 오지 않았다. 엄마에게는 선생님이 한 해 쉬고 복학하는 것이 좋겠다고 했다며 아예 집에도 들어오지 않는다고 했다.

나는 그동안 교장선생님, 교감선생님이나 선생님들 사이에서 '상담의 전문가'로 소문이 나 있었으며 다른 학교에서도 학교 내 폭력사건으로 징계위원회를 열 때 필요한 심리적인 원인을 분석해달라는 의뢰를 해오기도 했다. 또한 다른 학교에서 출강을 요청하는 공문들은 모두 교장, 교감 선생님을 거쳐서 나에게 오기 때문에 실제 내 능력 이상의 평가를 받고 있었다. 또한 내가 이 학교에 부임해오자 토란 줄기 말리고 농기구가 이리저리 던져진 이름뿐인 상담실을 내가 공부한 대학원 은사님 연구실보다 크고 멋있게 꾸며주신 교장선생님께 너무 면목이 없었다. 그런 내 명성(?)에 금이 가는 것을 감내하면서 그렇게 쓰기 싫고, 쓰면 내 패배(학생을 포기했다는)를 인정해야 하는 '자퇴를 시키기 위한 담임 의견서'를 쓰게 되었다.

내 서류를 결재하면서 의사 소통 유형이 초이성형인 교무부장이 엷게 미소지으면서 "선생님! 상담 좀 잘 해주셔서 중도 탈락자 좀 없게 해주세요."라고 했다. 나는 얼마나 모욕스러운지 얼굴이 뜨겁게 달아올랐다. 나도 변명할 말은 있었다. 하지만 하지 않았다. 그때 그분이 "고생하셨어요. 선생님께서는 충분히 최선을 다하신 겁니다."라고 했어도 부끄러웠을 것이다.

지금 누구도 나를 위로할 수 없다. 내가 이미 정균이를 잡고 있던 손을 놓았기 때문이다. 그것을 나 자신이 너무 아프게 잘 알고 있었기 때문이다.

쑥갓 감자전

이런 여러 사람들의 노력과 혜은이의 몸을 던진(?) 투쟁의 결과 드디어 원하던 학교로부터 입학 허가가 집으로 통보되자 혜은이는 좋아서 펄쩍펄쩍 뛰고 나는 갑자기 혜은이 부모님께 은인으로 격상되었다. 다른 집 같으면 어느 쪽이 우리 아이에게 더 좋을까 고민하다가 전학 절차를 알아보고 자연스럽게 진행되었을 일이 혜은이 집에서는 가정불화의 원인이 되었던 것이 안타깝기만 했다.

입학 허가가 있은 그 주일에 상담하러 온 혜은이는 자기 손으로 감자전을 얌전하게 부쳐서 왔다. 노란 감자전 위에는 시각적 효과를 주기 위한 쑥갓이 수줍게 얹혀 있었다. 나는 요리라면 늘 누가 해주는 것을 품평만 하고 먹는 입장이라서 요리 잘하는 사람을 무조건 존경하는데, 장래의 요리사가 될 혜은이가 직접 부쳐온 감자전에 감탄하며 한 개만 먹고 집에 가져가도 되냐고 했더니 크게 고개를 끄덕였다.

"선생님 정말 대단하세요! 그리고 감사하구요."

혜은(가명, 17세)이는 엄마한테 마지못해 끌려온 내담자였다. 그 엄마의 표현을 빌리자면, '멀쩡한 학교를 다니지 않는다고 고집 부려서 괜히 집안에 분란을 일으킨 골칫덩어리 딸 때문'에 온 것이다. 혜은이 엄마는 조선시대에서 갓 빠져나온 분 같았다. 그 음전한 자태와 음성 때문에 나까지 조신하게 행동해야 할 것 같은 분위기가 맴돌아 '저렇게 참한 엄마 밑에서 자라도 속 썩이는 딸이 나오는구나!' 하고 혼자 생각을 하고 있었다.

엄마가 그동안 딸 때문에 속상한 이야기를 목소리 톤도 높이지 않고 조근조근 이야기하자 혜은이는 분해서 못 견디겠다는 듯 엄마를 향해 눈총을 주며 째려보다가 급기야 눈물을 글썽이면서 소리쳤다.

"그러니까 내가 그 학교 안 간다고 했잖아! 그런데도 아빠와 엄마가 집에서 멀다고 강제로 가게 하고선…… 적성에 안 맞는데 어떻게 다니라는 말이야!"

그러자 혜은이 엄마는 감정에 별 변화 없이 말을 잇는다.

"재가요, 뭐든 작심삼일이거든요. 다이어트도 한다고 난리를 치다가 금방 때려치우고, 늘 확 타올랐다가 금방 꺼져요. 지금 학교 옮겨달라는 것도 아마 한때 기분일걸요. 얼마 전에 친하게 지냈던 친구들과 싸운 후 부쩍 학교 옮겨달라는 소리 하는 걸 보면 그 이유가 뻔한데 고집을 부리는군요. 친구 때문에 학교 옮긴다는 것이 저희 부부로서는 이해가 안 돼요."

혜은이는 엄마 말이 끝나자 그게 아니라고 고래고래 고함을 질렀다.

"혜은이는 자신이 하고 싶은 일에 대해 확신을 갖고 있나 보구나. 그리고 목표에 미처 달성하지 못해도 현 상태에 안주하지 않고 이것저것 시도를 많이 해본다는 것이 혜은이 강점 중에 하나인 것 같은데 너는 어떻게 생각하니?"

그러자 모녀가 갑자기 조용해지면서 숙연하게 자세를 바로잡았다.

"어머니께서는 혜은이가 심사숙고하지 않고 가벼운 결정을 내려서 지금보다 못한 처지가 될까봐 걱정하시는군요?"

바로 자신의 마음을 대변했는지 혜은이 어머니는 고개를 크게 끄덕이셨다.

혜은이는 치료실에 오기 전까지 학교를 안 나간 지 2주일이 되었다고 했다. 물론 이번이 처음이 아니고 하루에서 이틀로, 사흘로…… 띄엄띄엄 결석하다가 이렇게 되었고, 자신도 이제 지쳤다고 했다. 흥분한 혜은이를 대기실에서 기다리게 한 후 그동안에 있었던 일을 먼저 혜은이 어머니에게 자세하게 들었다.

"혜은이가 원래 가고 싶어했던 학교는 S과학고인데요, 학교가 너무 머니까 아침에 일찍 일어나서 가기 힘들까봐 만류했어요. 현재 다니는 여상도 전통 있는 학교에다 전문계고에서는 성적이 상위권인데다 인지도가 좋고 통학거리도 알맞아서 남편과 함께 설득해서 보냈는데 결국 이렇게 됐네요(난감한 표정). 그리고 혹시 혜은이 상담에 도움 되실 거 같아 말씀드리는데요…… 사실 저는 혜은이 친엄마가 아니에요. 혜은이가 갓난애였을 때, 친엄마가 못살겠다고 집을 나갔어요. 몇 년이 지나 제가 이 집에 들어오면서, 사실은 엄마가 몸이 허약해서 지금 온 거라며 자연스럽게 혜은이 친엄마처럼 행동했죠. 혜은이는 절대로 모르니까 꼭 비밀 지켜주셔야 해요. ……그런 관계로 혜은이가 속 썩이면 남편이나 시댁 식구들한테 면목이 안 서요. 얼마나 소홀하게 키웠으면 애가 저 모양이 되었겠냐고 하는 것 같아 요즘 좌불안석이에요."

혜은이 엄마가 가시고 난 후 혜은이를 상담하려는데 갑자기 혜은이가 치료실 문이 잘 닫혀 있나 확인한 후 조그만 목소리로 속삭인다.

"사실은요, 아까 오셨던 분이 제 친엄마가 아니에요."

나는 속으로 놀랐지만 내색을 하지 않고 다음 말을 하도록 침묵을 지켰다.

"엄마는 제가 모르는 줄 아실 거예요. 왜냐면 제가 알고도 모르는 척했거든요. 초등학교 6학년 때 학교 갔다 와서 물을 마시려고 하다가 식탁 위에 펼쳐진 편지를 보고 알았어요. 아마 라디오 방송국에 사연을 보내는 편지 같았어요. 자기의 기구한 운명을 구구절절 쓰다가 아마 안방에 자러 간 것 같아요."

"많이 놀랐겠구나!"

"아뇨. 예상했었어요. 제 동생이 혜진이(가명)인데 지금 초등학교 6학년이거든요. 저는 사실 현재 전문계고를 갔지만 중학교 내신성적은 30퍼센트 안에 들었어요. 제가 중3 때 공부를 안 해서 그렇지 초등학교 때는 여러 가지 상도 타고 중학교 1, 2학년 때는 학력우수상도 탔어요. 그런데 혜진이(혜은이 새엄마가 결혼 후 낳은 이복동생)는 머리가 나쁜지 맹해서 공부도 지지리 못하고 상도 하나 못 타오는데도 엄마는 늘 저만 타박하는 거예요. 객관적으로도 다른 집 같으면 욕먹어야 하는 애는 동생 아닌가요? 그리고 솔직히 제 오빠도 인문계 고등학교 3학년인데 중학교 내신성적이 저보다 못했어요. 그래도 오빠한테는 절절매고 일 하나 안 시키면서 저는 내일이 중간고사인데도 설거지 좀 안 했다고 천하에 나쁜 년 취급하고…….(눈물을 흘린다.) 제가 야단맞는 이유 좀 들어보실래요? 옷장 정리 하라고 했는데 제가 숙제 끝나고 하겠다면 '예' 한 적이 없다고 야단치고, 나는 숙제하고 있고 동생은 빈둥빈둥 TV 보고 있는데도 저더러 슈퍼 갔다 오라고 시켜요. 혜진이가 가면 안 되냐고 하면 언니라는 년이 하나밖에 없는 동생을 못 시켜서 안달이라고 욕하고……. 그렇게 컸으니 바보라도 제가 콩쥐인 거 다 알아요."

나는 혜은이를 좀 진정시키기 위해서 "야! 그러니까 혜은이는 현대판 콩쥐구나! 그러면 언젠가는 왕자님도 만날 거고, 왕자님과 결혼도 하게 될 거니까 선생님이 지금 굉장히 귀한 분과 앉아 있구나!"라고 하자 눈물을 닦다가 소리 내어 웃었다. 그런데 조금 있다가 더 큰 소리로 울음을 터뜨렸다. 왜 울고 싶지 않겠는가! 나는 혜은이가 충분히 울 때까지 안쓰러워하며 내 의자에서 미동도 하지 않고 앉아 있었다. 혜은이가 조금 진정이 된 것 같아서 다시 말을 걸었다.

"엄마가 여기 오자고 할 때는 어떤 마음이었어?"

"처음에는 '내 마음 변하게 하려고 별 방법을 다 쓰는구나! 그래봤자 헛고생일 거다. 절대 지금 학교는 다니지 않을 테니…….'라고 생각했어요."

"지금 마음은 어때?"

"지금은…… 제게 중요했던 전학 문제는 잠시 잊었어요. 그리고 굉장히 시원해요. 편하고…… 선생님께서 내 편이 돼주겠다고 하지 않았는데도 꼭 내 편 같아요."

"선생님이 혜은이가 좀 우는 동안 혜은이 자원(資源)이 뭘까 하고 써봤거든. 잘 파악했나 볼래?"

(1) 자신이 하고 싶은 일을 잘 알고 있다.

(2) 결단력이 있다 : 다니기 싫은 학교를 용기 내서 그만둔 것.

(3) 용기가 있다 : 그동안 등교 거부 문제로 아버지에게 심하게 맞고 엄마의 야단을 맞고도 끝까지 자신의 뜻을 꺾지 않은 것.

(4) 자기 마음속에 있는 생각을 잘 표현한다.

(5) 집안일을 잘 돕는다.

(6) 키가 크다(크고 늘씬하다).

(7) 건강하다.

(8) 실험정신이 있다 : 다양한 요리법을 개발하려고 노력하므로.

(9) 현재는 성적이 떨어졌지만 적성에 맞는 공부를 하면 바로 성적이 급상승할 수 있는 실력을 갖추고 있다.

혜은이는 내가 쓴 자신의 자원을 보고 마음에 들었는지 얼굴에 함박웃음이 퍼졌다.
이렇게 해서 혜은이와 4개월간 일주일에 한 번씩 만나게 되었고, 상담 목표를 이렇게 세웠다.

(1) 혜은이가 원하는 학교에 자리가 있는지 알아본 후 부모님께서 허락하시면 전학 추진하기

(2) 혜은이의 손상된 자아를 회복시키기

(3) 혜은이 어머니가 유독 혜은이에게 모질게(전혀 모진 성품이 아닌데도)하는 이유를 통찰시켜 드리기

(4) 요리사가 되겠다는 비전을 달성할 수 있도록 촉진하기

그 다음 주에 혜은이 엄마가 혜은이를 데리고 오셨을 때 나는 잠깐 면담을 먼저 하고 싶다고 요청하고 마주 앉았다.
"두 분이 혜은이 전학 요청을 들어주지 않는 이유를 듣고 싶습니다."
"지금 학교도 좋은데 굳이 옮기는 이유를 모르겠어요. 그리고 여자라면 요리는 다 하는 거고 평생 할 건데 뭐하려고 학교에서 돈 들이고 배워야 하는지 이해가 안 가요. 그래서 제가 달래느라고 고등학교만 졸업하면 요리학원 보내준대도 저 고집을 부리니 원- 학교 옮기는 게 누구 집 개 이름 바꾸는 것도 아니고 누가 지금 저를 받아주기나 한대요?"
"혹시 혜은이가 가겠다는 학교에 전화를 해보셨나요? 자리가 있는지?"
"(수줍은 표정으로) 저는 그런 데 전화 못해요. 감히……. 그러다, 학교 다니다가 그만둔 문제학생은 안 받는다고 하면 창피나 당할 텐데……. 그냥 선생님께서 지금 다니는 학교도 좋다고 설득해주시면 안 될까요?"
나는 그런 이유로 상담실에 데려오셨다면 더 이상 상담을 못하겠다고 정중하게 말씀드렸다. 상담은 부모님의 요구에 맞춰서 설득하는 게 아니라 내담자가 어떻게 하면 행복해질까, 어떤 선택을 하면 자신이 부여받은 재능을 극대화할 수 있을까 탐색하는 것이라고 거듭 강조하며 이렇게 말했다.
"전학 절차가 번거로워서 그러는 것이라면 제가 도와드릴 테니 아버님과 상의해서 빠른 시일 내에 알려주시면 제가 추진해볼게요."
그러자 어머니 얼굴이 환해지시면서 "전학을 갈 방도가 있는 거군요?"라고 반색을 했다.

혜은이 어머니와 오고간 대화 내용을 종합해보면, 혜은이 전학을 그렇게 만류한 이유 중 가장 큰 것이 학교를 옮기는 데 대한 두려움이었다. 전학을 가려면 일단 퇴학해서 후년에 다시 고등학교에 진학해야 하는 줄 알았던 것이다. 지금 보낸 학교는 3월 초부터 전공이(컴퓨터 통신과) 적성에 안 맞고 전공 시간이 지옥 같다고 했는데도 그냥 조금 있으면 적응하려니 하고 혜은이 말을 무시했다는 것이다.

며칠 뒤에 혜은이 엄마로부터 전화가 왔다.

"남편과 상의했더니 그런 방도만 있으면 전학시켜도 된대요."

나는 혜은이가 그토록 다니기를 희망하는 학교에 바로 전화를 해서 마침 조리학과 한 명이 전학을 가서 자리가 있다는 것과 필요한 구비서류를 확인했다. 부모님이 준비할 구비서류를 전화로 말씀드리고 나서, 혜은이 담임선생님께 한 가지 부탁을 드렸다. 혜은이 현재 상황을 설명하면서 혜은이가 이대로 자퇴하는 것보다 원하는 학교에 전학을 가는 것이 더 바람직하지 않겠냐며 구비서류에는 없지만 '담임 의견서'를 써달라고 부탁을 드렸더니 흔쾌히 허락하셨다.

나는 혜은이에게 예의를 갖추어서 학교에 가서 담임선생님을 찾아뵙고 그 서류를 직접 가져오게 시켰다. 다행히 혜은이 담임선생님은 혜은이 무단결석에 대한 사유를, 전공과에 적성이 맞지 않아 부득이하게 결석을 한 것이고 그동안 얼마나 총명하고 근태 상황도 좋았는지에 대해 자세히 써놓으셨다. 게다가 등교거부를 하기 전의 1학기 중간고사 성적증명서까지 보내주셨다(학급석차가 3등이었다).

이런 여러 사람의 노력과 혜은이의 몸을 던진(?) 투쟁의 결과 드디어 원하던 학교로부터 입학 허가가 집으로 통보되자 혜은이는 좋아서 펄쩍펄쩍 뛰고 나는 갑자기 혜은이 부모님께 은인으로 격상되었다. 다른 집 같으면 어느 쪽이 우리 아이에게 더 좋을까 고민하다가 전학 절차를 알아보고 자연스럽게 진행되었을 일이 혜은이 집에서는 가정불화의 원인이 되었던 것이 안타깝기만 했다.

입학 허가가 있은 그 주일에 상담하러 온 혜은이는 자기 손으로 감자전을 얌전하게 부쳐서 왔다. 노란 감자전 위에는 시각적 효과를 주기 위한 쑥갓이 수줍게 얹혀 있었다. 나는 요리라면 늘 누가 해주는 것을 품평만 하고 먹는 입장이라서 요리 잘하는 사람을 무조건 존경하는데, 장래의 요리사가 될 혜은이가 직접 부쳐 온 감자전에 감탄하며 한 개만 먹고 집에 가져가도 되냐고 했더니 크게 고개를 끄덕였다.

"선생님 정말 대단하세요! 그리고 감사하구요."

"나는 혜은이가 더 대단한데. 선생님이 그렇게 힘들어하는 요리를 더 전문적으로 배우기 위해서 투쟁하고 관철했잖아. 이제 원하던 학교에 진학했으니 활약이 대단하겠는걸. 혜은이가 어떻게 자기 꿈을 이루어가는지 선생님이 지켜봐도 되지?"

그날 나는 앞으로 상담하러 오는 날 가져올 숙제를 하나 제안했다. 일주일에 요리 한 가지를 해서 디지털 카메라로 사진을 찍고 레시피(요리법)를 자세하게 써서, 식구들에게 시식을 시킨 후 소감을 물어서 기재하도록 하는 것이었는데 혜은이는 너무 신기해하면서 그렇게 하겠다고 했다. 학교시험이 있거나 행사가 많은 주를 빼고 혜은이는 열심히 해왔다. 재료는 평범한 것인데 요리법을 새롭게 하고 데커레이션도 특이하게 해왔다. 혜은이는 대학에서 요리를 전공해 강단에도 서고 싶지만 자신의 이름을 건 가게도 내고 싶다고 하기에, 자아정체감 성취를 더욱 촉진하려는 목적으로, 훗날 종업원들과 함께 입을 제복도 디자인하게 했다. 그리고 잡지에서 미래의 가게에 데커레이션할 그릇과 테이블 세팅, 인테리어 등을 콜라주로 꾸미는 '꿈의 시각화' 작업도 했다.

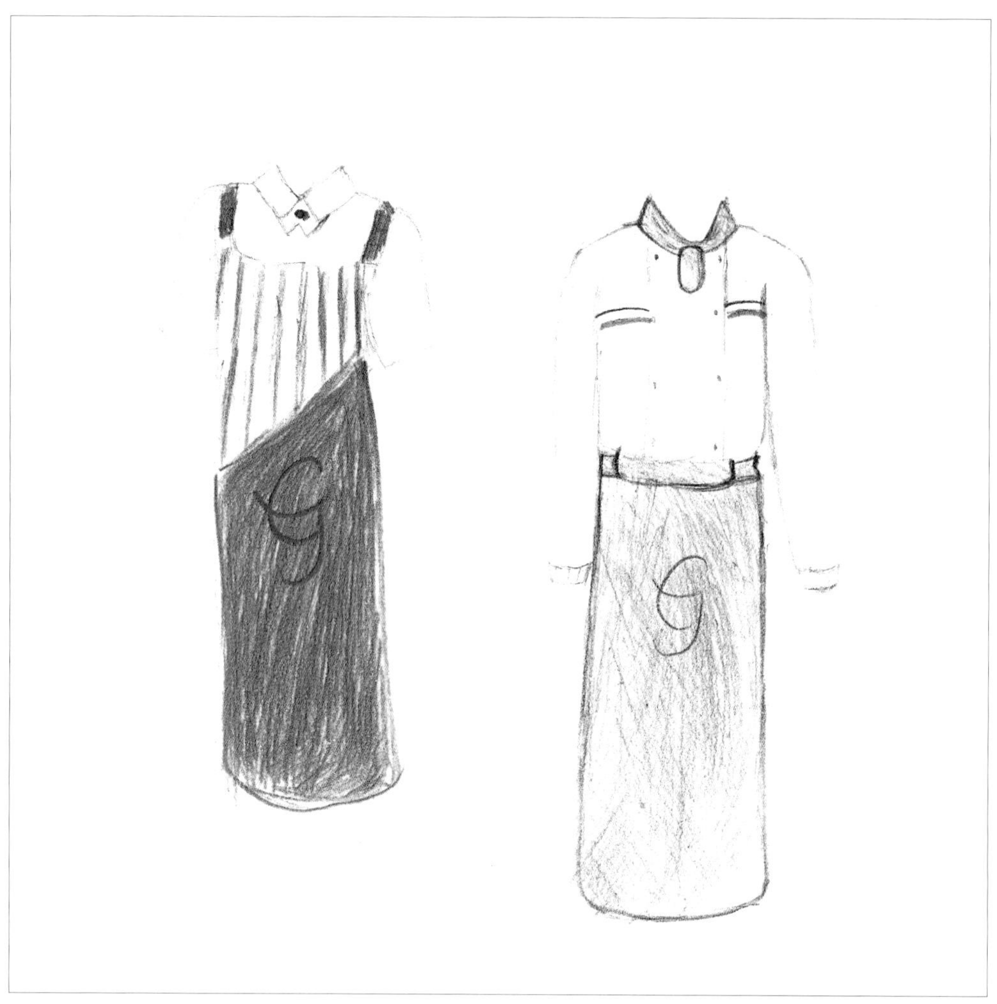

〈**요리사 복장 디자인**〉 혜은이의 미래 꿈을 더욱 존중해 주고 싶고, 격려해 주기 위해서 훗날 자신의 식당에서 종업원들과 함께 입을 옷을 디자인해서 그려오게 했다. 왼쪽은 여자종업원 옷이고 오른 쪽은 남자 종업원 옷이다.

혜은이가 새 학교에 많이 적응이 되고, 조리학과에 간 것을 정말 기뻐하며 새벽 6시에 일어나 지각 한 번 없이 학교에 열심히 다니게 되자 상담을 종료하기로 합의했다. 그리고 그날까지 혜은이는 과제를 열심히 잘 해왔다.

그동안 혜은이가 탄 자전거를 뒤에서 붙잡아주고 있다가 이제 붙잡던 손을 놓고 혼자 달리게 한 날, 나는 '혜은이의 요리여행'을 편집해서 한 권의 책으로 만들어주었다. 그때 혜은이가 기뻐하던 모습을 여러 사람들에게 보여주고 싶다. 우리 모두는 누구에게 생기를 뺏을 수도 있고 살릴 수도 있는 존재라는 것을 보여주고 싶기 때문이다. 혜은이도 무언가를 준비해왔는지 가방에서 편지를 꺼내더니 자기가 가고 나서 읽어보라며 얼굴이 빨개져서 황급하게 나갔다.

선생님께

선생님~ 안녕하세욧~! 저는 혜은이랍니당 ~헤헤~ 그동안 아주 감사하단 말을 하고 싶었는데…… 말로 하기…… 참…… 쑥스럽네요~ 헤헤~
선생님께서 도와주신 덕분에~전 무사히~ S 과학고로 전학을 하게 되었어요. 처음 갔을 때는 쪼까~ 무서웠는데 그럭저럭 잘 지낼 수 있었어요. 중학교 때 친구랑 같은 반이 되고 싶었는데 못 돼서 서운함이 있긴 하지만…… 앞으로 학교 생활이 기대가 되고 열심히 해야겠다는 생각이 들어요~ 이 학교 와서 지금까지 너무나도 행복하답니다.
바라던 학교에 와보니까 감외? 감회? 암튼 그 뭐시기…… 하는 것이 새롭고요~ 선생님께 제 감정 다 이야기하려니까 가슴이 벅차네요~ 헤헤~
선생님…… 그동안요~ 너무너무 감사했어요. 솔직히 처음에 갔을 땐 너무 절망적이고, 힘들고, 지치고, 뭐든 제대로 못 할 거 같고 힘들기만 했는데…… 지금의 전…… 기대되고, 신나고, 한 가지 일에서만 화나고, 행복하고 너무 좋아요~
막상 그렇게 바라던 전학이 되어서 원하던 공부를 하니까 숨 쉬는 것 같고 제가 다시 살아나는 것 같아요(전에 학교에서는 미운 오리새끼였는데 말이에요).
이제 선생님의 도움에 보답하기 위해서~! 꼭! 공부도 열심히 하고 모든 일에 최선을 다하고 꿈을 위해 노력하는 저 혜은이가 될 수 있도록 노력을 많이 할 거구요~선생님을 평생 저의 은사님으로 ~ 잘 모시겠습니닷-! 키키키~
지난 몇 달간 너무 감사했고, 길을 제시해주셔서 너무나도 고맙습니다. 제 마음 같아서는 여기 계속 오고 싶지만 그만큼 도움을 받았으면 이제 혼자 씩씩하게 걸어가야 하겠죠? 그리고 또 저 같은 아이들이 또 선생님 손길을 기다릴지 몰라서 제가 양보하는 거예요. 앞으로 건강하시고~요~ 항상 행복하세요~
진심으로 감사드립니닷-!(--)(__)(--)(__)

From 혜은 올림~

아 참! 선생님을 보면서 '참! 멋있다~'는 생각을 많이 했어요. 저도 나중에 선생님처럼 멋진 사람이 되고 싶어요~ 제자는 스승을 닮는다니까 저도 그렇게 될 거라고 저에게 마술을 걸래요~

못, 가시, 구멍, 맨바닥

성민이도 처음부터 이러지는 않았을 것이다. 사랑한다는 말도 듣고 싶고 울면 와서 달래주기를 바랐을 것이고, 걱정하고 머리 쓰다듬어주는 누군가를 너무나 애타게 기다렸을 것이다. 하지만 아무도 오랫동안 반응이 없자 그런 여리고 정상적인 마음으로는 견딜 수 없기에 그런 감정을 오랫동안 부인하다 보니 이제 그런 것들이 나에게 있었다는 사실조차 자각하지 못한 상태가 된 것이다. 기분부전장애 증상을 가진 사람은 평생 '우울'과 하나가 되어 우울이 나인지 내가 우울인지 경계가 없을 만큼 늘 우울한 기분이 지속된다. 그러다 보니 실제는 벤츠의 기능을 타고난 사람도 고속도로상에서 시속 20km로 달리는 차와 같이 능력에 비해 효율적으로 행동하지 못한다.

성민(17세)이는 영화 「친구」의 세트장같이 유난히 부산한 반 분위기와 전혀 어울리지 않는, 학교에 와서 거의 한마디도 안 하는 조용하다 못해 생기가 다 빠져나간 물체처럼 앉아 있는 학생이었다. 어느 날 반 전체가 하도 아수라장이어서 선생님이 '자리 바꾸기'를 하면서 교실 구석에 앉아서 선생님 눈에도 잘 안 띄는 자리에 앉아 있던 성민이를 교실 두 번째 중간, 누구든 교실 문을 열고 들어왔을 때 눈에 확 들어오는 곳에 배정했다. 그런데 성민이가 자꾸 자리를 바꿔서 예전 자리로 가서 앉아 있자 선생님이 정해준 자리를 바꾼다고 혼을 냈다는 것이다. 그러자 입학해서 처음으로 무단결석을 했다고 한다.

"무식하면 용감하다고 제가 성민이를 이 지경으로 내몬 거예요. 그냥 두었으면 학교 잘 다닐 아이를……. 저는 하도 구석에 박혀 친구들과 교류가 없던 성민이에게 좋은 기회가 될 것 같고 그렇게 공부를 열심히 하는 학생이 그 자리에 앉으면 반 분위기도 쇄신될 줄 알았거든요." 선생님은 아이들을 인격적으로 대우해주고 친절하게만 대하면 '좋은 선생님'이라고 생각하던 자신이 한없이 한심스럽게 생각되었다며, 자기 같은 사람은 선생님 자격도 없다고 자책했다.

성민이를 본 첫인상은 제이콥 로렌스(Jacob Lawrence)의 그림 「Depression」에서 심하게 우울한 사람들의 특징적인 행동인 아래로 향한 눈, 축 처진 머리와 어깨, 그리고 움츠러든 자세를 그대로 온몸으로 표현하고 있었다는 것이다.

나는 학교에 오지 않고 집에 있으면서 무엇을 했냐고 가볍게 물으면서 검사용지를 찾았다. 그런데 예상한 대로 아무런 피드백이 없었다. 맨 처음 그린 '나무 그림'은 전형적으로 우울함을 느끼는 내담자의 그림이었으나 다른 검사를 차례로 했다. 성민이는 집 그림도 그렇지만 모든 그림에서 몹시 약한 필압으로 그렸다.

성민이는 담임선생님이 데리고 온 날로부터 한 번도 교실에 들어가지 않고, 상담실에서 하교할 때까지 상담도 하고, 책도 읽고, 만화도 그리고, 컴퓨터 워드 작업도 간간이 도왔다. 교실에 못 들어갈 정도가 아니라 대인기피증이 더욱더 심해진 것 같았다. 학교급식도 안 먹겠다고 우겨서 그 반 학생 한 명을 급식 배달 도우미로 정한 후 점심시간마다 성민이 도

〈제이콥 로렌스, 「Depression」〉

〈나무 그림〉 나무의 전체 위치가 하단에 그려진 것은 우울한 심경을 반영한 것이며 기둥의 폭이 좁은 것은 무력감, 부적응감을 갖고 있음을 나타낸다. 또한 수관이 몇 개의 영역으로 나뉜 그림은 자기 자신이 의도한 것을 은폐시키며 현실과의 접촉을 두려워하고 조심성이 많은 것을 나타낸다.

〈집 그림〉 정교하게 그려지긴 했으나 지붕에 가로선을 일정한 간격으로 정성들여 표현한 것은 공상에 대한 과잉통제와 관련된다. 굴뚝을 생략한 것은 특별하게 문제될 것은 없으나 상당히 수동적인 성향을 예측할 수 있고 가정에서 심리적인 온정이 결여되었음을 시사한다. 특히 집을 빙 둘러싸고 있는 울타리는 자기를 방어하는 것, 자기가 느끼고 있는 안전감을 방해받고 싶지 않다는 것을 뜻한다.

〈동작성 가족화(KFD)〉 성벽 위에서 엄마와 형과 함께 보름달을 보고 있는 정경을 표현했다. 자신은 엄마 옆에 앉아서(에너지가 낮은 피검자에게 보여짐) 떨어지는 별을 가리키고 있다. 형은 주머니에 손을 넣고 두 모자와 조금 떨어진 곳에서 달을 보고 있다. 엄마가 형보다 심리적으로 거리가 더 가깝다는 것을 시사하고 세 식구 모두 얼굴 내부 묘사가 생략된 것은 자신의 성역할이 불분명하며 사람에 대한 경계심과 도피 성향을 나타낸다. 세 식구 모두의 옷에 그려 넣은 음영은 우울증의 가능성을 예측하게 해준다.

시락을 배달하게 했다. 그래도 아침이면 상담실에 제 시간에 와서 시간마다 내가 제시하는 프로그램을 하는 것이 신기할 정도였다.

성민이가 자신이 속한 가족 상황을 어떻게 지각하는지 알기 위해서 가족화를 그리게 했다. 검사 결과와 선생님들의 관찰 보고와 친구들의 견해를 종합해보면 성민이의 기분부전 상태가 일시적인 것이 아니고 오랫동안 진행된 것으로 보였다. 특히 성민이 어머니는 담임선생님이 직접 오셔서 내 말을 듣는 것이 좋겠다는 말을 듣고 야식집에서 일하시기에 오전 중에는 잠을 자야 함에도 그날은 평소보다 일찍 출근 준비를 해서 나를 찾아오셨다. 평탄치 않은 삶을 살아서인지 표정도 메마르고 얼굴에도 수심이 가득 차서 실제보다 나이가 더 들어 보였다.

내가 검사 결과를 알려드리자 이미 알고 있다는 듯 "알면 뭐해요. 진찰받을 형편도 못 되는데……. 저도 벌써 이상해서……. 형도 저러다가 결국은 자퇴해서 집에서 빈둥대고 있거든요. 약이라도 먹여볼까 하고 병원에도 데리고 갔는데 검사받지 않고는 약을 처방할 수 없다고 해서 그냥 데리고 왔어요."

나는 전에 성민이와 비슷한 학생을 대상으로 심리 치료와 약물 치료를 병행해 치료했던 경험이 떠올랐다. 하지만 성민이에게는 아들을 위해서라면 무엇이든 할 수 있다고 이를 악물며 3시간이나 걸리는 분당에 있는 크리닉까지 데리고 갈 엄마도 없고, 그런 경제적 지원을 해주는 아버지도 없었다. 상담도 내담자에게 자원(資源)이 있을 때 회복도 빠르고 치료 예후도 좋다. 그렇다고 이런 뻔한 말로 넋두리나 하고 있을 만큼 성민이 증상이 가벼운 것이 아니어서(이대로 자퇴를 한다고 해도 집에 틀어박혀서 외부 사람과 벽을 쌓고 사회적으로 고립되어, 평생 이미 너무 불행해서 거기다가 조그만 돌 하나만 올려놓아도 주저앉아버릴 엄마의 눈물바람이나 시킬 것이 뻔했다)

나는 오지랖 넓게 아는 분들을 수소문하고 부탁을 해서 검사도 받고 약도 먹게 해주었다. 성민이가 학교에 가져온 의사소견서에는 '기분부전장애(dysthmic disorder)'라고 기재되어 있었다.

〈물고기 가족화〉 내 임상 경험에서 볼 때 온 식구가 이불을 덮고 자고 있는 광경을 그리거나 이렇게 코에 방울까지 만들며 자고 있는 광경을 그린 것은, 에너지 수준이 낮고 그에 따라 생활에 활력이 없고 무기력함을 나타낸 것이다.

내가 성민이를 담임선생님에게서 의뢰받았을 때 성민이 배경에 대해 들은 것은 고등학교 1학년 남자아이고, 실업계 고등학교에서 전공과 성적이 전체에서 2등인 것, 그리고 아버지는 안 계시고, 어머니와 형과 살고 있고, 어머니가 식당에서 종업원으로 근무한다는 것이 다였다. 그 후로도 우울한 사람들의 특징인 말을 시키는 것도, 어떤 활동을 하는 것도 귀찮아해서(당사자에게는 '힘들어서'라는 표현이 맞겠지만) 겨우 묻는 말에 '예, 아니오' 라고만 말했다. 그림을 그리는 것도 필압이 흐려서 거의 보이지 않을 정도로 끼적거리듯 그려놓고, 글씨를 쓸 때도 종이가 움직이지 않도록 고정하는 손놀림조차 귀찮은지 종이가 이리저리 움직여서 글씨체가 엉망이 되어도 상관하지 않고 무덤덤한 표정으로 남의 것 쳐다보듯 했다. 이런 지경이니 성민이의 어린 시절 트라우마를 내가 무슨 수로 알 수 있었겠는가? 순종적인 성향이어서인지 아니면 모든 것을 포기하고 시키는 대로 하는 건지 무엇을 하라고 하면 소처럼 느릿느릿한 몸놀림으로 하고는 만화를 그리거나(성민이는 만화 그리는 것을 좋아한다) 판타지 소설에 코를 박고 삼매경에 빠졌다.

그런데 어느 날 내가 좋아하는 랭스턴 휴즈의 시「엄마가 아들에게 들려주는 글」(인간의 실존적 어려움이 잘 표현된 시로 어려운 시기를 겪은 내담자의 무의식을 직면하게 하는 글이다)를 암송하게 하고, 몇 가지 질문을 했는데 그중에 살아오면서 '못, 가시, 구멍, 맨바닥'의 경험을 말해보라고 했더니 거의 들리지 않는 조그만 소리로 "어렸을 때 집안 사정으로 처음 시골집에 가게 되었거든요. 지금 생각해도 어린 내가 느낄 만큼 아무도 반기지 않고 냉담했어요. 싸늘한 것(그러면서 오싹 몸을 떤다), 외롭고 엄마가 보고 싶고 집에 가고 싶었어요." (그래도 얼굴 표정은 무표정이다. 눈물도 흘리지 않고 눈이 빨개지지도 않는다. 마치 남의 일을 말하듯 덤덤하게 말한다.)

그래서 내가 그 회기에 알게 된 것은 아버지가 무책임하게 아무 말도 없이 행방불명되자 도저히 두 형제를 키울 수가 없었던 성민이 어머니는 성민이를 일곱 살 때부터 초등학교 3학년 2학기 때까지 시골 친할아버지 댁에 맡기고 생활비를 벌기 위해서 닥치는 대로 일을 하며 가족은 이산가족이 될 수밖에 없었다는 것이다. 우리가 일곱 살 소년이라고 잠시 생각해보자. 한참 부모 슬하에서 어리광 부리고 말도 안 되는 고집을 부리며 집안의 총아(寵兒)로 군림해야 할 시기에 양육에 중요한 인물들 모두로부터 떨어져서 혼자 시골에 남겨진 운명, 그 소년의 마음을 느껴보자. 애지중지 아껴주며 환대해도 뻥 뚫린 가슴을 메우기 역부족이었을 텐데 아들 잘못 두어 원하지 않은 손자를 맡아 키우게 된 자신의 처지를 한탄하느라 성민이 가슴 어루만져줄 여유가 없는 할아버지 할머니와 살아야 했으니 말이다. 그 후 3년 반 만에 엄마가 데리러 왔어도 그 상실과 고독했던 마음을 위로받을 사이는 없었다. 말로만 같이 살았지 아침에 눈뜨면 엄마는 벌써 출근했고, 밤에는 늦게 퇴근해서 자신이 잠들어 있었던 적이 더 많았기 때문이다. 헤어져 있어도, 함께 살아도 늘 성민이는 혼자였다. 성민이는 이제 자기 아닌 다른 사람에게 손을 내밀어 관계를 맺고 도움을 요청하고 어쩌고 하는 모든 일이 어색하고 힘들고 무의미하게 느껴지는 것이 아닐까?

성민이도 처음부터 이러지는 않았을 것이다. 사랑한다는 말도 듣고 싶고 울면 와서 달래주기를 바랐을 것이고, 걱정하고 머리 쓰다듬어주는 누군가를 너무나 애타게 기다렸을 것이다. 하지만 아무도 오랫동안 반응이 없자 그런 여리고 정상적인 마음으로는 견딜 수 없기에 그런 감정을 오랫동안 부인하다 보니 이제 그런 것들이 나에게 있었다는 사실조차 자각하지 못한 상태가 된 것이다. 기분부전장애 증상을 가진 사람은 평생 '우울'과 하나가 되어 우울이 나인지 내가 우울인지 경계가 없을 만큼 늘 우울한 기분이 지속된다. 그러다 보니 실제는 벤츠의 기능을 타고난 사람도 고속도로상에서 시속 20㎞로 달리는 차와 같이 능력에 비해 효율적으로 행동하지 못한다.

성민이는 약을 먹고 나서 변화를 물어볼 때마다 "모르겠어요. 똑같아요. 안 다녔으면 좋겠어요."라는 말을 반복했다. 그리고 성민이 어머니는 어머니대로 약값과 진료비가 일반 내과보다 터무니없이 비싸다며 힘들어하셨기에 더 이상 강요할 수가 없었다.

이제 내가 아는 것은 다 시도해봐도 성민이는 교실로 들어가기를 거부하고 상담실로 등하교를 계속했다. 결석은 아니지만 학교 수업은 듣기를 거부했다. 그래서 전공과에서 2등이었던 성적이 1학년 2학기 중간

〈만다라〉 만다라 명상과 만다라 그리기 작업을 통한 교육적 의미를 연구한 결과(Dahlke, 1999, 33/ Wuillemet, 1997, 34)를 보면 '불안이 사라진다.' 외에도 16가지가 있는데 이 중에서 단 한 가지라도 성민이에게 효과 있기를 기원하면서 하루에 한 장씩 자신이 오늘 마음에 끌리는 문양을 선택하고 칠하게 했다.

제목	1 나방	2 줄무늬	3 불가사리
제작 연월일	2004.11.12	2004.11.29	2004.12.10
사용된 색 목록	초록, 연두, 노랑, 주황, 보라, 은색	파랑, 노랑, 주황, 초록	노랑, 연두, 초록, 파랑
색 연상 단어(어휘)	은은하다, 따뜻하다	안정적이다, 어지럽다, 울긋불긋	
형태나 숫자의 발견	나비의 모양에서 숫자 3과 8이 떠오른다	움직이는 듯한 줄무늬, 착시현상	둥그런 판 위로 구겨진 것 같은 종이와 그 위로 서로 지그재그로 얽힌 모양
문장을 통한 통찰	전체적인 모양을 보니 손전등이나 원형 형과등 근처에 나방이 몰려드는 듯한 모양새	뭔가 복잡해지는 거 같고, 줄무늬로 인해 오는 착시현상으로 눈이 매우 어지럽다.	구불구불하고 서로 복잡하게 얽히는 것 같다.

제목	4 오방	5 길	6 주작의 깃털
제작 연월일	2004.12.11	2004.12.14	2004.12.16
사용된 색 목록	노랑, 주황, 분홍, 보라, 초록, 빨강	노랑, 빨강, 초록	노랑, 연두, 초록, 파랑
색 연상 단어(어휘)	화려하다	단조롭다, 원색	적색, 밝다, 불
형태나 숫자의 발견	나비, 타원	가운데 절 모양이 사방으로 뻗어 있다. 갈피를 못 찾고 망설이는 듯한 화살표	구체적으로 배열되어 있는 타원
문장을 통한 통찰	가지각색의 나비가 서로 겹쳐서 균형을 이루고 있는 모습을 그려봤다. 그것처럼 내 자신이 어디론가 날고 있는 것같다.	막다른 골목이나 다른 어딘가의 새 출발점에서 여러 갈래의 길에 놓인 것 같다.	뭔가 타오르며 사방으로 뻗쳐나가는 느낌이다.

고사를 보고 나서(시험 기간에만 교실에서 시험을 봤다) 당연한 결과지만 하위권으로 떨어졌다. 심리 치료가 진행되는 과정에서 불안 치료의 하나인 체계적탈감법을 이용해서 처음에는 교실 근처를 그냥 지나오는 것을 과제로 주었고, 그 다음에는 교실 근처에 가서 친하게 지냈던 친구에게 아는 척하기(아무도 없다고 해서 그냥 네가 좋아하는 학생이라고 고쳐서 말해주었다), 그 다음 단계가 좋아하는 선생님 수업 하나 듣고 오기였는데 이 단계가 되자 조용하지만 고집스럽게 온몸으로 거부의 의사를 보였다.

나는 최종적인 방법으로 심리적인 안정이라도 얻게 할 요량으로 '만다라'를 하기로 했다. 만다라는 우리의 외부 현실을 재파악하는 데 필요한 우리 무의식 속의 힘을 끌어내는 데 도움을 준다. 나는 만다라 명상과 만다라 그리기 작업을 통한 교육적 효과에 대한 연구 결과 중 단 한 가지라도 성민이에게 효과 있기를 기원하면서 하루에 한 장씩 자신이 오늘 마음에 끌리는 문양을 선택하고 색칠하게 했다.

상담실에 있는 동안 성민이는 16개의 만다라를 그렸다. 나중에는 문양이 없고 둥근 원만 그려진 종이를 주고 자유롭게 만다라를 그리게 했더니 가운데 바늘 두 개가 있는 나침반을 그리고 빨간색을 칠한 바늘 끝에는 'N', 그리고 파란색을 칠한 바늘에는 'S'라고 썼다. 이 만다라를 그리고 나서 문장을 통한 통찰에 이렇게 썼다. "내가 하고자 하는 일을 하고 있을 때, 그 길이 너무 힘들고 내가 가야 할 길을 잠시 찾지 못하고 방황할 때면 그 길이 어딘지 인도해줄 수 있는 나침반 같은 무언가 든든한 존재가 있었으면

〈동굴 그림〉 치료 후 원래 소속되어 있던 곳으로 돌아오지 않는다. 새롭게 형성된 에너지를 가지고 저 건너편 세상으로 이제껏 살던 곳에서 떠나 희망을 갖고 새로운 세계로 나가고 싶은 소망을 표현했다.

좋겠다."

그 만다라를 그리고 보름이 지났을 때 자기는 자퇴하고 자신이 평소에 좋아하던 만화가 밑에서 문하생으로 수련을 쌓고 싶다는 포부를 밝혔다. 나는 성민이가 자퇴하는 것이 상담에 실패한 것이 아닐까 하는 생각이 잠시 들었으나 '우울'과 늘 함께 살아온 내담자에게 무언가 하고 싶은 일이 생기고 스스로의 길을 개척하기 위해서 '학교 자퇴'라는 용단을 내릴 수 있다는 것은 성민이 몸속에 뭔가 좋은 변화가 일어난 것이라고 다시 생각했다.

그 후 2학기 거의를 상담실에서 치료를 받은 후 겨울방학에 들어갔고 다음해 3월 자퇴했다. 나는 '상담 후 소견서'를 작성하여 보내드리고 나서 성민이 집으로 전화를 했다. "성민아! 만화를 그리면서 네가 힘들었던 것, 마음이 아팠던 것, 엄마를 기다리며 애타고 그리웠던 모든 경험이 녹아 있는 좋은 만화를 그리기 바래."라고 했다. 성민이가 갇혀 있는 동굴에서 나와서 벤츠의 기능을 다하고 살아가길 간절히 빌면서…….

엄마, 그렇게 그놈이 좋았어?

나는 담임으로부터 의뢰 사유를 미리 알았기 때문에 좀 파격적인 방법으로 갑자기 소리를 지르며 이렇게 외쳤다. "당신이 정말 내 엄마야! 남이라도 이런 행동은 안 할 거야. 내가 지금 어떤 처지야. 고3이야. 대한민국에는 남자, 여자, 그리고 고3이 있다는 말 못 들었어. (이때부터 아무 표정 없이 앉아 있던 아이 눈에 눈물이 줄줄 흘러내렸다.) 그래 이 몇 달도 못 참아서 마음에 드는 놈과 달아나. 한참 사춘기인 딸과 인생에서 제일 중요한 시기에 있는 아들을 버리고 나갈 만큼 그렇게 그놈이 좋았어? 나는 앞으로 결혼을 못할 거 같아. 당신 같은 사람 만날까봐. 지방에서 개미처럼 일만 하다가 뒤통수 맞은 아버지꼴 될까봐……." 이제는 소리까지 내서 두 손에 얼굴을 묻고 울었다.

"윤정아(가명, 17세)! 무엇을 만든 거니?"

말소리는 내지 않고 입 안에서만 우물우물한다. 재차 채근하자 조그만 소리로 중얼거렸다.

"하트예요(사랑을 상징하는 모양)."

"그런데 갈라졌구나!"

못 들은 척하며 한참 있다가 고개를 끄덕인다. 나는 더 이상 묻지 않고 "제목을 정한다면 무엇으로 하고 싶니?" 그랬더니 또 답답하게 겨우 나오는 소리로 "깨어진 신뢰요."라고 대답했다.

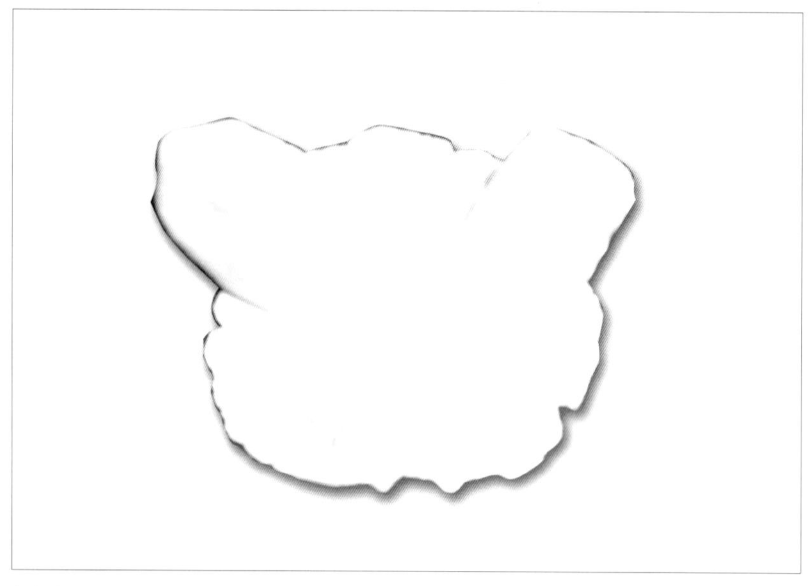

〈내 마음의 조각 1〉 지점토를 조심스럽게 만지작거리더니 밑판을 조심스럽게 만들고 하트 모양을 빚더니 그것을 둘로 찢어서 그 끝은 한데 모아 세우고 두 조각을 45° 정도 벌려서 불안하게 겨우 붙어 있게 만들었다.

얼마나 기운 없이 겨우 대답을 하는지 치료를 그만두고 싶을 만큼 윤정이는 3회기가 되었어도 학교에서 보여지는 부적응한 증상에 비해서 그동안 너무 아파서 스스로 만든 두꺼운 정서적 갑옷을 벗고 싶어하지 않고 저항하고 있었다. 아니면 상담자인 나를 정말 믿어도 될까? 하며 마음으로 저울질해보거나…… 어떤 이유에서든 상담자도 자기 성향에 맞는 내담자가 있다. 나는 자기표현을 시원스럽게 하는 내담자를 선호한다. 평소에 조증과 울증을 번갈아가며 보이고 종잡을 수 없는 기분 변화로 나와 다른 선생님들을 당혹하게 했던 그 아이인가 의심이 갈 정도로 치료실에서 마주 앉아 있으면 윤정이는 입을 다물고 있다가 내 질문에 겨우 기어들어가는 목소리로 단답형으로 최소한의 말만 했다.

"왜 그런 제목을 붙인 거니?"

"그냥. …… 이거로 하고 싶었어요." 하고는 또 입을 다문다.

나는 직면의 위험성을 알면서도 너무 답답한 나머지 "이 작품에는 엄마가 너를 두고 집을 나간 것에 대한 분노와 슬픔이 나타나 있구나!"라고 했더니 불안하게 눈동자가 흔들리며 마지못해 "예."라고 대답하고는 아무런 표정 변화도 부연 설명도 없다.

나는 너무 답답해서 무슨 돌파구라도 있어야겠기에 "네 앞에 앉아 있는 선생님이 집 나간 엄마라고 생각하고 하고 싶은 말을 해봐."라고 권했다.

윤정이는 약간 눈물이 고인 눈으로 한참 나를 쳐다보더니 고개를 숙이고 아무 말도 안 하는 것이 아닌가? 나는 더 이상 참지 못하고 "엄마! 왜 그랬어? 왜 어린 나를, 엄마 손길이 한창 필요한 나를 버리고 갔어. 그럴 수 있어? 내가 얼마나 기다렸는 줄 알아. 아빠와 사이가 안 좋아도 나 때문에 참고 살 줄 알았어. 학교 갔다 오면서 오늘은 와 계실 거야 하고 미친 듯이 뛰어와보면 집에는 아무도 없었지. 밤이면 이 발자국이 엄마 발자국일까 저 발자국이 엄마 발자국일까 귀를 세우며 기다리는 불쌍한 딸을 생각해봤어?……" 하고 울부짖었다.

윤정이는 처음에는 멀거니 나를 쳐다보다가 점차 눈에 눈물이 고이다가 밖으로 울음소리를 내지 않고 다시 고개를 푹 숙여버렸다. 나는 윤정이의 감정을 표면에 끌어올리는 것이 아예 불가능한 것이 아닐까 하는 생각을 하며 "윤정아! 울어도 돼. 우는 것은 창피한 것이 아니야. 선생님이 걱정되는 건 울어야 할 순간에 울지 못하는 사람이야."라고 해도 표정에 별 변화를 보이지 않으며 무기력하게 앉아 있었다. 마치 전쟁의 폐허 위에서 모든 것을 잃고 망연히 앉아 있는 사람의 모습처럼…….

나는 말하기 힘들면 글로 쓰라고 윤정이에게 펜과 종이를 주었다. 윤정이는 아무 표정 없이 그것을 받아들더니 한참 걸려서

엄마.
다 이해해줄 테니깐…….
다음에는 어다론가 사라지지 마…….

라고 쓰고 나서 연필을 들고 가만히 있었다.

〈나무 그림〉 아케이트형 수관은 겸손하고 타인의 견해나 행동에 수용적인 성향을 나타내며 그림의 위치가 왼쪽 하단에 그려진 것은 우울한 성향과 내향적인 성격을 시사한다. 그림 후 질문에서 나무 나이는 6세이고 기분은 외로우며 날씨는 여름이라고 했고 힘들었을 때는 4세라고 대답했다. 지금 현재 시급하게 필요한 것은 물과 비료와 해라고 대답했다. 윤정이에게 6세 때 기억나는 것이 없냐고 했더니 "없어요. 그냥 엄마, 아빠가 많이 싸운 것이 생각나요."라고 대답하고 더 이상 말하고 싶어하지 않았다.

〈집 그림〉 집 그림도 나무 그림과 같이 용지 하단 왼쪽에 그린 것은 우울한 성향과 내향적인 성격을 시사한다. 이 집에 여섯 사람이 살고 분위기는 활발하다고 했다. 자기 가족이 사는 집을 언급하지 않고 그룹 '신화'의 구성원들에 대한 이야기를 한 것은 자기 가족에 대해 언급하기 싫거나 정서적 유대감이 없다는 사인이다. 이 집에 시급하게 필요한 것은 '옷가지, 먹을 것, 주방용품(생존의 욕구에 머물러 있는 내담자들의 반응 특성)'이라고 대답했다.

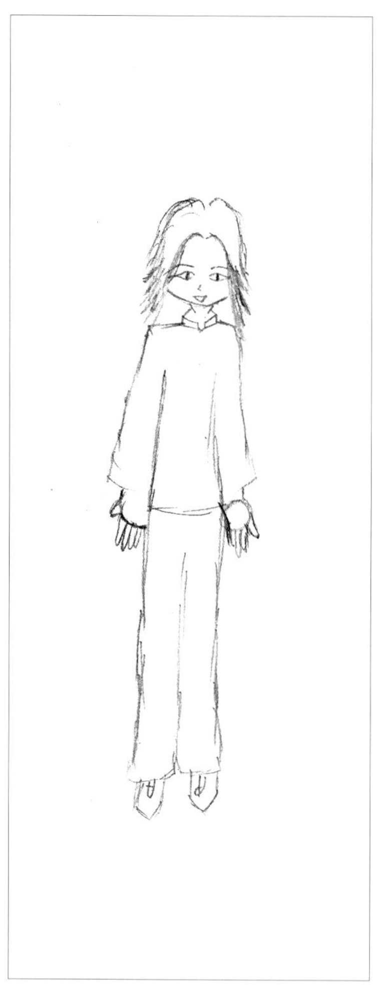

〈인물화(여)〉(왼쪽), 〈인물화(남)〉(오른쪽) 좁고 각진 어깨는 열등감과 방어적 성향을 나타내며 몸에 딱 붙어 있는 두 팔과 두 다리는 불안하고 긴장되어 있음을 나타낸다. 그냥 서 있는 모습은 수동적이거나 무기력한 상태에 있음을 의미할 수도 있다. 두 인물 모두 입을 아주 작게 그린 것은 내적 상처를 받지 않으려고 정서적 상호작용을 회피하거나, 타인의 애정 어린 태도를 거절하고자 하고 있으며 과거에 이와 관련하여 절망감이나 우울감을 느꼈던 적이 있음을 시사한다.

나는 너무 지쳐서 이 회기를 종료하기로 하고 오늘 어땠니? 하고 가볍게 물었더니 "(씩 웃으며)시원해요."라고 했다.

기가 막혔다. 이렇게 나를 답답하게 해놓고 자기는 거의 표정 없이 눈물만 조금 고여놓고 시원하다니…….

그림 후 질문에서 나무 나이는 6세이고 기분은 외로우며 날씨는 여름이라고 했고 힘들었을 때는 4세라고 대답했다. 지금 현재 시급하게 필요한 것은 물과 비료와 해라고 대답했다. 윤정이에게 여섯 살 때 기억나는 것이 없냐고 했더니 "없어요…… 그냥 엄마 아빠가 많이 싸운 것이 생각나요."라고 대답하고 더 이상 말하고 싶어하지 않았다.

그림 후 질문(여자 그림)에서 나이가 10세(사람 그림의 나이는 자기 혹은 자기 대상의 성숙도에 대해 주관적으로 어떤 표상이나 느낌을 가지고 있는지를 나타내준다. 실제의 나이보다 ± 5년 이상 차이가 나면 심리사회적으로 미성숙한 상태에 있음을 시사한다)이라고 답했고 성격은 '화끈하다'고 대답했고, 소원 세 가지를 말하라고 했더니 1. 빨리 어른이 되고 싶다. 2. 돈을 많이 벌고 싶다. 3. 생일이 빨리 왔으면 좋겠다. 직업은 '초등학생'이라고 했고, 장래희망은 '유치원 선생님', 현재 무슨 생각을 하고 있냐고

〈'엄마' 하면 떠오르는 것〉 여성잡지를 주고 '엄마' 하면 회상되는 것을 콜라주로 표현하라고 했더니 한참을 잡지를 뒤적이다가 요리를 소개하는 면에 시선이 멈추더니 '물냉면'과 '홍합짬뽕'을 오려서 붙였다.

했더니 '토요일에 친구와 놀 생각'을 한다고 대답했다. 힘든 시기를 물었더니 6~7세 때라고 대답했다. 이유를 묻는 나에게 "자주 아팠어요. 감기도 잘 걸리고……"라고 했다. 남자 그림은 20세이고, 대학생인데 법학과에 다니고 있고 고등학교 2학년 때 가장 힘들었는데 성적이 기대한 만큼 나오지 않아서라고 했다. 장래희망은 검사가 되는 것이고 소원은 1. 수업 잘 듣는 것 2. 빨리 꿈(사법고시에 패스하는 것)을 이루는 것이라고 대답했다. 아는 사람 중에 누구와 흡사한 것 같냐는 질문에 "친구네 오빠요."라고 했다. 그전에 3개월 사귄 친구네 오빠를 그린 것이다. 이 그림 후 질문을 하는데도 입을 꼭 다물고 단답형의 말만 겨우 하는 정도여서 간신히 들은 내용이다. 생일이 빨리 왔으면 좋은 특별한 이유가 있냐고 물었더니 "선물 받잖아요."라고 했다. 그래서 내가 거기에 응답해 말했다.

"아버지가 자상한 분이구나. 생일 선물도 챙겨주시고……."

"아니에요. 엄마가 계셨을 때 생일 선물 받았어요."

어떤 것을 받았냐고 물었더니 "어릴 때는 주로 인형 종류인데 곰인형, 바비인형 이런 것을 주로 받았고, 초등학교 입학하기 바로 전 생일에는 연필, 노트 같은 공부에 필요한 것을 받았어요."라고 눈을 반짝이며 대답했다.

이미 과거 엄마가 곁에서 이것저것 챙겨주고 자신을 길러줄 때 누렸던 행복했던 순간을 지금은 기대하지 않는다고 말하면서도 생일이면 습관적으로 선물을 기다리는 것에서 윤정이의 엄마에 대한 그리움이 엿보인다.

나는 이때를 놓치지 않고 엄마에 대한 감정을 표출시키기 위해서 여성잡지를 주고 '엄마 하면 떠오르는 것'을 콜라주로 꾸미라고 했더니 한 시간 동안 잡지책을 이리 뒤적 저리 뒤적 하더니 겨우 물냉면과 홍합짬뽕을 오려서 나에게 내밀었다.

"엄마가 이 요리를 잘하셨니?"

"(금방 대답하지 않고 뜸을 들이더니 거의 기어들어가는 소리로) 아니요."

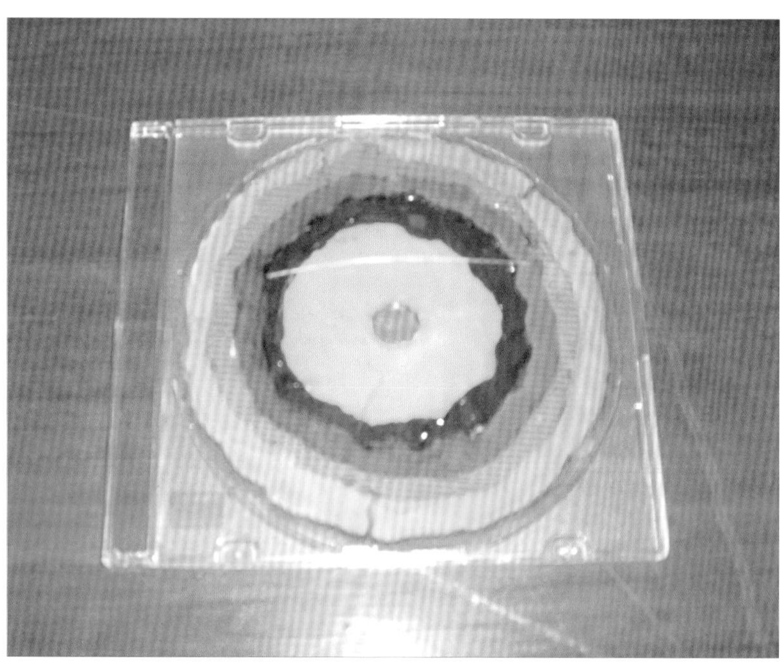

〈성장 나이테〉

사용한 색	색을 선택한 이유	사건
녹색	세상에서 흔히 볼 수 있는 평범한 색이어서	태어나서 초등학교 3학년 때까지 그냥 평범한 듯했다.
검은색	어두우니까 힘든 상황을 이 색으로 표현했다.	초등학교 3학년 후반부터 5학년 때까지를 표현한 것인데 감기나 독감이 자주 걸려서 너무 아팠다. 그리고 5학년 찬바람 부는 늦가을 추울 때 엄마가 집을 나가셨다.
보라색	색감정 차트에 보라색으로 '허탈하다'에 칠했다.	초등학교 6학년 때부터 중학교 2학년 시기를 이 색으로 표현했는데 친구들과 사이도 안 좋고 왕따 비슷한 것도 당했다고 했다. 중1 때는 자기에게 잘못해서 반 친구와 싸웠는데 그 집 부모가 항의하자 담임선생님께서 자퇴서 쓰라고 으름장을 놓고 다시 이런 일이 있으면 퇴학시키겠다고 해서 심한 인간적 배신감을 느낀 시기였다고 함.
진분홍색	재미있게 보내서 '진분홍색'으로 표현했다고 했는데 색감정 차트에는 '외롭다'라는 감정에 진분홍색을 칠했다.	중학교 3학년 시기인데 친구들과 사이도 좋아지고 선생님도 재미있는 분이었던 것으로 기억했다.
오렌지색	모든 것이 새로워져서 오렌지색을 골랐다고 했다. 그리고 색감정 차트에 '좋다' '재미있다'는 감정에 오렌지색을 칠했다.	고등학교 입학 후 새로운 친구들과 선생님을 만나서 기쁘고 신난다고 말했다.

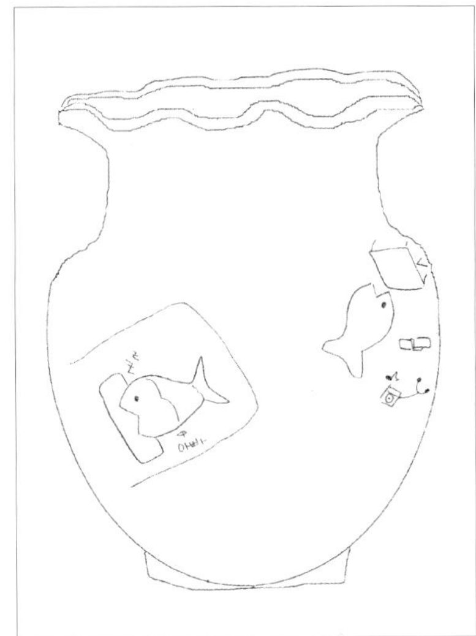

〈물고기 가족화〉 아빠 물고기는 자고 있고, 요로 포위되어 있다. 이것은 에너지와 활력이 낮다고 지각한 내담자의 느낌을 반영한 것이고 자신과 정서적인 유대가 없음을 시사한다. 자신을 나타내는 물고기는 아빠 물고기와 반대 방향을 보고 있으며 빈 밥상 위에 앉아 있다. 빈 밥상은 질 낮은 케어와 방임된 내담자의 그림에서 보여지는 반응이다.

	내 마음	아빠 마음	엄마 마음	동생 마음	우리 집
동물로 표현한다면	곰	?			늑대 (두개)
색으로 표현한다면	흰색	?			주황색 (빨강)
감촉으로 표현한다면	차갑다.	따뜻하다			따뜻하다 시원하다.
날씨로 표현한다면	비오는날	샌한날			?
[illegible]으로 표현한다면	?	?			?
맛으로 표현한다면	?	부드럽다			?

〈가족에 대한 상징적 표현〉 두 식구밖에 없는데 '?'가 8개나 있는 것은 정서적인 유대감이 없어서 서로에게 '무엇'이라고 정의를 내릴 수가 없다는 비언어적 메시지다. 특히 엄마 칸을 모두 비워놓았기에 함께 살지 않아도 돌아가신 것은 아니니 표현해도 된다고 하자 평소와 다르게 단호한 표정을 지으며 입을 앙다물면서 고개를 절레절레 흔들었다.

"그럼 왜 이 그림을 골랐어?"

"(또 한참 있다가) 제가 먹고 싶은 것을 골랐어요."

나는 한마디 한마디 듣는 데 너무 힘이 들었다. 그래서 겨우겨우 말을 시켜서 알아낸 것이 엄마가 요리를 잘하셨다는 것, 된장찌개, 김치찌개, 조림류 등을 잘하셨다는 것을 알게 되었고 엄마가 집을 나간 후에는 가까이에 사는 고모가 기본 반찬을 해주고 나머지는 아버지와 자기가 번갈아가며 하는데 맛이 별로라고 했다. 윤정이가 상담할 때 보이는 행동은 윤정이가 조증 상태일 때의 모습과 너무 달라서 생소했다. 윤정이가 조증일 때는 활력이 넘쳐서 평소에 어려워하던 나를 선생님! 하고 소리지르며 복도에서 힘껏 안는다든가 하루 종일 아무것도 아닌 일에 낄낄거리며 활기차다. 하지만 조증 상태가 끝나고 반대의 정서로 가면 하루 종일 벌레 삼킨 표정으로 찡그리고 있거나 대부분의 시간을 엎드려서 자고 깨우면 머리, 배 등이 아프다고 하며 다시 엎드린다. 그런 날 윤정이의 외모는 '목불인견(目不忍見)'이라는 사자성어가 저절로 떠오르게 한다. 교복 밖으로 나온 속옷과 치마 아래 입은 체육복, 그리고 산발에 가까운 머리 모양, 거기다가 밥 먹고 나서 입 주위를 닦지도 않고, 부유(浮遊)하듯 학교 일정에 따라 움직이는데 윤정이의 그때 모습은 지나가는 학생, 선생님들이 한 번쯤 모두 돌아볼 정도로 파격(?)적이다. 언젠가는 그 모습으로 도서실에 왔는데 그때 함께 도서관 운영에 대해서 나와 대화를 하던 교감선생님이 깜짝 놀라면서 호되게 야단치려고 했던 적도 있었다. 물론 내가 윤정이 상황을 말씀드리고 나에게 맡겨달라고 했지만 말이다.

자신의 이야기를 자연스럽게 하면 비언어적 상담기법이 별로 필요가 없겠지만 일단, 오랫동안 자기 이야기를 해보지 않은 아이처럼 자신의 느낌, 상황, 그때의 감정을 표현하는 것을 너무 힘들어하기에 별 저항 없이 생육사를 말할 수 있도록 색찰흙을 주면서 '나의 성장 나이테'를 만들게 했다.

자신의 성장 나이테를 말하면서도 남의 이야기를 하는 것처럼 덤덤하게 진술(?)해서 나를 답답하게 했다. 검은색으로 표현한 것을 조금 더 깊게 들어가고 싶어서 그와 관련된 다음과 같은 질문을 했다. "엄마가 나간 후 한동안 많이 기다렸지? 발짝 소리만 들려도 엄마가 오는 것 같고, 학교 갔다 돌아오면서도 오늘은 엄마가 와 있지 않을까? 하고 마음 졸이며 기다리지 않았니?"

윤정이는 도리질까지 치며 "아니요."라고 대답했다. "그러면 안 들어오실 거라는 것을 미리 알고 있었다고?" 되물으면 묵묵부답 아무런 반응도 없이 까만 얼굴에 더욱 그늘을 만들며 생기 없이 앉아 있었다.

우리 몸은 아픈 자극을 받으면 처음에는 너무 아파서 죽을 것 같다가 그 아픔이 치유되지 않고 장기화되면 스스로를 보호하기 위해서 감각이 없어진다. 구두 때문에 곧잘 상처가 나는 발을 생각해보자. 처음에는 구두의 압력으로 발에 생채기도 나고 빨갛게 부풀어 올라서 힘들지만 오랫동안 그런 신발에 익숙해지면 우리를

〈동작성 가족화(KFD)〉 아버지가 고모네 PC방에서 아르바이트를 하고 있는데 그곳에 찾아가서 아버지와 함께 있는 것을 그렸다. 그런데 두 부녀의 모습이 남들이 보면 버스정류장에 타인이 거리를 두고 무관심하게 서 있는 것을 그려서 심리적 거리가 생각보다 멀다는 것을 느꼈다.

아프게 했던 그곳이 굳은살로 변해서 스스로를 보호하고 있는 것을 보게 된다. 윤정이도 아마 처음에는 미칠 것 같았으리라. 무섭고, 외롭고, 쓸쓸하고……. 그런데 시간이 지나도 이런 감정을 보듬어안고 '괜찮아, 괜찮아 내가 너를 지켜줄게.'라고 하는 사람을 만나지 못했다. 택시기사인 아버지는 윤정이가 하교해서 집에 오면 안 계셨을 테고, 아침에는 서로가 바빠서 위로가 되지 못한 이유도 있겠지만 윤정이 아버지도 자신의 감정을 추스르는 데 상당한 시간이 필요했을 테니 윤정이 마음까지 보듬어 안고 위로하기에는 여력이 없었을 것이다.

하여튼 윤정이는 아픔을 자각하지 않고 '마치 아무 일도 없었던 것처럼 살아가기'라는 방어기제를 선택한 것이다(이것을 전문용어로 '감정 부인'이라고 한다).

가족에 대한 상징적 표현에서 자신을 곰이라고 했는데 곰은 약고 장난도 잘 치고 둔한 동물이라고 했다. 그리고 '흰색'이라고 한 것은 평온할 때도 있고 그저 그럴 때도 있어서라고 대답했다. 특히 '비 오는 날'이라고 한 것은 나무 그림에서와 같이 우울한 심경을 반영한다. 아빠 마음을 '동물'로, '색', '꽃'으로 표현하라고 한 칸에 '?'를 했다는 것은 함께 살지만 그 사람을 딱히 무엇이라고 정의하기 어려울 정도로 피상적인 관계라는 뜻이다. 감촉은 '따뜻하다'고 했지만 우리 집을 '늑대'라고 표현한 이유가 '온순하기도 하고 사납기도 하다'라고 했는데 이것을 좌지우지하는 실체가 아버지라고 한 것은 양가감정 중에 한 가지만을 표현한 것을 알 수 있다. 실제로 중학교 2학년 때까지 매를 맞았는데 그 이유가 집안일 해놓지 않고 게을러서라고 말했다. 그 나이에 학교 다니면서 가정주부가 하루 종일 매달려야 할 수 있는 일을 십대의 딸이 매끄럽게 해놓으리라는 기대 자체가 비현실적인 것인데도 말이다. 우리 모두 삶의 무게로 힘들 때 그 힘든 실체가 무엇인지 분석하고 합리적인 대처를 하기보다 가까이 있는 힘없는 대상에게 그 책임을 전가하는 것은 흔히 볼 수 있는 현상이다.

동작성 가족화(KFD)에서는 택시운전을 그만두고 큰고모가 운영하는 갈산역 부근에 있는 PC방에서 근무하는 아버지와 그곳을 찾아간 자신의 모습을 그렸다. 아버지는 자기가 하교해서 오면 거의 집에 계시지 않는다고 했다. 저녁 7시에 출근해서 아침 10시에 퇴근을 하신다고 했다. 얼굴 마주칠 시간이 없고 게임을 하고 싶으면 아버지가 근무하는 PC방에 찾아간다고 했다. 어색하게 서 있는 부녀의 모습에서 어쩌다 가족이 되었으니 함께 살아가는 것이지 정서적인 친밀감과 추억을 공유하는 부녀 사이라고는 볼 수 없을 정도로 경직되어 있는 관계라는 것을 알 수 있다.

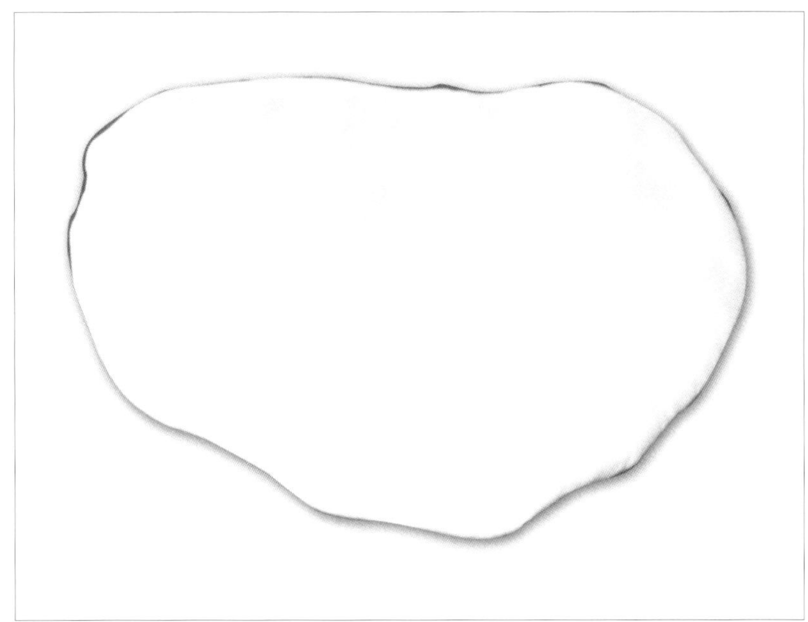

〈**내 마음의 조각 2**〉 선택적 함묵증과 만성 지각으로 의뢰된 고등학교 3학년 남학생의 '마음의 조각'이다. 아버지가 지방에서 일하는 사이 엄마의 외도로 가출하자 졸지에 주부 역할까지 하면서 학교에 다니게 되었다. 겨우 여동생은 아침밥까지 먹여서 학교에 보내지만 충격을 받은 마음은 이 아이에게 살 의욕도, 학교 갈 의욕도 빼앗고 말문까지 닫아버리게 만들었다.

가족간의 역동성을 볼 수 있는 세 그림 검사 모두에 '엄마'는 빠져 있었다. 엄마가 돌아가신 지 오래되었어도 모든 그림에 엄마를 그리는 내담자와 달리 함께 살지 않아도 살아 계신 엄마, 그리고 11년간을 어려운 환경에서도 애써 길러주셨던 엄마를 언급하지 않는다는 것은 이미 윤정이 마음에 셔터가 내려진 것이다. 집을 나간 엄마를 얼마 동안은 애타게 기다렸으리라. 하지만 전화 한 통 하지 않는 매정한 엄마를 자기 마음에서 지우기로 마음먹기까지 힘들었을 윤정이 슬픔이 전해져 와서 내 마음까지 무거웠다.

몇 달 전에 만성지각과 무단결석, 선택적 함묵증으로 의뢰된 고등학교 남학생이 치료실에서도 한마디도 하지 않고 앉아 있어 말문을 열기 위해서 지점토를 주면서 만들게 했다. 그때 그 아이는 아버지가 지방 근무 중에 바람이 나서 여동생과 자신을 버리고 집을 나간 엄마 때문에 '밟혀서 납작해진 심장'이 되었다고 자기 마음을 이렇게 빚어놓았다.

그때 그 아이는 치료실 소파에 혼이 나간 듯 앉아서 한마디도 하지 않고 있었는데 이것을 만들고 나서 무엇을 만든 것이냐고 했더니 '납작해진 심장'이라고 짧게 말하고 다시 침묵했다.

나는 담임으로부터 의뢰 사유를 미리 알았기 때문에 좀 파격적인 방법으로 갑자기 소리를 지르며 이렇게 외쳤다. "당신이 정말 내 엄마야! 남이라도 이런 행동은 안 할 거야. 내가 지금 어떤 처지야. 고3이야. 대한민국에는 남자, 여자, 그리고 고3이 있다는 말 못 들었어. (이때부터 아무 표정 없이 앉아 있던 아이 눈에 눈물이 줄줄 흘러내렸다.) 그래 이 몇 달도 못 참아서 마음에 드는 놈과 달아나. 한참 사춘기인 딸과 인생에서 제일 중요한 시기에 있는 아들을 버리고 나갈 만큼 그렇게 그놈이 좋았어? 나는 앞으로 결혼을 못할 거 같아. 당신 같은 사람 만날까봐. 지방에서 개미처럼 일만 하다가 뒤통수 맞은 아버지꼴 될까봐……." 이제는 소리까지 내서 두 손에 얼굴을 묻고 울었다. 그렇게 한바탕 소심하고 얌전한 그 아이 대신 내가 소리치며 그 아이가 엄마에게 하고 싶었을 말들을 하고 보냈더니 그 다음날 담임선생님이 희색이 만면해서 찾아왔다. 그리고 나를 용한 의사 보듯 신기해하며 "정말 대단하세요. 그 아이가 돌아와서 가슴이 뻥 뚫린 것 같다며 밝게 웃었어요. 도대체 어떻게 하신 거예요?" 나는 뚫어진 양은냄비를 껌으로 살짝 붙인 정도라며 일시적인 효과라고 했다. 앞으로 지속적인 치료 개입이 있어야 하고 그동안에도 학교 생활을 흠 없이 하려면 약물치료도 병행해야 한다고 진지하게 답변해주었다. 그렇지 않으면 담임선생님을 많이 힘들게 할 거라고도 말했다. 물론 그 아이가 그럴 의도를 가진 것은 아니고 심한 외상(엄마에게 버림받은 것) 후 스트레스장애여서 그렇다고 했다. 담임선생님께서는 내 의견을 다소 건성으로 들으시더니 하여튼 너무 고맙다고 하시면서 돌아가셨다. 실제로 일주일간은 너무 명랑하고 예전의 성실한 모습(고2 가을에 엄마가 집을 나갔다)을 보여서 내 명성(?)이 그 아이 담임선생님과 친한 선생님들께 회자될 정도였다. 그 다음은 내가 예견했던 대로 지각, 무단결석 등을 수시로 해서 담임선생님의 속을 무척 썩였다. 그때그때 도움 요청이 올 때마다 대처 방법을 알려드리고 담임선생님도 잡은 손을 놓지 않아서 2학기가 되자 마음을 잡은 듯 학교에 잘 나왔다.

엄마에게 버림받아 자기 마음을 반으로 찢어서 표현한 윤정이와 납작해진 심장을 빚은 아이 모두 마음에 빗장을 풀고 자신의 상처받은 마음을 열어 보였는데도 수용되는 경험은, 버리고 간 엄마와 관계없이 자신이 소중하다는 것, 엄마가 내가 싫어서가 아니라 삶이 너무 고단했거나, 부부 사이를 더 이상 지속할 수 없는 사유가 있었을 거라는 이성적인 사고를 하게 된다. 그리고 자신의 존재는 그 사람이 비록 부모라고 할지라도 그들이 자신을 어떻게 대했는지에 관계없이 소중하다는 것을 받아들일 여유가 생긴다. 물론 마음의 안정은 보너스다.

윤정이는 상담 중에 너무 말을 하지 않아서 답답했는데 정작 본인은 너무 시원하고 그래서 기쁘다고 하니 무슨 조화속인지 아직도 모르겠다. 하지만 내 기준에는 아직도 감정 표출이 덜 된 것같이 생각되었기에 윤정이와 처지가 비슷한 『몽실언니』 책을 사서 주었다. 주면서 "책 좋아하니?"라고 물었더니 전혀 좋아하지 않는다고 대답한 아이답지 않게 그날로 3분의 2를 읽었다며 조금만 더 읽으면 다 읽는다고 자랑했다. "몽실이 불쌍하지?"라고 물었더니 까만 얼굴에 눈을 동그랗게 뜨며 고개만 크게 끄덕였다.

영화 「사랑과 추억」 중, 뉴욕에서 아내와 재결합하기 위해 고향으로 돌아가는 톰이 달리는 차 안에서 '뉴욕에서 나는 부모님을 사랑하는 것을 배웠다. 그들이 비록 사랑받기에 합당하지 않아도 그들을 사랑하는 법을 배웠다.'라고 고백하듯 우리 윤정이는 언제쯤 '나는 베이스 캠프(우리 학교 상담실 이름)에서 사랑하는 법을 배웠다. 그들이 비록 사랑받기에 합당하지 않아도 그들을 사랑하는 법을 배웠다.'라고 고백하게 될까?

지금으로서는 그런 부모님을 사랑하기까지 바라지 않아도 윤정이에게 일어난 99퍼센트의 힘든 일이 다른 사람들로부터 기인했더라도 자신이 통제할 수 있는 1퍼센트에 희망을 갖고 다시 일어서길 바랄 뿐이다.

미륵, 절에 맡겨지다

미륵이는 다시 생각해도 너무 어이가 없는지 이 이야기를 하면서부터 갑자기 가시 박힌 지점토 덩어리를 우그러뜨려서 다시 만들기 시작했다. "어떻게 제 마음을 말로 다 할 수 있겠어요. 1, 2학년 때는 학교 아이들과 매일 싸우다시피 하고(중이라고 학급 아이들이 놀려서라고 했다. 머리는 스님들과 똑같이 삭발하고 옷은 사복을 입고 다녔다고 한다) 3학년 때부터는 가출을 주기적으로 했어요. 그러다가 6학년 1학기 때 아버지라는 사람이 나타나서 주지 스님을 만나 그동안 맡아줘서 고맙다고 하더니 가자고 했어요."

미륵(가명, 17세, 남)은 우리교육 교사아카데미에서 나에게 미술치료를 배우던 선생님 한 분이 반 아이들을 대상으로 나무 그림과 인물화, 물고기 가족화(FFD)를 실시했는데, 그중 걱정이 되는 아이가 있다며 의뢰한 아이였다.

Session 1 나무 그림, 인물화, 물고기 가족화

미륵이 담임선생님이 나무 그림 검사 후 "이 나무가 가장 힘들었을 때는 언제니?"라고 질문을 했더니, "오늘 인생 끝났음."이라고 답을 했다고 한다. 이 표현은 '나는 죽은 것과 다름없음'을 상징할 수 있는 것으로, 이 학생에게 상당한 부적응적 양상 혹은 정신병리적 특성이 있음을 의미한다.
본인이 남자이면서 반대로 성인 여자를 그리는 경우는 이성에 대한 성적 관심이 강한 사람이거나 그 사람이 내담자에게 의미 있는 이성이며 그 사람과 심리적으로 밀착되어 있음을 나타낸다. 미륵이는 인물화에 여자를 그렸다. 일반적으로 자기 성(性)을 먼저 그리는 것이 보편적이나 미륵이가 얼마 전 여자친구와 헤어진

〈나무 그림〉 이런 그루터기를 그리는 내담자는 부모에게 버림을 받았거나 집단 따돌림 피해자, 또는 부모님과 함께 살아도 자신의 모습 그대로를 수용받기보다 부모 식대로 키우려고 강압적인 방법을 사용한 자녀의 그림에 전형적으로 나타난다. 떨어진 나뭇잎은 자신이 타인과의 상호작용에서 좌절을 겪었거나 이로 인해 정서적인 어려움을 느끼고 있음을 의미한다.

〈인물화(여)〉 성별은 여자, 나이는 15세이고 성격은 '변덕이 심하고 따뜻한 사람'이라고 썼다. 짧고 가는 목은 스스로 통제해야겠다는 생각은 있으나 이러한 의지에 너무 압도되어 지나치게 억제되고 위축되었다는 것을 의미할 수 있다. 다리를 딱 붙인 모습은 융통성이 부족하고 경직된 성격 성향이 있음을 알게 하며, 아주 작게 그려진 발은 자율성에 대한 부적절감과 두려움을 느끼고 있음을 의미할 수 있다. 얼굴에서 눈, 코, 입이 생략되어 있는 것은 개인 상호간에 관계가 분명치 않고 피상적이며(Burns & Kaufman, 1972 ; Machover 1949) 치료에서의 나쁜 예후(Machover 1949)가 예상된다.

〈물고기 가족화〉 '계단'은 두 개의 세계를 상하 방향으로 연결하고, 사람을 높은 곳에 이르게 하는 통로다. 따라서 계단 중간에 있는 인물이나 혹은 계단을 지나서 계단 위에 위치한 인물(미륵이 자신이 그려져 있다)은 불안이나 불안정감을 시사한다. 미륵이 물고기 가족화는 다른 피검자들이 잘 하지 않는 평범하지 않은 상황을 그렸다. 맨 아래 계단에는 아빠 물고기가 그려져 있고 바로 위에는 엄마 물고기(중학교 3년 동안 죽지 못해서 함께 산 새엄마는 아니고, 세 살 때 집을 나갔고 그래서 자신은 생각도 나지 않고 보고 싶지도 않다고 말한 엄마 같다)가 가운데에 그려져 있고 아들 물고기는 맨 위의 계단에 그려졌고 자신 바로 위에는 '나가는 곳'이라는 출구가 그려져 있었는데, "다 싫고 집을 나가고 싶어한다."고 말했다. 미륵이는 아빠든, 얼굴도 모르는 엄마든, 자신의 처지든 모두 불안정하고 언제 와해될지 모르는 상황을 계단 위에 그려서 표현했다.

것이 인물화를 그릴 때 영향을 미친 것이다. 지금도 그 아이 생각을 하면 눈물이 나고 상처에 굵은 소금을 뿌린 듯 쓰라리다고 했다. 그림의 제목을 묻는 질문에 '배신'이라고 인물화 뒷장에 썼다.

Session 2 은유적 자화상, 모티브 그림, 내 마음의 조각-초등학교 시절

왜 자신을 눈사람이라고 생각하느냐고 했더니 "제가 바보 같아서요. 맥없이 당하고 있잖아요."라고 했다. 그래서 내가 "하지만 아이들이 눈사람을 만들 때는 눈을 보고 기뻐서 그 기분을 함께 공유할 누군가를 만든 것이 '눈사람 '아닐까?"라고 했더니 시들하게 "애들이 만들어주지만 부수고 놀리잖아요. 그리고 겨울이 지나면 녹아버리잖아요."라고 볼멘소리로 대답했다. 나는 담임선생님께 미륵이의 사정에 대해 들은 것도 있고 미륵이가 전에 그린 그림을 받아서 보아 대략 사정을 알고는 있었지만 미륵이가 언제까지 시간을 낼 수 있을까 하는 의문이 들어서 마음이 조급했다.

이 시기를 잘 기억하게 해서 감정을 표출시키는 것이 치료에 중요해서 지점토를 이리저리 만지고 있는 미륵에게 그 시절에 대한 이야기를 하게 하자 특유의 감정이 배제된 목소리로 마치 자기 이야기가 아닌 것처럼 메마르게 그 시절의 이야기를 시작했다.

〈은유적 자화상〉 눈사람을 그렸다. 눈사람은 '정서적 박탈'을 의미한다.

미륵이가 세 살 때 엄마가 집을 나가고 아버지가 혼자 아이를 돌볼 수 없자 미륵이 친할머니에게 맡겨서 유치원을 다니게 했다고 한다. 지금 기억으로는 친할머니가 잘해주었고 음식도 미륵이 위주로 해주시고 유치원이 끝나면 마중도 오셨다고 한다. 하지만 무슨 연유에서인지 초등학교 입학 전에 절에 맡긴 후 한 번도 찾아오지 않았다고 했다. 나는 "정말 황당하고 무서웠겠구나!" 하고 너무나 뻔한 반응을 보였는데, 미륵이는 "기가 막혔죠. 하지만 곧 포기했어요."라고 조금 떨리는 목소리로 응답했다. 그래서 "포기하기 어려웠을 텐데…… 너무 어이가 없고 기가 막혔을 것 같은데……." 라고 하자 아무 말도 하지 않았다. 미

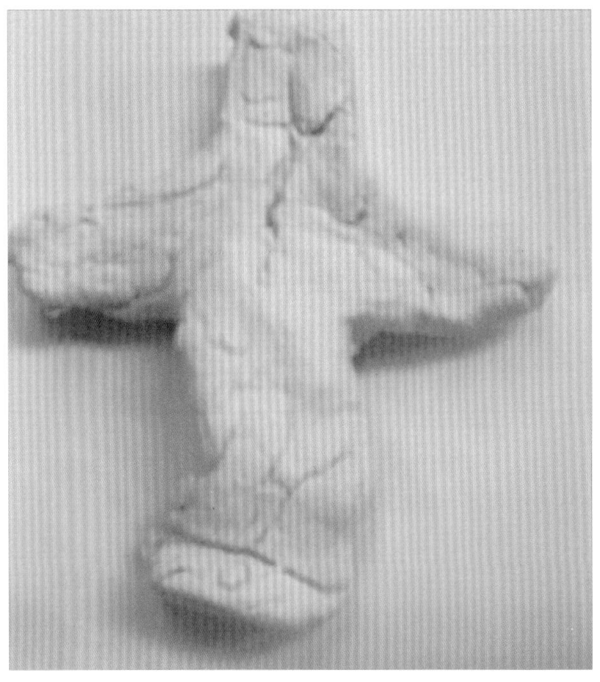

〈모티브〉 미륵이가 고른 모티브: 편지(써주고 싶은 사람이 있어서), 폭탄(그냥 와 닿았다) '내가 골라준 모티브: 번개(미륵이는 당황스러웠다고 나중에 피드백했다).

검은색으로 용지 우측에 시멘트 건물을 그리고 건물 아래쪽에 폭탄을 설치했다. 용지 가운데는 편지 내용이 펼쳐져 있는데 '예고장 0000년 0월 0일 너네 건물에 폭탄을 설치하겠다. 재주껏 막아보도록 -괴도 00-'라고 검은 플러스펜으로 쓰고 용지 왼쪽에는 자신이 처음에 고른 편지 모티브를 풀로 붙이고 편지 모티브와 경고장을 검은 크레용으로 두 줄을 그어서 이 경고장이 편지 내용임을 시사했다. 내가 골라준 모티브 '번개'는 아무런 변형 없이 폭탄을 터뜨리는 발화물로 경고장과 건물 사이에 붙였다. 현재 어려운 상황에 있거나 부적응 학생들에게 이 모티브 그림을 그리게 하면 부정적인 모티브(폭탄, 번개, X표 등)를 변형하지 않고 부정적이거나 파괴적인 상황을 묘사하는 데 사용한다.

〈내 마음의 조각 - 초등학교 시절〉 지점토를 주자 조금 생각하는 것 같더니 둥글게 큰 덩어리로 빚고 그곳에 가시를 만들어 둥근 것에다가 빙 둘러 모두 꽂았다. 마치 자기 마음에 수도 없이 박혔을 가시를 박으며 조금 힘들어하는 것 같았다. 내가 하라니까 하는 것이지 그 시절을 생각하는 것도 그 시절의 마음을 빚는 것도 모두 외면하고 싶은 것이다.

륵이 심정에 걸맞은 단어를 못 찾아서 그런 피드백밖에 하지 못하는 내가 도리어 답답했다.
무슨 사연이 있는지 모르지만, 사람처럼 사랑의 기적을 만드는 존재도 없지만 한편으로는 한없이 모질어질 수 있는 것도 사람이라는 생각에 몸이 부르르 떨렸다.
미륵이는 다시 생각해도 너무 어이가 없는지 이 이야기를 하면서부터 갑자기 가시 박힌 지점토 덩어리를 우그러뜨려서 다시 만들기 시작했다. "어떻게 제 마음을 말로 다 할 수 있겠어요. 1, 2학년 때는 학교 아이들과 매일 싸우다시피 하고(중이라고 학급 아이들이 놀려서라고 했다. 머리는 스님들과 똑같이 삭발하고 옷은 사복을 입고 다녔다고 한다) 3학년 때부터는 가출을 주기적으로 했어요. 그러다가 6학년 1학기 때 아버지라는 사람이 나타나서 주지 스님을 만나 그동안 맡아줘서 고맙다고 하더니 가자고 했어요."
이 말을 마친 후 미륵이 손에 들려진 지점토는 십자가 모양이 되어 있었다.
"그것은 무엇을 만든 거니? 아까하고 모양이 다르구나?"
"앰뷸런스(구급차) 뒤에 붙어 있는 십자가예요."
"이 조각 제목을 뭐라고 하고 싶니?"
"구호요."

Session 3 포토 세라피 1, 포토 세라피 2

집단상담실에서 자신이 취하고 싶은 포즈를 취하게 한 후 6컷 정도를 찍었다. 디지털 카메라를 컴퓨터에 연결해서 출력한 후 현재 자신을 가장 잘 표현한 사진을 고르라고 했다.
그랬더니 서 있는 사진(상체만 찍은 사진)을 골랐다. 왜 하필이면 이 사진이냐고 했더니 "태어나서 한 번도 편한 날이 없었어요. 지금도 그렇고요. 그래서 고단하게 서 있는 모습을 고른 거예요."라고 했다.
그 사진을 오리게 한 후 사진을 출력했던 종이보다 큰 사이즈(B4)의 종이를 주고 "네가 선택한 사진을 오려서 여기 붙이고 싶은 위치에 붙이고 해주고 싶은 것이 있으면 그려 넣어라."고 했더니 "아무것도 그리고 싶지 않아요. 지금은 아무것도 없는 것이 더 편해요."라고 했다. "그래도 편할 날이 한 번도 없는 자기 자신에게 좀더 좋고 편한 것을 주고 싶지 않니?"라고 했더니 마지못해 연필을 들고 한참을 생각하더니 상반신만 찍은 사진에 다리를 그려 넣고 사진 오른편에 책장과 책상 겸용의 가구를 그리고, 책상 위에 책 한 권을 펴놓았다. 그 앞에는 책상의자를 그렸고 사진 붙인 위로 커튼이 쳐진 창과 창밖으로 두 그루의 나무와 물이 뿜어 나오는 분수대를 그려 넣었다.
"고단하다며 왜 이 책상의자에 앉지 않니?"
"아직은 앉을 처지가 못 되죠? 정착할 곳도 없고……."
그려진 다리는 자율성을 시사하며 책장과 책은 지적인 활동, 즉 공부하고자 하는 결심이나 의욕을 반영한다. (현재는 자신의 처지 때문에 집중이 안 되고 잡념이 너무 생겨서 성적도 많이 떨어지고 내가 실시한 학습 유형 검사에서도 학습 행동 유형이 '잡념과 고군형'으로 나왔다.) 그리고 커튼까지 쳐진 창문은 현시적인 성향 즉 잘 보이고 싶고 인정받고 싶은 성향을 시사한다.

Session 4 집 그림 검사, 가족에 대한 상징적 표현, 내 마음의 조각-중학교 시절

미륵이 담임선생님께서 HTP 검사 중 집 그림 검사를 하지 않으셨기에 "집 한 채를 그려봐. 요즘은 모두 아파트에 사는 것이 보편적이니까 아파트는 제외하고 그려봐."라고 했더니 처음에 문을 어렵게 그린 후 벽을 그리려고 하더니 "못 그리겠어요. 다시 그려야겠어요."라고 하며 검사용지를 뒤집었다. 그리고 5분, 10분…… 얼굴만 붉으락푸르락 하다가 "아휴! 못 그리겠어요."라고 계속 힘들어했다.

마음이 약해진 나는 도중에 그만 그리라고 하려다가 미륵이가 왜 그런지 알고 있기에 그냥 두었다. 미륵이는 마치 최면술사가 자신의 아픈 기억을 되살리려고 하면 무의식 상태에서도 거부하면서 저항하기 때문에 최면상태에서도 몸부림치는 것처럼 그렇게 저항하며(본인은 모르겠지만) 결국은 그리지 못했다.

미륵이가 집을 아무 갈등 없이 쉽게 그리는 것이 더 이상한 일이다. 미륵이에게 집이란 개념이 있을 수가 없을 것이다. 최초 가정은 이혼으로 와해되었고, 잠시 거처한 친할머니 집을 그리겠는가, 싫어서 가출을 반복한 절을 그리겠는가, 아니면 자신을 학대하는 새엄마와 부딪치기 싫어서 친구 자취집으로 피신해 다녔던 중학교 시기의 집을 그리겠는가? 도대체 어떤 집을 그릴 수 있었겠는가?

미륵이 새엄마는 현대판 '팥쥐엄마'였다. 아침에 밥도 안 차려줘서 굶고 학교에 가는데 어느 날 준비물을 빠뜨려서 다시 가보면 이복동생들은 밥을 먹고 있고, 밥을 먹을 때 주는 보리차도 자신의 것은 수돗물에 보리차를 조금 타서 색깔만 보리차인 것을 주고 등등……. 그것뿐 아니라 어떤 꼬투리라도 잡아서 잔소리를 너무 하니까 새엄마와 부딪치지 않으려고 늘 늦게 들어오고 아침 일찍 학교에 갔다고 한다. 중학교 3학년 2학기 때 결국 아버지에게 그동안 자신이 받은 수모를 말하자 아버지와 새엄마는 대판 싸우고 헤어졌다고 한다. 현재 살고 있는 서울에 거처를 마련하고 아버지와 합친 것은 고등학교에 입학한 후이고 그 서너 달 사이에는 누나와 자취를 하고 있던 절친한 중학교 친구 집에 신세를 지며 살았다고 했다. 지금 생각해도 정말 후련하고 다시는 생각하기 싫은 시절이라고 말했다.

"새엄마 집에 와서 친아버지와 살게 되면 이제까지와 다르게 행복할 거라고 생각했니?"

"그럼요, 철없이……. 그때는 방해하는 사람 없이 그렇게 원하던 가정이 될 것 같았어요."

그런데 미륵이의 '가족에 대한 상징적 표현'을 보면, 함께 살고 있는 유일한 가족인 아버지는 동물로는 '호랑이', 색은 '검정색', 감촉은 '알 수 없는 감촉, 따뜻하면서도 차갑고 거친'이라고 표현했고, 날씨는 '먹구름' 꽃은 '흑장미', 맛은 '무지무지 매운 맛'이라고 했다. 미륵이가 그토록 어렵게 부자 상봉을 했는데도 지금 집을 나와서 사회복지시설(그룹홈)로 들어가려는 이유를 알 수 있다.

"선생님 K-1(케이원) 아세요? 그렇게 때려요. 저는 부모님한테 반말 하는 애들이 가장 부러워요. 그리고 '예의바르다'는 소리 듣기 싫어요. 그럴 수밖에 없어서 내 소리를 내지 않고 주위사람에게 비위 맞춰서 듣는 소리 이제 듣기 싫어요."

그러면서 아버지에게 그동안 섭섭했던 일들을 내 눈치를 슬금슬금 봐가며(아직 이 사람을 과연 믿을 수 있을까 탐색하는 듯한) 이야기하기 시작했다.

"저는요, 아버지가 약속을 안 지키시는 데 정말 질렸어요. 그리고 이제는 포기했어요. 그리고 정말 오만정이 다 떨어진 이유는 다른 데 있어요. 사실 제 주민등록이 말소됐거든요. (내가 놀란 표정을 짓는 것을 힐긋 쳐다보더니) 새엄마가 아버지와 헤어지고 저도 집을 나가자 말소시켜 버렸어요. 그래서 얼마나 불편한 것이 많은지 몰라요. 게임도 다운 못 받죠. MP3에 음악도 다운을 못 받아서 친구 아이디를 빌려야 해요. 그것뿐 아니에요. 고등학교에 입학했는데 담임선생님께서 주민등록등본 가져오라고 하시잖아요. 당연히 못 가져갔죠. 하도 답답해서 제가 동사무소에 찾아가서 말소된 것을 다시 살리려면 어떻게 해야 하냐고 물었잖아요. 그랬더니 서류 절차는 복잡하지 않은데 비용이 5만원 드는 거예요. 사실 아버지 씀씀이에 5만원은 적은 돈이거든요. (나에게 눈으로 동의를 구했다.) 그런데 아무리 말해도 들은 척도 안 하는 거예요. (이 말을 하고 눈이 빨개지며 눈에 눈물이 맺힌다.) 그래서 지금 저 조회하면 행방불명으로 나올 거예요."

미륵이는 태어나서 과연 몇 사람에게 버려지고 거부당했을까? 태어나서 부모에게, 그 다음 친할머니에게, 새엄마에게, 다시 친아버지에게, 한 달 전에 복지관 공부방에서 사귄 여자친구에게(이유도 모르게 절교당해서 현재 미륵이는 너무 아파하고 있다).

"나는 너에게 해줄 말이 없구나. 그냥 정 누가 그래도 한마디 하라고 하면 '정말 힘들었겠다', '어떻게 그 힘든 시간을 견뎠니? 장하다', '건강하게 살아 있어줘서 고맙다'라는 말밖에 못하겠다."

"그래도 제가 인복이 많은 편이에요. 초등학교 때 절이 싫어서 가출하면 많이 때려주신 후 절에서 시킨 심부름 값을 손에 쥐어주시면서 다시 절에 들어가라고 등을 떠밀던 초등학교 담임선생님도 계시고, 이리저리 떠돌면 불쌍하다고 밥도 사주시고 차비도 주신 분도 있고, 보건소 건물에서 잠들면 안에 들어오게 해서 자라고 하고 밥도 사주신 분도 있고. 그리고 선생님도 계시잖아요."

인생에서 아이에게 튼튼한 철교가 되어주어야 할 부모, 그 복이 지지리 없는 아이. 임시로 얼기설기 놓아진 징검다리에게 고마워하고 있는 미륵이를 보고 있자니 슬프다 못해 마음이 착잡했다.

Session 5 콜라주

내가 이번 회기에 콜라주 작업을 하려고 잡지를 꺼내서 자기 앞에 놓으니까 미륵이는 싫은 내색을 하며 외면하려고 했다.

내가 이것을 치료 소재로 삼는 이유는 게슈탈트 치료 목표에 있는 '다른 사람의 권리를 침해하지 않으면서 내담자가 자신의 욕구를 만족시킬 수 있는 기술을 발달'시키고 싶었기 때문이다.

하지만 미륵이는 현재 자신의 삶과 너무 유리된, 지나치게 화려해서 차라리 현실성이 없는 잡지를 보며 상대적 빈곤을 느끼고 싶지 않아서인지 애써 외면하고 있었다. "미륵이는 이런 잡지책을 싫어하니? 여기 오는 학생들은 다른 거 할 때보다 잡지를 이용하는 것을 즐거워하는 편인데……."라고 하자 냉소적으로 '픽' 하고 웃었다.

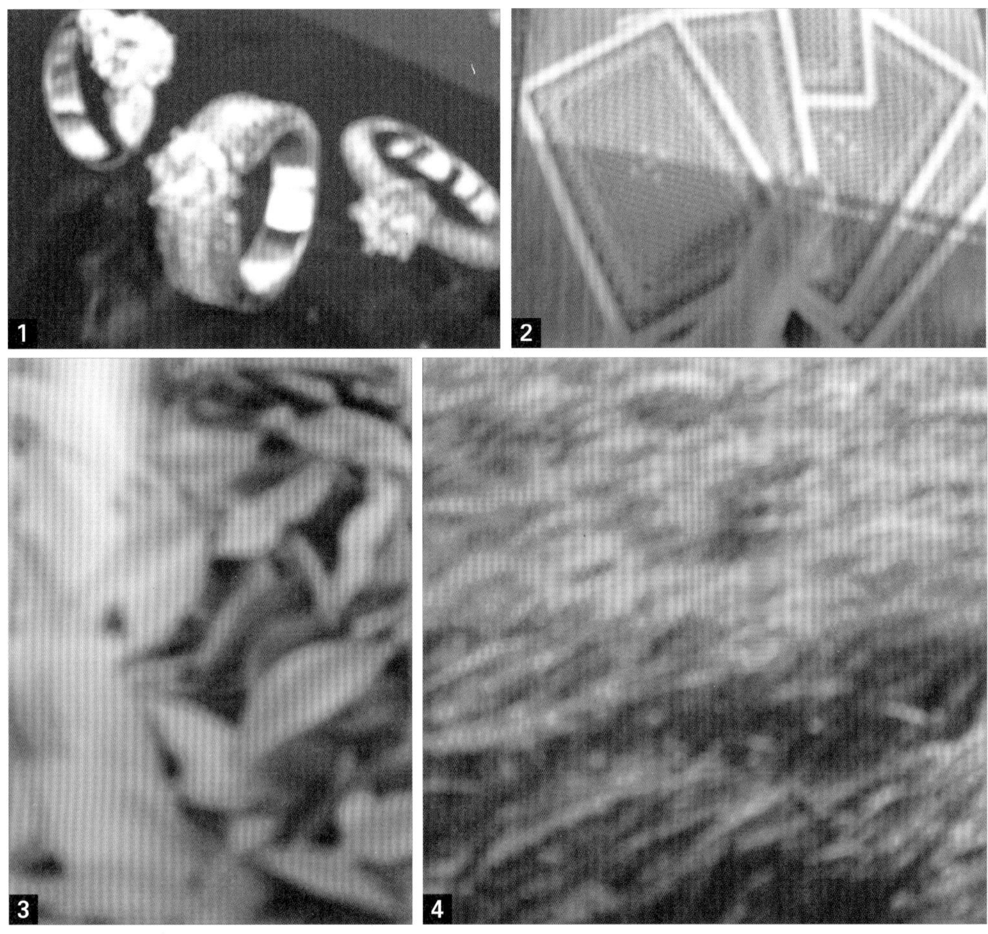

〈콜라주 사진들〉 **1 다이아몬드 반지** 화려하고 고급스러워서 좋다고 했다. **2 카드** 카드 만지면서 노는 것을 좋아했다. 그러면서 재미있지 않냐고 되물었다. **3 녹차 잎을 담은 투명 유리컵** 보고 있으면 마음이 편해진다고 했다. **4 누렇게 익은 벼이삭의 물결** 풍요롭고 따듯하고 보면 좋다고 했다.
치료자로서 내 철학은 실제 삶이 이런 대치물이 필요 없이 충만하면 좋겠지만 그렇지 않다면 내담자가 주어진 환경 속에서 인스턴트식 행복이라도 찾아서 그 시기를 무사히 건너기 바란다.

시인인 랭스턴 휴즈의 시 「엄마가 아들에게 주는 글」에 이런 내용이 있다.

> 아들아, 난 너에게 말하고 싶다.
> 삶은 나에게 수정으로 된 계단이 아니었다는 걸.
> 그 계단에는 못도 떨어져 있었고
> 가시도 있었다.
> 그리고 판자에는 구멍이 났지.
> 바닥에는 양탄자도 깔려 있지 않았다.
> 맨바닥이었다.

앞으로 미륵이를 계속 만나면서 못도 줍고 가시도 빼고 구멍도 메우고, 맨바닥에 양탄자가 너무 과하면 러그라도 깔아야겠다.

나에게 그럴 힘과 능력이 있는지 모르지만 이제까지 내 경험으로는 부족한 힘이라도 생명을 살리는 일에, 누군가를 돕는 일에 내 능력의 한계가 장애가 되었던 적이 없었다. 마치 내 옆에 나보다 상처 입은 한 영혼을 더 안타까워하는 분이 내 머리와 내 수족을 움직여주는 것처럼 새로운 통찰력이 마구 생겼다. 미륵이 경우라고 예외이겠는가!

그러던 어느 날 상담실에서 징계 후에 받아야 하는 특별교육을 받던 도중, 쉬는 시간에 자기 학급에 들렀다가 한 남학생에게 "이 창녀 같은 년이 아직 퇴학당하지 않았네. 너랑 같은 반인 것조차 창피하다."라는 소리를 들었다. 화가 난 마리아는 언쟁 끝에 손으로 벽을 세차게 치는 바람에 손목뼈에 금이 가는 부상을 당했다. 병원에서 깁스를 한 후, 마리아는 예전에 아르바이트할 때 따뜻하게 대해주던 노래방 사장님을 찾아가 술을 먹고 하소연하다가 학교로 돌아왔다.

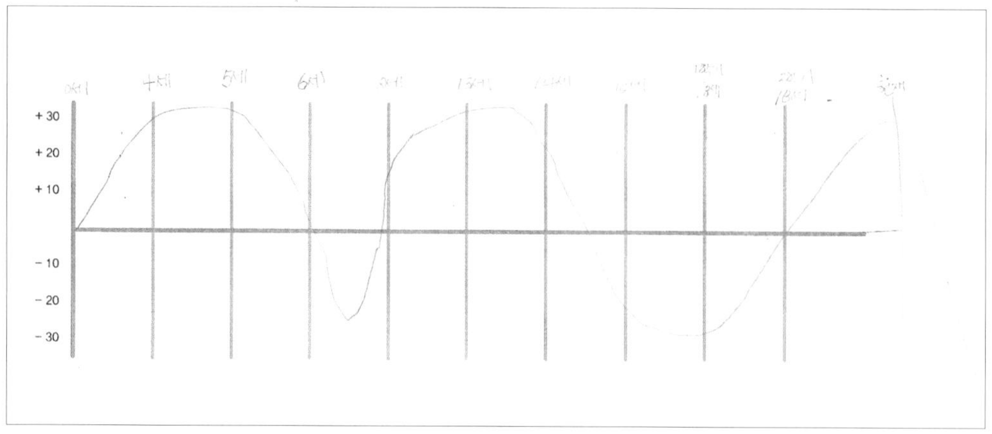

〈나의 인생 곡선〉 마리아의 인생 곡선에서 두 번의 슬럼프 시기가 선명하게 나타나 있는 데, 5~8세 때는 매일 밤 당하는 성적인 행위로 너무 괴롭고 힘들었던 시기였다고 한다. 너무 아파해서 아버지가 원하는 마지막 행위(성기 삽입)는 못했지만 누구한테도 말 못 하고 '아빠와 딸은 다 이렇게 사랑을 표현하는구나.'라고 생각했다고 한다. 두 번째는 14세에서 현재(18세)까지의 시기로, 하루에도 몇 번씩 악몽에 시달렸고 서울에 놀러 다니면서 '술, 담배, 폭력' 같은'비행'을 저질렀다고 한다. 죄책감은 잠시뿐 그런 자유로운 시간이 타이트한 일상에서 산소 같았다고 말했다.

우리는 태어나서 누군가가 우리를 위해 존재하며 우리를 돌봐준다는 것을 반시 배워야 한다. 그러므로 우리를 보살펴 주는 사람은 [illegible] 예측 가능한 행동을 하는 사람이어야 하고, 자신의 행동을 반영해주고 항상 기댈 수 있고 의지할 수 있어야 세상을 신뢰할 수 있는 힘을 얻게 된다. 부모와의 신뢰관계는 세상으로 가는 도약이 되는 교량이 된다. 그리고 그 교량은 우리의 가치를 [illegible] (《[illegible]》, [illegible])

그런데 마리아(가명, 18세)의 경우는 자신을 평생 바깥세계의 위험에서 지켜주고, 사랑해주고 남자에 대해 올바른 상을 갖게 할 책임을 가진 아버지가 그 교량을 파괴했다. 그래서 그녀는 지금 아버지를 벌할 수 없어서, 아니 더 정확하게 표현하면 죽이고 싶으나 죽일 수 없어서 자신을 해치고 있다. 자신이 얼마나 아름다운지, 인생에서 얼마나 빛나는 시기를 살고 있는지도 모른 채 아버지를 증오하고, 방관했던 엄마를 미워하고, 아버지의 칙칙한 눈빛과 더러운 입술과 침으로 오염된 자신의 몸을 함부로 하면서 출입문을 찾지 못해 사방 벽에 몸을 부딪치고 있다. 쿵! 쿵! 쿵!

마리아가 처음부터 이 엄청난 고백을 한 것은 아니다. 처음에는 안전한 것, 표현해도 힘들지 않은 사건만 이야기해서 나를 혼란스럽게 했다. 그러던 어느 날 상담실에서 징계 후에 받아야 하는 특별교육을 받던 도중, 쉬는 시간에 자기 학급에 들렀다가 한 남학생에게 "이 창녀 같은 년이 아직 퇴학당하지 않았네. 너랑 같은 반인 것조차 창피하다."라는 소리를 들었다. 화가 난 마리아는 언쟁 끝에 손으로 벽을 세차게 치는 바람에 손목뼈에 금이 가는 부상을 당했다. 병원에서 깁스를 한 후, 마리아는 예전에 아르바이트할 때 따뜻하게 대해주던 노래방 사장님을 찾아가 술을 먹고 하소연하다가 학교로 돌아왔다.

전후 사정을 들어서 미리 알고 있던 나는 마리아에게서 술 냄새가 나자 단호하게 말했다.

"너는 더 이상 내가 도울 일이 없을 것 같구나. 상담실에 온다고 모두 회복되는 것은 아니지. 내담자 자신도 변하려는 동기가 있어야 하거든. 자꾸 '~ 때문에 이렇게 했다'며 자신이 아닌 환경 때문에, 남들 때문에…… 라고 네 행복이 타인이나 상황에 의해 좌지우지된다고 생각하는 한 행동 변화가 어려울 것 같으니 내가 그만 백기를 들어야겠다. 가서 교감선생님께 우리 상담실에서도 역량이 부족해서 감당하기 힘들다고 해야겠다."

"선생님, 잘못했어요. 한 번만 봐주세요. 사실은요……."

마리아는 선처해달라고 울면서 엄청난 사실을 털어놓았다. 아마 알코올의 위력도 어느 정도 작용한 것 같았다.

너무나도 충격적인 사실을 듣게 된 나는 믿기가 어려워 확인하듯이 물었다.

"그런데 어릴 때 아버지의 행동이 딸에게 해서는 안 될 행동이라는 것을 언제 알게 된 거야?"

"고등학교 입학한 지 얼마 안 되어서 우연히 TV에서 구성애 씨가 성폭력에 대해 강의하는 것을 봤어요. 그때서야 아버지가 나에게 밤마다 했던 게 성폭력, 그것도 근친상간이라는 것을 알았어요."

물론 그 전에도 아버지의 행동이 불쾌한 기분으로 남아 있어서 될 수 있으면 부딪히지 않으려고 노력했다고 한다. 그러나 이제는 자라서 거부 의사를 표현하는 딸에게 더 이상의 신체 접촉을 할 수 없게 된 아버지는 그 당시까지도 목욕하고 나오는 딸의 방에 비스듬히 누워서 알몸을 훑어보며 칙칙하고 음탕한 눈빛으로 쳐다보곤 했다고 한다. 그때마다 마리아는 주변에 있는 아무 물건이나 집어서 면상을 갈기고 싶다고 했다.

"그 강의를 듣고 나서, 막연하게 느껴왔던 불쾌감의 정체가 뭔지 알게 되니까 너무 분하고 억울해서 치가 떨렸어요. 그렇지만 만약 그 이후에 다른 아무런 자극이 없었다면 가족이나 친구들에게 폭로할 용기가 없었을 거예요."

아버지는 자신의 핸드폰 수신자를 일일이 확인하고 남자 이름으로 추정되면 전화를 걸어서 "너 우리 딸 근처에 얼씬거리면 재미없을 줄 알아. 좋은 말할 때 떨어져."라고 협박을 했다. 그런데 마리아 아버지의 이런 상식 밖의 민감한 반응은 근친상간 가해자들이 피해 자녀에게 보이는 전형적인 반응이다. 그런 사이도 아닌데 엉겁결에 폭언을 들은 친구가 마리아에게 거세게 항의를 하자 어울려 다니던 친구들과 술을 먹다가 자제력을 잃고 그만 자신이 당한 일을 말하게 된 것이다.

이 일로 너무 화가 난 마리아는, 식구들이 모여 있는 자리에서 아버지가 어릴 때 자신에게 했던 만행(?)을 폭로했는데, 그때 가족들이 보인 반응 때문에 더 상처를 입었다고 했다. 새삼 그때 일이 떠오르는지 마리아는 눈물을 주르륵 흘렸다.

"엄마가 '소설 쓰고 있네. 이런 소리 친척들 귀에 들어가면 너 가만히 안 둘 줄 알아.'라고 했어요. 아마 평생 잊지 못할 거예요."

이 말을 하고 마리아는 통곡을 했다. 자신이 그동안 어떤 일을 당했는지 말하고 나면, 엄마나 오빠는 자신을 위해 오열하고 아버지는 코가 쑥 빠져서 무릎을 꿇으며 사죄할 줄 알았는데, 그러기는커녕 오빠는 "니 말이 다 사실이라면 그건 아버지도 아니지만……"이라며 못 믿겠다는 반응을 보이더니 자기 방으로 쑥 들어가버렸고 아버지는 더 가관이었다. "이년이 마음대로 사내놈과 못 붙게 했더니 도리어 나를 잡아먹으려고 말을 지어내네." 하면서 마리아를 죽도록 팼다고 한다.

예상과 너무 다른 식구들의 비상식적인 반응에 또 한번 상처를 입고 배신감으로 몸을 떨었고, 그 후 집을 뛰쳐나와 노래방과 공원, 그리고 찜질방을 전전했다고 한다.

해소되지 않은 분노를 가진 사람들은 흔히 그렇듯, 어떤 사소한 일이 시비의 빌미가 된다. 그래서 상대가 누구든 간에 싸움 끝에 자기도 다칠 수 있다는 것 또는 형사처벌을 받을 수 있다는 것, 학교에서 퇴학당할 수 있다는 것 등 자신에게 불리한 경우를 생각하지 못한다. 그렇게 마리아는 다시 분노의 화신이 되어 상대방을 때리고 자신도 부상을 입는 일이 생겼다.

상대방의 피해가 더 컸기에 고소를 당해 파출소에서 조사까지 받게 되었는데 부모님이 준비한 합의금으로 풀려났으나 당연한 순서로 학교에서는 징계처분을 내렸다. 학생부의 지도하에 교봉(교내봉사의 줄임말)을 하게 되었는데 함께 징계를 받은 두 명의 여자 친구와 교봉을 한 지 하루 만에 가출하고 학교에 오지 않았다. 그 후 부모님들이 찾아다니

〈나무 그림〉(위쪽) 나무기둥의 폭이 넓은 것은 자신감을 과잉보상하고자 하는 의도적인 노력으로 보이고 심리적 장애를 겪을 경우 외면화 장애를 겪기가 쉽다. 즉 심인성 질환을 앓기보다 폭력, 자해, 도벽 등으로 나타나기 쉽다. 혼란스럽게 그려진 가지는 대인관계 맺는 데 어떤 규칙이 있기보다 즉흥적이고 친밀감을 어떻게 표현하는지 몰라서 늘 갈등이 끊이지 않거나 싸움과 화해 그리고 단절 등의 제로섬 게임을 반복함을 알 수 있다. 기둥에 그려진 두 군데의 옹이는 내담자의 과거 외상을 반영하는데 뿌리 아래 위치한 옹이는 6~11세까지(아버지의 성폭력이 있었던 시기)이고 두 번째 옹이는 중학교 때부터 고등학교 1학년 때까지(문제아로 방황하던 시기)를 나타낸다.

〈집 그림〉(아래쪽) 이 집에 세 명 살고 성격은 각자 "조용하고 활동적이다, 활발하고 착하다, 해맑은 사람"이라고 했다. 이 집에 필요한 것은 "대화도 하고 밥도 모여서 먹는 것"이라고 말했는데 문은 있지만 창문에 철창이 달려 있는 것이 매우 시사적이다. 힘들었을 때를 "10년 전 도둑이 들었을 때"라고 했고 이 집에 시급하게 필요한 것은 "철창을 떼는 것"이라고 했으며 그 이유는 창문을 열어서 확 트이면 기분이 좋을 것 같다고 했다.

이 집은 현재의 가정이 아니고 나중에 결혼해서 자신의 남편과 아이가 사는 집이라고 했다. 현재 가족과 의사소통이 안 되고 응집력이 없는 내담자들은 현재 가정을 묘사하기를 거부하고 새로운 가정을 그린다. 하지만 과거의 악몽을 못 벗어난 듯 새롭게 꾸민 집에도 '도둑'이 들까봐 '철창'을 그려 넣었다. 이제 아무도 함부로 자신의 몸을 만지지 못하게 하겠다고 자신에게 다짐하듯이 그려 넣은 철창이 애처롭다

고 설득을 해서 학교에 등교는 했으나 이미 학생부 지도로는 역부족이라는 판단을 내린 교감선생님이 특별히 부탁한다며 상담실에 맡겼다. 이미 지칠 대로 지친 세 아이의 담임들도 두 손 다 들고 포기 상태였다.

마리아의 담임선생님은 예쁜 얼굴에 미간을 찌푸리며 "부장님, 저는 마리아가 이해 안 돼요. 다른 반 두 아이들은 집안 사정도 열악하고 결손가정에 말썽 피울 조건이 있으니까 문외한인 저도 왜 그러는지 추측이 되는데 얘는 그럴 이유가 없어요. 집도 부유하지, 부모님 교육열도 높지, 아버지가 얼마나 지극정성인지 학교에 너무 자주 찾아오셔서 내 머리가 다 어지럽다니까요. 전문계 고등학교에서 이런 학부모 드물다면서요? 마리아도 밉진 않아요. 왜 말썽꾸러기 애들은 선생님에게도 불손하잖아요? 그런데 마리아는 예의바르지, 총명하지……. 아니 그런데 학교 밖에서 저지르고 다니는 일은 전혀 딴판이거든요. 왜 그러는지 모르겠어요." 하며 얼른

〈인물화(여)〉(위쪽) 초등학교 6학년이고 기분은 "아무 감정이 없다"라고 대답했고 성격은 "화를 잘 참지만 예의 없게 행동하면 화를 잘 낸다."라고 대답했다. 소원은 1. 잘 웃게 되는 것 2. 사람을 믿을 수 있는 것 3. 좋은 사람 만나는 것이라고 했다. 가장 힘들었을 때를 초등학교 1 ,2학년 때라고 했다(아버지가 밤마다 마리아 방에 들어와서 성추행했던 시기와 일치한다). 그리고 가장 필요한 것은 '웃음'이라고 해서 어린 나이에 자연스럽게 웃을 수 없을 만큼 무거운 비밀을 안고 있는 모습을 그렸다. 그리다 만 것 같은 손의 묘사는 대인관계의 미숙함을 시사하고 여러 번 덧그린 드로잉 기법은 방어적이며 자존감이 낮은 내담자에게 보여지는 특징이다.

〈인물화(남)〉(아래쪽) 16세이고 중학교 3학년 남학생이다. 활발한 성격이고 장래 희망은 '가수'라고 했다. 현재 필요한 것은 '기타'이고 마음은 매우 힘들다고 했다. 소원은 1. 노래 부르는 것 2. 집에 일찍 들어가지 않아도 되는 것 3. 아르바이트를 자유롭게 하는 것. 그리고 나니까 친오빠를 그린 것 같고, 원래 매우 활발했으나 현재 내성적으로 변했다고 했다.

그 정답을 듣기를 기대하는 눈빛으로 쳐다보았다. 하지만 그 동안의 상담 경험으로 볼 때 사람들이 가진 표면적 조건보다 내면의 트라우마가 현재 삶에 미치는 영향이 얼마나 큰지 알기에 마리아가 어떤 아픔을 가졌는지 마리아의 담임선생님보다 사실 내가 더 궁금했다.

남자 인물화에서는 오빠를 그려놓고 자기를 투사했다. 오빠가 중학교 3학년이면 자기가 초등학교 6학년 시절이고 그때 아버지의 외도로 인해 엄마와 아버지의 갈등 사이에서 두 남매가 힘들었다고 한다. 심지어는 술에 취한 엄마가 내 복바람의 두 남매에게 "니네 아버지 데려오기 전에는 들어오지 마! 니들 없어도 살지만 니 아버지 없이는 못 살아."라고 내쫓아서 한참을 떨며 밖에서 울었던 기억이 아직도 생생하다고 했다.

불행하게도 아이는 부모가 최악일 경우에 저지른 일을 더 잘 기억하는 경향이 있다. 나중에 전혀 다른 상황에서도 그 전에 있었던 안 좋은 상황과 조금이라도 비슷할 경우를 당하면 그때 가졌던 감정이 다시 살아날 가능성이 아주 높다. 그리고 이런 감정들은 마치 산비탈에서 내려오는 눈덩이처럼 점점 커져 나중에는 걷잡을 수 없이 불어난다.

나에게 다섯 살짜리 조카가 있다. 상담 도중에 마리아가 '다섯 살 때……'라는 말을 하면, 작고 앙증맞은 몸과 천진한 웃음, 사랑받는 것이 당연해서 누구에게도 적의를 갖지 않고 애교를 부리는 내 조카의 모습과, 그 나이에 아버지에게 짐승 같은 행동을 강요당했을 다섯 살의 마리아가 오버랩되었다.

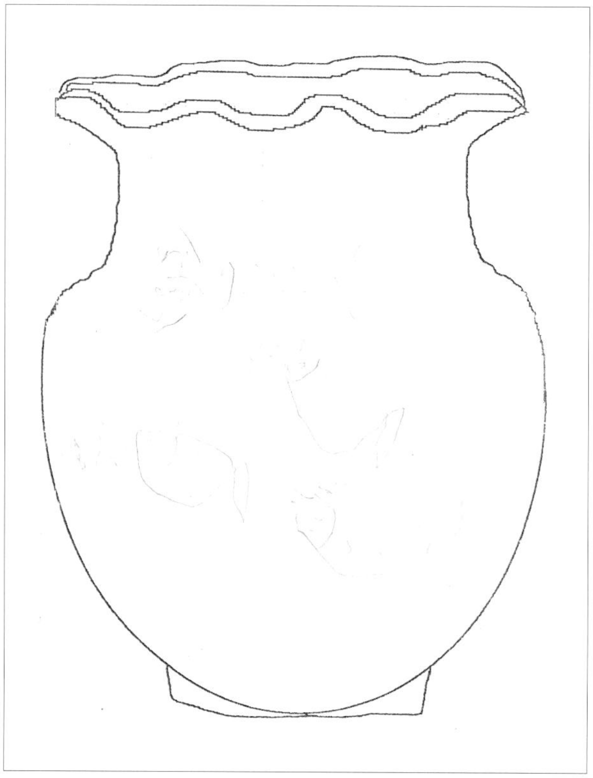

〈물고기 가족화〉 가족끼리 대화가 없다며 아빠 물고기에게 하고 싶은 말은 "감정대로 행동하지 마세요." 엄마 물고기에게 하고 싶은 말은 "너무 많이 신경 쓰지 마." 오빠 물고기에게 하고 싶은 말 "컴퓨터 게임 그만해." 여동생 물고기에게 하고 싶은 말 "짜증 많이 부리지 마."이다. 가장 참기 힘든 경우는 아빠 물고기가 화가 났을 때인데 엄마 물고기와 싸워도 불똥이 우리에게 튀고, 우리가 잘못하면 엄마에게도 불똥이 튄다고 했고 주로 맞을 때 손찌검을 당한다고 했다

"왜 그 당시에 엄마에게, 식구들에게 말하지 않았니?"

난 안타까운 마음에 책망하듯 말했다. 왜 말하지 못했는지 다 알고 있었다. 근친상간 피해자는 엄마에게 그 사실이 알려지면 자기가 버림을 받을지 모른다는 강한 불안을 가지고 있거나, 나이가 너무 어린 경우 자신이 무슨 일을 당했는지 언어로 표현할 수 없어서 막연한 불쾌감이나 수치심만을 간직하기 때문이다.

"다른 집도 아빠가 자기 딸에게 모두 그러는 줄 알았어요. 그래서 어린 마음에도 '사랑하는 것은 참 어렵고 아픈 거구나!'라고 생각했어요. 아버지가 그때 사랑하는 사이는 다 이런 행동을 하는 거라고 했고, 또 다른 사람에게는 절대로 이야기하는 것이 아니라고 했어요."

"그래도 집 안에서 그런 행동을 하는 것을 식구들 아무도 몰랐다는 것이 이해가 가지 않는구나." 하고 갸우뚱거리는 나에게 그 당시 살던 집의 구조까지 자세하게 그려 보이며 상황을 설명했다.

근친상간이든 타인에 의한 성폭행이든 절대로 이런 일이 일어나지 않는 것이 좋은 일이지만 우리가 인

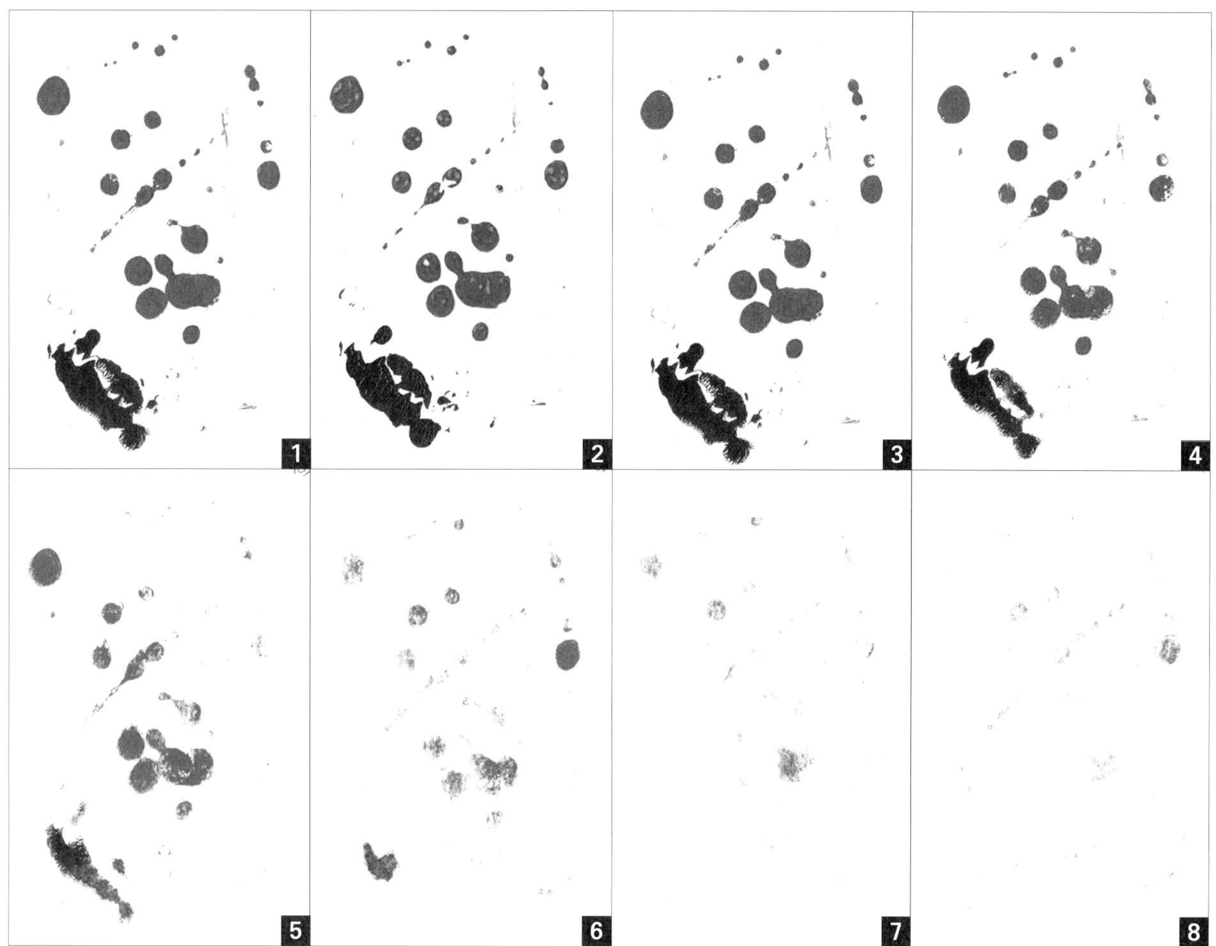

〈고통의 흔적〉 4절 도화지를 8장의 24절 도화지로 자른 다음 각각에다가 일련번호를 썼다. 그리고 수채화 물감을 주면서 첫번째 종이에다가 이제까지 살아오면서 겪었던 힘든 일들을 그 사건에 맞는 색을 선택해서 자유롭게 표현해보라고 했다. 그랬더니 빨간색과 검은색, 흰색 물감을 순서대로 짜서 자신의 '고통스러웠던 경험'을 표현했다. 나는 나머지 7장을 차례로 1번 종이에 포개어서 모노프린트 형식으로 찍어내게 했다. 물감이 마르는 동안 나는 처음에 표현한 '고통의 흔적'을 들고 마리아에게 차례대로 그 색에 관련된 경험들을 말하도록 했다.

생살이에서 배워야 할 것 중에 최선책이 없으면 차선책, 그것도 안 되면 차차선책을 택하는 것이 지혜로운 것이고 인간의 한계를 받아들이는 것이다. 마리아에게 최선의 방법은 아버지가 그런 행동을 절대로 하지 말았거나 엄마가 눈을 밤낮으로 크게 뜨고 자기 딸을 지켜 이런 일을 사전에 막는 것이었다. 그리고 차선책은 이제라도 마리아의 절규에 용기 내어 사과를 하는 것이다.

하지만 그 두 가지 모두 돌이킬 수 없거나 그럴 마음이 없어서 불가능하다면 이제 차차선책은 심리 치료로 억압되어 있는 분노를 안전한 환경에서 표현하도록 하고 그 분노의 노예가 되지 않도록 통제 기술도 배우게 하는 것이다. 그래서 '살아 있는 것은 모두 생채기가 있다는 것'을 알게 해서 쓰라리고 흉터는 남겠지만 그런 자신을 감싸고 사랑하는 법도 알게 하는 것이다.

그래서 우선, 살면서 '나를 가장 힘들게 했던 것'을 콜라주로 꾸미게 하고 그 내용으로 '미니북'을 만들게 했다.

그리고 마리아가 이런 고통스러운 것이 영원한 것이 아니고 끝이 있으며 알게 모르게 그 당시보다는 극복되고 있는 중이고 그래서 언젠가는 이런 상처가 더 이상 너를 지배하지 못하게 할 수 있다는 것을 깨닫게 하기 위해서 물감을 이용해서 '고통의 흔적'이라는 프로그램을 하게 했다.
그랬더니 빨간색과 검은색, 흰색 물감을 순서대로 짜서 자신의 '고통스러웠던 경험'을 표현했다.
나는 마리아에게 차례대로 그 색에 관련된 '고통스러웠던 경험들'을 하나하나 말하도록 했다.

(1) 빨간색 –이제껏 자신이 한 싸움을 장황하게 늘어놓았다.
중1 때 1번, 중2 때 30~40번, 중3 때 6번, 고1 때 1번, 고2 때 6번
싸우는 이유– 서로 마음에 안 들어서 쳐다보면 상대가 먼저 시비를 건다.

(2) 검은색–중학교 때 술, 담배 한 것, 자해(벽을 친다, 칼빵을 한다, 담배빵을 한다)할 수밖에 없었던 심경을 털어놓았다.

(3) 흰색–생각하고 싶지 않다고 했다. 5~8세 성폭행당한 것, 올해 가출했던 5월에 찜질방에서 자다가 고3 남학생에게 강간당한 것(나중에 운동을 격렬하게 한 뒤 하혈을 해서 병원에 가보니 유산되었다고 함. 그 후 그 아이를 우연히 만나게 되어 이런 이야기를 하니까 "그런 얘기 왜 하는데, 나와 상관없는 일이야."라고 해서 엄청나게 화가 났다고 했다)을 긴장한 표정을 지으며 화가 난듯 말했다.

"현재 네 마음은 몇 번이니?"
"⑥번 정도 되는 거 같아요."
"그렇구나! 그렇게 되기까지 너한테 도움이 된 것을 모두 말해볼래?"
"도움 된 사람은 컴퓨터 학원 선생님과 교회 사모님, 상담실 선생님이에요. 책은 『여자의 모든 인생은 20대에 결정된다』, 『아무도 네 인생을 대신 살아주지 않는다』, 『내 생애의 아이들』을 읽고 마음의 위로를 많이 받았어요."
그리고 올해 처음 가출해서 공원에서 밤을 새다가 야생고양이를 봤는데 다음에 가출해서 또 가보니 아직도 살아 있었다고 한다. 몸도 쪼그맣고 아무도 돌봐주지 않는 동물도 저렇게 끈질기게 사는데 '나도 살아야겠다. 힘을 내자'라고 스스로에게 다짐했다고 한다.
"그러면 ⑧번 그림같이 거의 흔적이 없어지기 위해서는 얼마나 시간이 걸릴 것 같니?"
"고등학교 졸업하는 날이요."
나는 이 기세를 몰아 "그렇게 되기 위해서는 앞으로 어떤 노력을 할 거니?"라고 묻자 네 가지 방안을 또박또박 자신 있게 말했다.

(1) 시비가 걸려와도 참는다(이목구비가 뚜렷하고 눈이 커서 그냥 봐도 째려본다며 오해를 많이 받는다고 했다).

(2) 노는 것도 적당히 논다. 즉 학교 생활을 우선으로 하고 여가 시간에만 논다.

(3) 공부에 집중해서 목표로 하는 인하공업전문학교 항공운항과(장래희망이 스튜어디스)에 반드시 입학할 것이다.

(4) 책을 많이 읽는다. 졸업할 때까지 50권을 목표로 한다.

이 회기의 상담을 마치고 나서 영 기분이 좋지 않았다. 이렇게 찝찝하고 불쾌한 기분의 정체는 무엇일까? 나는 마리아를 상담했다는 이유로 마리아 아버지가 나를 만나러 온다고 하면 어떻게 하나 걱정하기 시작했다. 표정 관리가 되지 않을 것 같다. 지금은 마리아가 강하게 거부의사를 표현할 수 있다니까 비밀을 지키고 마리아의 상처 치유에만 전념해야겠다. 그러나 만약 마리아에게 또 그런 짐승 같은 행동을 하면 내 직위를 걸고라도 그를 고발할 것이다. 상담한 후 비밀 보장을 하지 않아도 되는 세 가지 경우 중에 하나가 이번과 같은 경우인데 혹 그 일로 인해서 내가 곤란을 겪거나 번거로운 일을 당한다고 해도 나는 그렇게 할 것이라고 스스로에게 다짐했다.

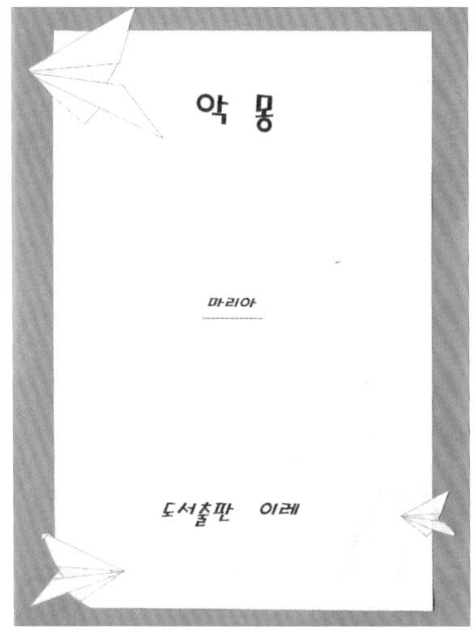

〈콜라주 1(미니북 표지)〉 '나를 가장 힘들게 했던 것'을 미니북으로 만든 앞표지다. 저자를 본인 이름을 쓰게 한 것은 자기 인생에 대한 책임과 애정을 함께 갖도록 하기 위해서다. 실제 책처럼 느끼게 하기 위해서 출판사 이름도 하단에 넣게 했다.

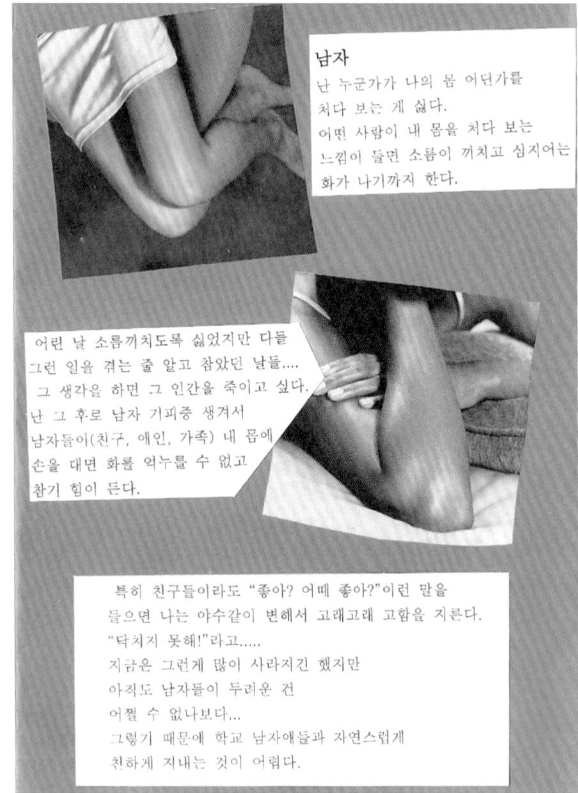

〈콜라주 2, 미니북 속지〉 인생 곡선에 표현한 대로 5~8세 사이에 밤마다 친아버지에게 당하는 성적인 행위로 고통스럽고 수치스러웠던 것을 표현했다.

남자

난 누군가가 나의 몸 어딘가를
쳐다보는 게 싫다.
어떤 사람이 내 몸을 쳐다보는
느낌이 들면 소름이 끼치고 심지어는
화가 나기까지 한다.
어린 날 소름끼치도록 싫었지만 다들
그런 일을 겪는 줄 알고 참았던 날들
그 생각을 하면 그 인간을 죽이고 싶다.
난 그 후로 남자 기피증 생겨서
남자들(친구, 애인, 가족)이 내 몸에
손을 대면 화를 억누를 수 없고
참기 힘이 든다.
특히 친구들이라도 "좋아? 어때 좋아?"이런 말을
하면 나는 야수같이 변해서 고래고래 고함을 지른다.
"닥치지 못해!"라고.
지금은 그런 게 많이 사라지긴 했지만
아직도 남자들이 두려운 건
어쩔 수 없나 보다.
그렇기 때문에 학교 남자애들과 자연스럽게
친하게 지내는 것이 어렵다.

돼지

내가 기억하기론 살이 찌기 시작한 계기가 친구와의 다툼이나,
부모님과의 다툼 같은 사소한 일로 내가 조금만 짜증이 나거나
화가 나면 그 모든 스트레스를 폭식을 해서 풀었기 때문이다
하지만 난 뚱뚱하다는 것을 아이들이 '돼지'라고 놀리기 전까지
인식하지 못하고 있었다. 초등학교 5학년쯤에 나의 별명은 '돼지'
가 되었고 엄청난 살 때문에 매일 놀림받는 건 일상이었고,
뚱뚱한 애가 이용해먹기 쉽다면서
필요할 때만 찾는 물건 취급을 받았었다.
이런 일을 겪다 보니 난 점점 성격이 내성적으로 변했던 것 같다.
날 놀리는 애들한테 난 복수하고 싶었다.
나중에 멋지게 자라서 다 눌러버리겠다고.
하지만, 내성적인 성격 때문에 그렇게 생각만 했지
바보같이 실천 따윈 하지 않았다.
중2에 올라와서 키가 크면서 살이 15kg 정도 빠졌다.
처음엔 살이 빠진 것을 잘 몰랐는데 1학년 때 선생님들께서
날 못 알아보시는 것을 보고, "살 많이 빠졌다~ 예뻐졌는데?"
이런 소리를 자주 들으면서 난 내가 살이 빠진 것을 알 수 있었다.
이때부터 살에 대한 걱정은 많이 없어졌다.

〈콜라주 3, 미니북 속지〉 친구나 부모님과 언쟁 후에 그 스트레스를 먹는 것으로 해소하자 초등학교 5학년 때는 걷잡을 수 없이 살이 쪄서 별명이 '돼지'가 되었고 이로 인해 친구들에게 놀림을 받고 함부로 취급을 받았던 것을 표현했다.

가위

내가 가위에 본격적으로 눌리게 된 것은 중학교 2학년 때부터 고등학교 2학년 1학기 때까지다.
그 전에는 몸이 많이 피곤할 때나 어딘가 아플 때 자주 눌렸었는데 중학교 2학년 때부턴 무언가가 달랐다..
그건 내가 음악부장이라 아이들 합창 연습을 시킬 때 일이다.
청소년 애들이 누구나 그렇듯이 말 진짜 안 듣는다.
음악부장이라 아이들에게 심하게 화를 낼 수도 없는 것이고 그렇다고 내가 포기할 수도 없는 것이다.
난 합창 연습으로 받은 스트레스를 '자해'라는 것으로 풀었다.
손에는 칼자국이 많이 나 있었고(심한 상처가 아니라 지금은 잘 안 보임)
벽을 많이 쳐가지고 손이 남아날 날이 없었다.
이렇게 점점 타락을 하면서 가위에 조금씩 눌려가고 있었다..
처음에는 단순히 몸이 전혀 움직이지 않는 정도였다.
하지만, 내가 점점 나쁜 길로 갈수록 가위에 더 심하게 눌렸고, 심지어는 잠을 못 잘 정도까지 돼버렸다. 학교 생활은 겉은 참 즐겁고 재미있었지만 속은 점점 썩어들어가고 있었다. 가위에 눌릴수록 난 조금씩 더 나쁜 길로 가게 되었고 결국은 이 지경에까지 왔다.
지금은 마음을 잡고 학교도 열심히 다니고 하니까 더 이상 가위에 눌리지 않는다.
가끔 아프거나 나쁜 길로 가려 할 때 눌리긴 하지만.

〈콜라주 4, 미니북 속지〉 중학교 2학년 때부터 고등학교 2학년 1학기 때까지 스트레스를 받을 때마다 몸에 자해(칼빵, 담배빵……)를 한 것과 나쁜 친구들과 어울려서 금지된 것도 하게 되었고, 밤마다 가위에 눌려서 힘들었던 시기를 표현했다.

〈콜라주 5, 미니북 속지〉 중학교 2학년 때 올라와서 살이 15kg 정도 빠지면서 갑자기 주위사람들에게 '예쁘다'는 소리를 자주 듣던 시기를 표현했다. 하지만 너무 서구적인 외모 때문에 '째려봤다, 건방지다, 거만하다'는 소리를 하며 시비를 걸어와서 원치 않는 싸움을 많이 하게된 것도 함께 표현한 것이라고 했다.

외모

살이 빠진 이후 난 이목구비가 너무 또렷해졌다.
인상이 너무 또렷한 탓에 나에겐 시비가 많이 걸린다.
그냥 쳐다봐도 째려봤다 그러고 멍하니 다른 생각을 하면서
걸어가고 있어도 뭘 째려보냐고 시비가 자주 붙는다.
난 싸우는 게 싫다. 복잡하고 짜증나니까.
하지만 대부분의 아이들이 '싸움'을 좋아하는 것 같다.
서로 무시하고 기 싸움을 하지 않아도 될 텐데 왜 그러는 것인지.
사람의 외모는 다 다른 것이고 각자의 개성이 있는데
괜히 외모 덕분에 시비가 자주 붙으니까 화는 나지도 않는다.
이젠 지쳐버렸을 뿐.
빨리 이십대가 되어서 외모 때문에 싸움이 나지 않는 날이 왔으면 좋겠다.
지금 내 바람은 조용히 학교를 졸업에서 원하는 대학에 가는 것뿐이다.

〈콜라주 6, 미니북 속지〉 표지 뒷면은 마리아가 자신의 인생을 짧은 산문으로 쓴 후 출력해서 오려 붙인 것이다. 특히 '오래전부터 제 마음 속 깊은 곳에선 누군가 날 잡아줘서 변화시켜주길 바랐고 지금이 그때인 것 같습니다.'라는 문장이 마음에 와 닿았다.

인생

얼마 전까지 전 문제아였습니다.
제 성질에 못 이겨 학교에 안 나오고, 시비가 붙으면 싸움을 일으키고,
힘이 든다는 핑계로 술과 담배도 했습니다.
전 이런 게 잘못된 행동이라는 것도 알고 있었습니다.
하지만, 그때의 전 저 자신을 생각할 줄도 몰랐고
남을 생각할 줄도 몰랐습니다.
그저 몸이 가는 대로 마음이 아닌 머리가 시키는 대로 따랐습니다.
지금에 와서 지난 과거를 후회해봤자 소용없다는 것을 전 압니다.
그렇기에 지금부터라도 잘하려고 합니다.
전 안정을 찾았고, 저 자신을 소중히 여길 줄도 압니다.
물론, 남을 소중히 여길 줄도 압니다.
오래전부터 제 마음속 깊은 곳에선 누군가가 날 잡아줘서 변화시켜
주길 바랐고 지금이 그때인 것 같습니다.
전 이제 '싸움, 술, 담배' 모두 하지 않을 것입니다.
이것이 제게 안 좋은 것인 줄 알았고 전 이런 것들 때문에
인생을 망치고 싶지는 않기 때문입니다.
제겐 이루고 싶은 '꿈'이 있으니까요.

마리아가 아버지에게 보내는 편지

사실 당신은 아버지라고 불릴 자격도 없고 어버이도 아니야. 어느 날 밤 당신의 정자를 어머니 몸속에다가 발사했다는 이유 하나 때문에 호적상 내 아버지가 된 것에 불과해. 나는 그날을 저주해. 난 당신이 밉고 그래서 죽이고 싶은데 마음대로 할 수 없으니까 당신에게 고통을 주고 싶어서 행복히 사는거야.

도대체가 어쩌자고 자기 어린 딸을 범할 수가 있지? 그런 짓거리를 할때 그 이후에 내가 어떤 수치심을 갖고 살게 될지 생각해 봤어? 내가 커서 당신이 한것이 어떤 것인 줄 알고 따졌을 때 당신은 사과하지 않았지. 도리어 나를 패고 정신 나간 년이라고 욕했어.

내 처녀성은 어디로 갔지? 내유년의 천진함은?

나는 아무리 생각해도 당신의 미움을 받을 짓을 한 적이 없어. 당신에게 대들려고 하지도 않았지. 그것이 '사랑한다'는 표현인줄 알았어. 어린 마음에도 사랑하는 건 한번 힘들구나 했다구. 그런 마음 당신이 알기나 해! 어린 소녀가 더 감칠 맛이 난다 이건가? 소녀의 조그마한 젖가슴이 당신 물건을 발기시켰나? 이 악당같으니! 당신 얼굴에 내가 침을 뱉었어야만 해. 당신과 싸울 용기가 없었던 나 자신을 지금도 증오해. 아버지로서 가진 힘을 어떻게 딸을 강간하는데 쓸 수가 있지? 어쩌자고 감히 나를 욕보이는 행동을 할수 있었어?

내가 다섯살이 되던 어느 날 밤 처음으로 내방에 들어와서 그 때는 모든 아버지들이 당신 같이 딸을 사랑하는 줄 알고 아파도 참았었지. 난 당신을 무조건 신뢰했어. 하지만 어린 딸의 성기를 만지면서 "어때 좋아? 좋지?"라고 한 당신을 그것이 아동추행자의 행동이라는 것을 알고 난 후 나는 매일 밤 어떻게 당신을 죽일 수 있을까? 이를 갈았다고_

-당신에게 더럽혀져서 순결한 마리아를 동경하는 딸-

에필로그

마리아는 상담이 진행될수록 함께 어울려 다니던 흔히 학교에서 요주의 인물들과 어울렸던 자신의 모습을 부끄러워하고 관계를 끊고 싶어했다. 담임선생님이나 다른 선생님들이 그동안 그렇게 어울려 다니지 말라고 해도 들은 척도 하지 않더니 상담하면서 자신의 진짜 모습을 찾아갈수록 예전에 속했던 세계에서 빠져나오고 싶어했다(사실 내가 봐도 그 아이들 속에서 마리아는 군계일학이었다). 나는 갑자기 변모해서 그들에게 결별을 선언하면 위험하다며 알맞은 시기를 찾아보자고 했다. 그런데 어느 날 그 아이들이 요즘 변했다며 이죽거리자 그만 참지 못하고 "안 그래도 이 말을 하고 싶었어. 우리 사이의 규칙대로 분이 풀릴 때까지 때리고 나를 그만 놓아줘."라고 하자 그들은 마리아를 어느 아파트 옥상에 끌고 가서 마구 때리고 마리아가 쓰러지자 발로 밟고 있는데 비명소리를 들은 아파트 주민의 신고로 경찰에 연행되었다.

연락을 받고 달려온 마리아의 부모는 격분해서 당장 구속시킬 것을 요구했는데 자기 보호 본능이 발동한 그 아이들은 자신들이 위기에 처하자 평소에는 잘 사용하지 않던 뇌를 활발하게 작동시켜 마리아가 자신들에게 털어놓은 아버지의 만행을 위기 탈출의 키로 사용했다. 잠깐 할 말이 있다며 마리아 아버지에게 "네가 마리아에게 한 일을 알고 있다. "는 운을 떼자 새파랗게 질린 마리아 아버지는 말도 안 되는 소리 지껄이지 마라. 증거가 있냐고 펄펄 뛰며 기세등등하더니 담임교사에게조차 마리아가 입원한 병원을 비밀로 하고 다음날 건강상의 이유를 들어 휴학을 했다. 물론 협박을 받아서 고소는 시도조차 하지 않았는지 협박을 받은 후에 취하했는지 알 수 없으나 훈방조치된 그 아이들은 시시덕거리며 다시 학교에 나왔다. 그리고 상담 시간에 위의 사실을 무용담이나 되는 듯 신나게 설명해서 알게 된 것이다. 마리아의 담임선생님은 이런 맹랑한 협박 사실을 모를 뿐 아니라 근친상간에 대한 것도 모르기에 "부장님. 참 이상하죠? 분명히 가만 두지 않겠다며 당장이라도 고소를 하겠다고 하셔서 어떤 사람도 격분한 마리아 아버지를 말릴 수 없을 것 같았는데 하루 사이에 고소도 하지 않고 휴학 처리를 해달라고 하고…… 글쎄 제가 병문안을 가게 입원한 병원을 가르쳐달라고 해도 난색을 표하시며 알려주지 않고…… 제가 무엇에 홀린 것 같아요." 하시며 나는 뭔가 알고 있지 않을까 기대하는 눈치였으나 죄송하지만 나도 상담자 윤리 차원에서 애매한 웃음을 지으며 말씀드리지 않았다.

나는 개인적으로 자신에 대한 통찰이 잘 이루어지고 개인 내적 자원이 많은 내담자를 좋아한다. 내 기질상 드라마틱한 변화를 유도해낼 수 있고 그만큼 상담자로서 보람도 크기 때문이다. 마리아는 트라우마도 깊었지만 자원도 많은 아이였다.

'잘하면 엑슬린 여사가 딥스에게 이뤄낸 기적을 한국에서 내가 마리아에게 보여줄 수도 있었을 텐데…….' 하는 아쉬움이 남는다. 지금도 가끔씩 그리스 조각같이 아름답고 총명한 아이와 담배빵과 칼빵으로 얼룩진 그 아이 팔이 함께 떠오른다. 그러면 뒤를 이어 마리아 아버지가 연상되어 나도 모르게 두 주먹을 불끈 쥐게 된다.

'에티켓 매니저' 경훈과 지훈

나는 그 착하디착한, 자기도 여중에 홍보 가고 싶어서 그 어려운 특성화학교의 목적, 과 특성, 작년도 대학 진학생 수 등을 달달 외우고 아침에 제비가 인사할 만큼 멋을 부리고 와서는 친구의 무리한 부탁에도 싫다는 소리 하나 변변히 못하는 지훈이에게 화가 많이 났다.

우리 주변에서 무례하고 남에게 상처 주는 말과 행동을 아무렇지 않게 하는 사람들이 있는 반면 반대로 자신의 말과 행동 탓에 다른 사람들이 힘들어할까봐 전전긍긍하며 정말 자신을 지킬 최소한의 것도 지키지 못해서 힘들어하는 사람들이 있다. 그들의 삽화를 몇 가지 소개하고자 한다.

삽화1 지훈이라는 아이

지훈이(가명)는 고등학교 1학년 학생이고 부모님은 중학교 때 이혼했다. 현재 중학생인 남동생과 엄마와 살고 있다. 어머니는 아버지와 이혼한 후 전단지도 붙이고 식당에서 일하며 두 형제를 키웠다. 어머니를 직접 뵙지는 않았지만 자식이 혹시라도 '아비 없이 자라서'라는 소리를 들을까봐 아이들 용모에도 무척 신경을 쓰는 분 같았다. 현재 지훈이는 여자친구도 있고 머리를 학교 교칙에 맞게 자르면 얼뜨기같이 보일까봐 머리를 길게 기르고 다닌다. 내가 교문에서 단속하지 않느냐고 물었더니 "그래서 일찍 학교 와요. 어차피 방송부라서 일찍 오기도 해야 하지만 머리 걸리면 큰일이니까 일찍 와요."라고 대답했다. 현재 엄마와 갈등이 심한데, 최근에는 머리 길이 때문에 한바탕 소란이 나고 어머니는 지훈이가 머리를 자르라는 말에 승복하지 않자 인터넷 선을 잘라버리셨다고 한다. 갈등 후에는 두 모자가 일주일이고 이주일이고 한마디도 하지 않고 지내는데 지훈이는 이 상황을 "숨이 막힐 것 같아요. 어떻게든 이런 상황을 벗어나고 싶은데 방법을 모르겠어요. 어떨 때는 엄마가 좀 져주면 안 되나 하는 원망이 생겨요. 아니, 우리 담임선생님도 아무 말씀 하지 않는데 왜 엄마가 더 야단인지 모르겠어요."라고 말하면서 사실 이번 기말고사 성적이 급강하한 것도 시험기간 중에 집에서 이런 갈등 상황이 있으니 마음이 안정되지 않은 이유도 있다고 말했다.

지훈이는 우리 학교 1교 1덕목인 '활기차게 인사하기' 캠페인의 도우미인 '에티켓 매니저'로 발탁되어 나와 일을 하게 되었다. 지훈이는 듣기에 거북한 야단을 들어도 씩- 하고 웃으며 넘기고 자세히 관찰하니 방송부 선배들 심부름은 혼자 거의 도맡아서 하고…… 가끔 불가피한 사정이 있어서 약

〈나무 그림〉 아케이트형 수관은 수용적이고 감수성이 뛰어나며 적응적이라는 것을 나타낸다. 끝이 날카롭고 통통한 가지는 긴장 상태와 그로 인해 신경질적인 반응을 할 수 있다는 것을 시사한다. 나무기둥에 그린 옹이는 성장하는 동안 입은 트라우마를 뜻한다(부모님 이혼 등).

〈집 그림〉 집 분위기는 밝고 두 명이 산다고 한다(실제 가족은 엄마, 자기, 동생 세 명임). 두 명 중 한 명은 27세의 회사원이고 성격은 소극적임. 다른 한 명은 25세이고 직업은 선생님이라고 했으며 활발한 성격이라고 했다. 이 집에 있고 싶은 곳은 다락방(사회성이 부족한 고립아의 전형적인 반응임)이고, 수리할 곳은 울타리(자기경계선이 약한 내담자의 반응임)라고 했다. 굴뚝에서 나온 연기는 억압된 분노의 표현이다. 현재 자기 가정이 아니고 미래 자신의 가정을 묘사했다. 25세의 선생님은 자신의 아내 될 사람을 상상하고 답한 것이다.

〈인물화〉 기분은 행복하지 않고 성격은 좋아 보이는데 성질이 있어 보인다고 그림 후 질문에서 말했다. 특히 고민이 "누가 먹는 거 뺏어갈 때"라고 쓴 것은 자기에게 매점에서 늘 뭐 사달라고 요구하거나 먹는 것을 뺏어가서 힘든 것을 표현했으며, 고민은 '살 빼기, 부자 되기, 잘생겨지기'라고 했다. (지훈이는 늘씬한 키에 그만하면 미남 축에 들어가는데도 본인은 못생겼다는 왜곡된 신체적 자아 개념을 갖고 있다. 오죽하면 인물화를 그려놓고 '강호동'과 닮았다고 대답할 정도다.) 현재 M정보산업고 여학생과 사귀는데 못생겨서 퇴짜맞을까봐 한 달 사이에 무조건 굶어서 10kg을 감량했다. 둥글게 처리된 어깨는 열등감을 상징하며 딱 붙여 그린 다리와 앞으로 모은 팔에서도 경직되고 긴장된 정신상태를 알 수 있다. 둥글게 처리된 손도 꼼꼼한 대안관계 능력이 없음을 시사한다. 드러난 이를 그려 넣은 것은 정서적인 욕구 충족, 애정 욕구 충족에서 심한 좌절감을 느끼고 이후 또 상처받지 않을까 하는 불안감을 느끼고 있음을 시사한다. 짧고 굵은 목은 스스로 통제력이 부족하여 때때로 충동적으로 감정을 표출하거나 행동할 가능성이 있음을 시사한다.

속을 지키지 못한 것도 진땀만 흘리고 상황에 맞는 표현을 할 줄 몰라 했으며 부당한 비난에도 무방비 상태로 듣고만 있었다.

지훈이는 매점에서 뭐를 좀 사먹기만 하면 친구들이 몰려들어서 뺏어먹는 것이 제일 싫다고 했다. 자기도 돈이 없어서 한 푼이 아쉬운데 먹을 것만 보면 와- 하고 달려들어서 뺏어가니 약도 오르지만 변변히 싫은 내색 한번 하지 못하는 자신이 더욱 밉다고 했다.

지훈이는 학교 홍보 도우미 선발에도 합격해서 인천 시내 어느 여자중학교로 홍보를 나가게 되었다. 홍보 도우미에 선발되면 그냥 나가는 것이 아니고 방과 후에 따로 남아서 스피치와 상대방을 설득하는 법, 학교에 관한 정보를 암기해 실제 일선 중학교로 홍보를 나가게 된다. S여중에 홍보 가는 날, 나는 출장 신청하랴, 수업 교환하랴, 홍보 도우미들 수업 결손 사유를 결재해서 각 반 출석부에 꽂으랴 정신이 없는데, 지훈이가 으레 그 사람 좋은 얼굴로 어색한 웃음을 흘리며 "저 선생님, 저 말고 1-12반 최민영(가명)이 대신 홍보 가면 안 되나요?"라고 하는 것이다. 나는 너무 어이도 없고 갑작스러운 제안이라서 "뭐라고? 그 학생 이번 홍보 도우미 선발시험에 응시했었니?" 하고 물었다.

"아닌데요. 물론 제가 홍보 가고 싶은데…… 민영이가 대신 가게 해달라고 너무 졸라서……."

그러자 내 옆에 앉아 계신 선생님께서 1학년 전반 수업을 다 들어가시는 관계로 마침 그 학생을 아는지 혼잣말처럼 "협박당했구나!"라고 했다. 사태의 정황을 대충 파악한 나는 "일단 너와 아름(가명, 지훈이와 같은 반이고 에티켓 매니저임)이는 대중교통을 이용하지 말고 내 차 앞에서 대기해."라고 한 후 책상 정리를 대충 하고 차로 내려갔다. 나는 차를 타고 홍보할 학교로 가는 동안 지훈이에게 차 안에서 상대방을 기분 나쁘게 하지 않고 거절하는 방법과 상대방이 완력으로 위협할 때 분쟁을 피하면서도 자신의 권리를 포기하지 않는 방법을 계속 연습시켰다.

나는 그 착하디착한, 자기도 여중에 홍보 가고 싶어서 그 어려운 특성화학교의 목적, 과 특성, 작년도 대학 진학생 수 등을 달달 외우고 아침에 제비가 인사할 만큼 멋을 부리고 와서는 친구의 무리한 부탁에도 싫다는 소리 하나 변변히 못하는 지훈이에게 화가 많이 났다. 그 지훈이에게서 지금도 조금 남아 있는 어린 시절 얼뜨고 자기주장은커녕 내가 어떤 말을 해야 다른 사람들이 싫어하지 않을까 전전긍긍하던 못난 나를 발견했기 때문이다. 그래서 더 화가 났다. 그래서 이렇게 말하면서 연습을 계속 시켰다. "어쩜 너는 어릴 때 꼭 나 같으냐? 어른이 되기 전에 너 반드시 싫다, 좋다는 말을 자연스럽게 할 수 있어야 해. 안 그러면 점점 사람들이 너를 함부로 할 거야. 그러니까 꼭 배워야 해."

삽화 2 경훈이라는 아이

경훈이(가명, 고 1)는 수업 시간에 열심히 공부하려고 애쓸 뿐 아니라 다른 사람들의 욕구에도 민감하다. 외모도 화장하고 머리만 기르면 여자라고 해도 될 만큼 가냘프고 섬세하게 생겼다. 인사도 머리 숙여 얼마나 정중하게 하는지 경훈이 인사를 받으면 마치 내가 대단한 사람이 된 것같이 으쓱해진다. 무슨 부탁이라도 할라치면 내 말이 끝나기 무섭게 "예. 선생님, 그렇게 하겠습니다."라고 즉각 대답을 하니, 어떻게 경훈이를 좋아하지 않을 수 있겠는가.

그런데 방송부원인 경훈이와 학교 '인사 킹, 인사 퀸' 선발 및 홍보 관련 일로 일을 하다 보니 자꾸 트러블이 생겼고 나중에는 "너는 앞으로 내가 무슨 말을 하면 네 용량도 생각하지 않고 무조건 '제가 하겠습니다'하는 말을 절대로 하지 마."라고 엄포를 놓는 지경까지 되었다. 이렇게 된 이유는 이 착한 경훈이가 에티켓 매니저들과 회의를 하면 자신의 일도 가끔 잊고 안 하면서도 무조건 "선생님, 걱정 마세요. 제가 하겠습니다."라고 해서다. 처음 몇 번은 속으로 '힘들텐데…….' 하면서도 '할 수 있으니까 한다고 하겠지' 생각해 "고마워. 그런데 너 방송부 일도 있고 네가 맡은 일은 촬영인데 그것까지 할 수 있겠니?"라고 하면, "걱정 마세요. 제가 하겠습니다."라고 했다. 내심 경훈이가 힘에 부칠 텐데 왜 저러지 의아하면서도 맡기면 꼭 일이 터졌다. 하겠다고 한 것도 안 했을 뿐 아니라 자기가 맡은 일도 여기저기 구멍이 났다. 나중에야 깨달았다. 경훈이는 지금 선생님들 업무에 조교 일을 해야 할 상황이 아니고 하던 일을 모두 내려

〈실제의 나〉 실제의 나는 '물고기 떼'라 했음. 이유는 친구들과 많이 어울리고 싶고 친하게 지내고 싶은데 방송부라서 일에 쫓기다 보면 수업 시간에 친구들과 거리감도 느껴지고 서먹해서 싫다고 했다.

〈다른 사람이 보는 나〉 다른 사람들이 보는 나는 혼자 피어 있는 꽃'이라고 했는데, 쓸쓸하고 외롭고 누가 옆에 있었으면 좋겠다고 했다.

〈나무 그림〉 나무기둥에 나뭇결을 표현한 것은 성장 과정에서 입은 상처이기도 하지만 상처받기 쉬운 유형임을 보여주는 사인이다. 지나치게 크게 그린 가지를 보면 성취 동기나 포부 수준이 매우 높거나, 혹은 환경과의 상호작용에서 자신이 없고 불안하지만 이를 과잉보상하려 하고 있으며, 실제도로 과잉활동적인 행동을 보일 수 있음을 알 수 있다. 검은 옹이는 아버지의 외도로 인한 가정파탄으로 겪은 정신적 고통을 나타낸다. 둥그런 수관은 자기중심적인 성향을 나타내며 청소년기 자아정체감 형성 유실이나 혼돈 상태의 학생들이 주로 표현한다.

놓고 휴식을 취하며 마음에 쉼표를 찍어야 할 상태라는 것을……. 그래서 상담하게 된 것이다.

경훈이 나무에도 트라우마의 흔적이 있다. 지금도 초등학교 5학년 때의 기억이 생생하다고 했다. 물건도 던지고 하여튼 큰 싸움이 났는데 싸움의 원인 때문에 더 상처를 받았다고 한다. 벌이도 신통치 않은 영업용 택시기사인 아버지가 여자와 바람이 난 것을 엄마가 알게 된 것이 싸움의 원인이라고 했다. 그때 아버지에게 느낀 실망감과 배신감은 말로 다 표현하지 못한다고 말했다. 엄마가 불쌍하고 지금도 그 당시 자신이 느꼈던 혐오스러움이 생생하다고 했다. 그 싸움 이후로 부모님은 이혼하고 엄마는 그 전부터 가계에 도움이 되려고 나가던 분식집을 조금이라도 돈을 더 벌려고 주야를 바꿔서 나가게 되었다고 한다. 아버지가 집을 나가자 그 전에도 넉넉지 않던 집안의 어려움이 피부에 닿게 체감이 되었을 뿐 아니라 설상가상으로 도둑이 들어와서 돈을 훔쳐가는 악재까지 겹쳐서 참 힘든 시간이었다고 했다. 내가 "아버지가 안 계신 자리가 더 커 보였겠구나!"라고 하자 인정하기 싫지만 인정하지 않을 수 없는 복잡한 표정으로 고개를 끄덕였다.

남은 가족인 엄마와 여동생이 만든 가정 분위기나 역동에 대해 더 묻고 싶었으나 엄마와 아버지가 이혼했다는 것을 인정하기 싫은 듯 말할 때마다 "우리 부모님께서……."라고 하고 아버지와 늘 같이 사는 것같이 아버지 이야기를 하는 바람에 더 깊이 묻지 못했다. 그냥 오후 10시에 출근해서 오전 9시에 퇴근하시는 엄마가 분식집에서 꼭 모닝콜을 해주신다는 것을 듣고 '다감하신 분이 아닐까?' 하고 추측하는 정도였다. 아버지는 가끔 만나는데 만나면 두 남매가 좋아하는 장소로 데려가주기보다 친척 집 결혼식이나 행사가 있을 때 자연스럽게 불러서 음식도 먹이고 부자 상봉도 하는 그런 만남을 하고 있었다.

내가 "오랜만에 만났는데 놀이동산이나 테마파크, 하여튼 너희들이 평소에 가고 싶은 곳으로 데려가 달라고 부탁해보지 그랬니?"라고 하자 내가 약간 철없는 사람으로 보이는지 어린 나이에 많은 것을 겪어서 희망보다 포기하는 것을 먼저 배워버린 사람의 시큰둥한 표정으로 "아버지가 그럴 형편이 안 되나 봐요. 요즘 택시가 다 어렵다고 하잖아요. 그래서 만나면 더 속상해요……."라고 대답했다.

"경훈이는 힘든 일을 많이 겪었는데도 공부도 열심히 하고 예의도 바르고…… 아마 선생님에게 이런 이야기 해주지 않았으면 전혀 몰랐을 거야. 선생님이 상담하면서 학생들 만나다 보면 수학처럼 무슨 공식이 있는 것은 아니지만 너와 비슷한 여건에 있는 아이들은 공부는 물론이고 다른 사람들에게 잘하려는 노력을 포기한 학생들이 많거든. 자기가 너무 힘들다고 생각해서인지 다른 사람에 대한 배려는 물론 없지. 그런데 너는 어떤 아이들보다 다른 사람들을 너무 배려하다가 나한테 발탁되었지만 말이야. 하하하."

"선생님이 다시 말하지만 나나 경훈이 주위에 있는 사람은 괜찮아. 아니 행운이지. 늘 잘해주고 척척 해결해 주는 알라딘의 램프 속에서 나온 지니가 있으니까. 하지만 너는 무척 힘들잖아. 만약 네 용량이 티코라고 예를 들자. 너는 사람들이 부탁하면 하나도 거절하지 않고 5톤 트럭에 실어야 할 짐도 신잖아. 그러면 너는 얼마 가지 못해서 짜부러진다(나는 일부러 친근함을 더하기 위해서 요즘 아이들이 쓰는 표현을 썼다). 요즘에 너 힘들지. 자꾸 잊어버려서 야단도 많이 맞고……. 너는 아무리 잘하려고 해도 여기저기서 구멍이 나고……. 이런 현상이 바로 너에게 그만 마음에 쉼표를 찍으라는 무의식의 명령인 거야. 안 그래도 방송실장 형이 너 때문에 미치겠다고 하더라. 경훈이가 착한 후배라는 것은 알지만 선생님들 부탁을 스케줄이나 방송실 상황을 전혀 고려하지 않고 할 수 있다고 하고 약속을 어기는 바람에 대표로 불려가서 야단맞고 형이 부탁한 것도 대답은 넙죽하고 안 해서 곤란하게 한 것이 한두 번이 아니라면서. 이제 그러지 마. 그렇게 해야만 사랑받을 수 있다고 생각하지 마. 그렇게 많은 일을 하지 않아도 너는 좋은 아이야. 뭐든 네가 다 해

〈인물화〉 규범형의 아이답게 교복을 그렸으나 신발이 아닌 슬리퍼를 신고 있다. 슬리퍼는 임시적인 것이고 쉽게 벗겨지는 것으로서 안정적이라고 할 수 없다. 자신의 처지를 투사한 것이다. 넥타이는 자신의 능력에 대한 느낌을 강화하려는 욕구이고 단추를 아주 작게 그린 것은 의존욕구 충족과 관련하여 결핍감, 좌절감을 느끼고 수동적인 태도를 취하고 있음을 보여준다. 가는 선으로 그려진 눈은 감정 교류 소통의 채널을 좁혀버린 것으로 스스로 타인의 감정을 공유하고 자신의 감정을 표현하는 데 있어서 어떤 제약이나 스스로의 한계를 느끼고 있음을 의미할 수 있다. 코를 그리지 않았는데 이는 자신이 타인에게 어떻게 보일지에 매우 예민하고 두려워함을 의미할 수 있다. 이로 인해 때로 사회적 상황에서 위축되고 지나치게 회피적일 수 있다.

〈집 그림〉 집 분위기는 딱딱하고, 식구는 세 명이며, 차례로 식구를 설명했는데, 아버지는 다혈질이고 자기도 다혈질이고(전혀 그렇지 않고 거의 예스맨임) 엄마는 이해심이 있다고 했다. 경훈이도 있고 싶은 곳을 다락방이라고 했으며 벽을 수리해야 한다고 대답했다(자아 경계선이 약한 내담자의 반응). 실제 가족은 엄마, 자기와 여동생 세 명인데 이혼해서 따로 살고 있는 아버지, 엄마, 자기만 산다고 반응한 것은 현재 자기가 무슨 말만 하면 딴죽을 거는 여동생은 식구에서 제외시킨 것이고, 이혼은 했지만 그 사실을 인정하고 있지 않은 듯 상담 도중에도 내내 '부모님'이라고 이야기해서 그 사실을 직면시킨 적도 있다. 지붕은 사람으로 치면 머리에 해당하는 부분이므로, 내적인 공상 활동, 자기 자신의 생각이나 관념, 기억과 같은 내적 인지과정과 관련된다. 그래서 지붕을 그리지 않은 것은 내적인 공상 활동, 내적인 인지 과정을 표현하지 못하고 있음을 의미하므로 사고 장애, 현실 검증력 장애를 시사할 가능성이 높다(경훈이가 자꾸 기억하지 못하고 잊어버려서 대인관계에 문제가 되는 것과 관련). 그리고 벽은 외적인 위협은 물론 정신분열증으로 자아가 붕괴되는 것으로부터 자기 자신을 보호하는 역할, 즉 자아 강도와 자아 통제력을 나타낸다. 벽돌까지 섬세하게 표현해서 벽의 견고함을 강조했다면 이는 자아 강도가 강함을 의미할 수도 있지만, 자아가 위협받는 데 대한 두려움이 있고, 자기를 통제하고자 하는 과도한 욕구가 있음을 나타낼 가능성도 있다.

〈실제의 나〉 실제의 나는 '새싹'이라고 했는데 누군가의 도움이 필요하고 가꿔주어야 하고 쉽게 상처를 입는다고 했다. 다른 사람들의 장난에 의해서 쉽게 부러질 수 있다고 말했다.

〈다른 사람들이 보는 나〉 다른 사람들이 보는 나는 '바람에 이리저리 몰려다니는 구름'이라고 표현했는데 줏대 없이 다른 사람들의 비위를 맞추는 편이고 자기 의견이 없어서 이렇게 표현했다고 한다.

야만 한다고 생각하지 마. 네 책임이 아니야. 그냥 할 수 있을 만큼만 해. 아무도 너에게 더 많이 해야 한다고 강요할 수 없어. 그걸 알기 바란다."

경훈이와 지훈이는 반은 다르지만 같은 방송부원이고 에티켓 매니저로 발탁된 아이들이다. 그리고 둘 다 착하다 못해 커서 다른 사람들에게 이용당하면 어떡하나 하고 걱정이 될 만큼 거절도 못하고 세상 책임은 모두 지고 헐떡이는 아이들이다. 그래서 '실제의 나, 다른 사람들이 보는 나'를 할 때는 함께 상담을 했다. 그리고 두 명에게 매일 가지고 다니면서 외우고 다른 사람들이 무리한 부탁을 하면 "예."하고 대답하기 전에 반드시 보라고 아래 글을 코팅해서 나눠주었다.

나의 권리장전

1. 나는 존중받을 권리가 있다.
2. 나는 타인의 문제나 나쁜 행동에 대해 책임지지 않을 권리가 있다.
3. 나는 분노할 권리가 있다.
4. 나는 '아니오'라고 말할 권리가 있다.
5. 나는 실수할 수 있는 권리가 있다.
6. 나는 자신의 느낌, 의견, 확신 등을 가질 권리가 있다.
7. 나는 나의 마음을 바꾸거나 상이한 행동 경로를 따르기로 결정할 권리가 있다.
8. 나는 변화를 위해 협상할 권리가 있다.
9. 나는 정서적인 지지와 원조를 요구할 권리가 있다.
10. 나는 불공정한 대우나 비판에 대해 저항할 권리가 있다.